भारत में देवी

भारत में देवी

अनन्त नारीत्व के पाँच स्वरूप

देवदत्त पट्टनायक

राजपाल

अनुवाद
प्रभात रंजन

ISBN : 9789350643389

प्रथम संस्करण : 2016 © देवदत्त पट्टनायक

हिन्दी अनुवाद © राजपाल एण्ड सन्ज़

BHARAT MEIN DEVI (Mythology) by Devdutt Pattanaik

(Hindi translation of *The Goddess in India*)

राजपाल एण्ड सन्ज़

1590, मदरसा रोड, कश्मीरी गेट, दिल्ली–110006

फोन : 011-23869812, 23865483, फैक्स : 011-23867791

website : www.rajpalpublishing.com

e-mail : sales@rajpalpublishing.com

www.facebook.com/rajpalandsons

क्रम

भूमिका   7

प्राक्कथन   11

अध्याय 1

बायीं अर्धांगिनियाँ   17

अध्याय 2

पृथ्वी माँ   38

अध्याय 3

नृत्य करने वाली अप्सराएँ   89

अध्याय 4

सतीत्व का पंथ   138

अध्याय 5

बिखरे बालों वाली देवियाँ   194

भूमिका

यह पुस्तक क्यों?

हिन्दू विश्वदृष्टि यहूदी-ईसाई विश्वदृष्टि से अलग है। हिन्दू धर्मग्रन्थों में मूल पाप की कोई चर्चा नहीं है। पतित हो जाने या पाप मुक्ति का इसमें कोई उल्लेख नहीं है। स्वर्ग के खो जाने के लिए किसी ईव को ज़िम्मेदार नहीं ठहराया गया। कोई देवता यह वर नहीं देते हैं कि पुरुषों को स्त्रियों के ऊपर शासन करना चाहिए। बल्कि, शक्तिशाली और आदरपूर्वक स्मरणीय देवियों की मूर्तियाँ भी मन्दिरों में पायी जाती हैं। फिर हिन्दू समाज पितृसत्तात्मक क्यों है? फिर हिन्दू कानून निर्माताओं ने स्त्रियों को ऐसी कामिनी के रूप में क्यों देखा जिनसे बचने के लिए कहा गया है और ऐसी कर्कशा के रूप में जिनको पालतू बनाया जाना चाहिए?

यह पुस्तक उन कहानियों में इस बात का जवाब ढूँढने की कोशिश है, जिनको हिन्दू पवित्र मानते रहे हैं। सभी पवित्र ग्रन्थों की तरह हिन्दू ग्रन्थ पूर्वजों की ओर से दिये गये परम आदरणीय उपहार हैं, जो लोगों को एक पहचान देते हैं, संस्कृति को एक विश्वदृष्टि देते हैं तथा सभ्यता को एक सन्दर्भ बिन्दु देते हैं। ये संस्कारों, आचारों एवं परम्पराओं को एक आधार देते हैं। यह इन चीज़ों के लिए 'क्यों' बनता है। जैसे लिलिथ, ईव, जायेल, जूडिथ, ज़ेज़ेबेल, रूथ, सालोम और मेरी की कहानियों से महिलाओं के प्रति अब्राह्मी धर्मों (यहूदी, ईसाई और इस्लाम) के रुख का पता चलता है। उसी तरह पवित्र हिन्दू ग्रन्थों से स्त्रीत्व को लेकर हिन्दू दृष्टि का पता चलता है।

पुरुषत्व से भरे साधुओं के शोरगुल से परे हिन्दुओं का साहित्य ऐसी कहानियों से भरा पड़ा है जो स्त्रैण स्वप्नों से भरे हुए हैं और ऐसे प्रसंगों से भी जिनमें स्त्रियों के क्रोध से जुड़े विषय हैं। ऐसी देवियों की कहानियाँ हैं जो बच्चों पर कुदृष्टि रखती हैं, ऐसी कामिनियों की कहानियाँ हैं जो ऋषियों को फुसलाती हैं, ऐसी दिव्य कुमारियों की कहानियाँ, जो जंगलों में खुलेआम घूमती हैं और ऐसी पतिव्रता स्त्रियों की कहानियाँ हैं जो खुद को चिता में जलाकर स्त्रीत्व के गुणों का प्रतीक बन जाती हैं।

ऐसी भी गाथाएँ हैं जो मासिक धर्म के खून से लिथड़ी हुई हैं और ऐसे भी गीत हैं जिनमें वर्जित प्यार की खुशबू है। इन कथाओं के बीच कहीं अनन्त हिन्दू स्त्री का दिल धड़कता है—उसके भीतरी मन के सपने, उसकी कोख का अव्यक्त बोझ।

यह किताब ब्रह्मचर्य, जनन, फरेब और बलिदान की उन कहानियों को फिर से कहती है जिन्होंने हिन्दू स्त्रियों को देवी बनाया। इसमें राजकुमारियों, रानियों, वीरांगनाओं, नायिकाओं एवं वेश्याओं की भी कहानियाँ हैं—वे स्त्रियाँ जो वैसी देवी नहीं हैं—जिन्होंने जम्बुद्वीप में जीवन जिया, प्यार किया और जीवन त्याग किया। कथानक रूढ़ियों से लेकर कथावस्तु और पुरापात्रों के माध्यम से पारम्परिक हिन्दू स्त्रियों को लेकर बेहतर समझ बनाने की कोशिश है जो अपने पति की बायीं तरफ़ बैठती थीं, लाल रंग के कपड़े पहने, जिनको देवी की तरह पूजा जाता था, जिनसे इसलिए डरा जाता था क्योंकि वे कामोत्तेजना भड़काया करती थीं।

इस पुस्तक की प्रत्येक देवी की कहानी की जड़ भारतीय मिट्टी में है। सब इसी गर्मी में पकी हैं, वर्षा में काँपी हैं। सदियों से, वे सिन्धु घाटी के शहरों में पकी; श्यामवर्ण आदिवासियों ने उनको गुफाओं में छिपाकर रखा; द्रविड़ों द्वारा पूजा में चढ़ाये गये फूलों से वे सुवासित रही हैं; आर्यों ने उनको रथों से कुचला है, वे ब्राह्मणों के हवन कुंड में झुलसी हैं; बुद्ध एवं जैन साधुओं की प्रज्ञा से उनको चुनौती मिली है; जिनको ग्रीक, साईथियन, पार्थियन, हूण एवं गुर्जरों की तलवार ने काटा है; इनको अरबों एवं तुर्कों के पर्दों में घोंटा गया; और आखिर में जिनको विक्टोरिया के पाखंड के कारण शर्मसार होना पड़ा।

अधिकतर कहानियाँ वेदों, तन्त्रों, इतिहास (रामायण और महाभारत) और पुराणों से ली गयी हैं, साथ ही ये कहानियाँ देशी भाषाओं के महाकाव्यों एवं लोक की उन लोक गाथाओं से ली गयी हैं जिनको हिन्दुओं द्वारा पवित्र माना जाता रहा है। कुछ कहानियाँ बाली एवं थाईलैंड के हिन्दू ग्रन्थों से ली गयी हैं। कुछ कहानियाँ भारतीय आदिवासियों की गाथाओं से ली गयी हैं। कुछ कहानियों का सम्बन्ध बौद्ध एवं जैन मत से है जिनकी मान्यताएँ भी हिन्दुओं की तरह हैं।

ये कहानियाँ पाँच अध्यायों में विभाजित की गयी हैं। पहला अध्याय इस पुस्तक का आधार है क्योंकि इसमें स्त्री शरीर के प्रति पुरुष की प्रतिक्रिया को देखने की कोशिश की गयी है। अगले अध्याय में ऐसी कहानियाँ कही गयी हैं जिनमें स्त्री, पृथ्वी एवं मातृ-देवी को उसी भौतिक यथार्थ के विस्तार के रूप में देखा गया है, जो अस्तित्व के लिए आवश्यक होते हैं, इसलिए आदर और धाक के लायक होती हैं। तीसरे अध्याय में, मातृ रूप कामासक्त स्त्री का रूप लेती कामिनी का है, जो सांसारिक सुख प्रदान करती है और पुरुष को जीवन-चक्र से बाँधे रखती है। चौथे अध्याय में उन कहानियों को दोबारा प्रस्तुत किया गया है जिनमें धीरे-धीरे महिलाओं को ऐसी पतिव्रता स्त्री के रूप में घरेलू बनाये जाने की कहानियाँ हैं जिनमें चमत्कारी शक्तियों को देखा गया है। अन्तिम अध्याय में, विनम्र पत्नी खुद को उग्र और डराने वाली देवी के रूप में पुनर्परिभाषित करती है, जो युद्ध करती है, खून पीती है और मनौती की माँग करती है।

सभी पवित्र कथाओं की तरह हिन्दुओं की कथाओं को भी कई स्तरों पर देखा जा सकता है। इस पुस्तक में उनको समाजशास्त्रीय, नृतत्वशास्त्रीय, मनोवैज्ञानिक एवं दार्शनिक दृष्टियों से देखने की कोशिश की गयी है। किसी भी रूप में यह पुस्तक आधिकारिक या अकादमिक प्रकृति की नहीं है। जिन कहानियों को यहाँ प्रस्तुत किया गया है वे अनुवाद या पुनर्लेखन नहीं हैं; उनको सार संक्षेप रूप में प्रस्तुत किया गया है। विस्तार के बजाय प्रवृत्तियों के ऊपर ध्यान रखा गया है।

प्रत्येक कथा को उसके अनेक प्रचलित रूपों से निकाल कर प्रस्तुत किया गया है। इसका उद्देश्य यह है कि समय मुक्त पाँच हज़ार साल का इतिहास

हर कहानी से झाँके ताकि वर्तमान और अतीत साथ दिखें। इन कहानियों को कालक्रम के आधार पर रख पाना लगभग असम्भव है। यही हिन्दू दृष्टि है—'जो था' वह 'जो है' के साथ रहता है और 'जो है' 'जो होगा' उसमें दिखायी देगा। किसी को खारिज नहीं किया जाता। सब कुछ इसमें समाहित है, इसको सतत बनाये रखा गया, उनको रूपान्तरित किया गया और उनको विख्यात बनाया गया। सूचित व्याख्या के द्वारा इनको रूपाकार दिया गया है, इनको इस धरती की जीवन्त छवि के द्वारा सजाया गया है, लोगों की रुचियों के मुताबिक इनको मसालेदार बनाया गया है। यह किताब हिन्दू परम्परा के गहन अचेतन में घुसने की कोशिश करती है जो कि प्राचीन स्मृति से समृद्ध है और उसमें वे उम्मीदें हैं जो हिन्दू स्त्रियों का घूँघट कुछ और ऊपर उठा देती हैं, उस भावाभिव्यक्ति का खुलासा करने के लिए जो शायद ही पहले देखी गयी हो।

और ऐसा करते हुए मैंने खुद को विनम्रता से यह भी याद दिलाया है कि मैंने यहाँ जिन भी धर्मग्रन्थों के हवाले दिये हैं, उनको एक पितृसत्तात्मक समाज में एक पुरुष द्वारा लिखा गया है और मैंने जो भी छवियाँ देखी हैं उनका निर्माण पुरुषों द्वारा पुरुष के दृष्टिकोण से गढ़ा गया है, और इस पुस्तक का लेखक मैं भी पुरुष हूँ। क्या मैं स्त्री के बारे में सच देख सकता हूँ? क्या कोई कभी सत्य देख सकता है?

'क्योंकि असंख्य मिथकों के बीच शाश्वत सत्य रहता है। वरुण की हज़ार आँखें थीं, इन्द्र की सौ आँखें थीं और मेरी महज़ दो हैं।'

प्राक्कथन

परिधि को स्त्रीगुण सम्पन्न बनाना

वहाँ कोई स्त्री नहीं है। वहाँ कोई पुरुष भी नहीं है। वहाँ बस एक शाश्वत सत्य है। ऐसा हिन्दू सन्तों का कहना है। इस तथ्य के दो पहलू हैं—एक भौतिक तथा एक आध्यात्मिक।

भौतिक सत्य वे होते हैं जो संवेदन द्वारा ग्रहण किये जाते हैं, मस्तिष्क द्वारा उनका विश्लेषण किया जाता है और अहम् द्वारा उनका निर्णय किया जाता है। भौतिक जगत वह होता है जिसका निर्माण ऊर्जा द्वारा किया जाता है, देश द्वारा उसको सीमित किया जाता है और काल द्वारा उसको रूपान्तरित कर दिया जाता है। यहाँ मौजूद हर चीज़ परिवर्तनशील होती है, किसी की अपनी दृष्टि के सापेक्ष होती है।

आध्यात्मिक तथ्य अपने आप में चेतन होते हैं। यह अमूर्त सूचना होती है जो सभी चीज़ों में व्याप्त होती है और भूत की आकस्मिक बेचैनी में व्यवस्था लाती है। देश से असीमित, समय से अप्रभावित, यह पूर्ण और नित्य, स्थिर तथा प्रशान्त होती है।

हिन्दू दर्शन की सबसे पुरानी शाखा सांख्य में भौतिक यथार्थ को प्रकृति के रूप में बताया गया है जबकि आध्यात्मिक सत्य को पुरुष। वेदान्त में भौतिक सत्य को माया कहा गया है, संवेदना के स्तर पर एक मृगमरीचिका जो आत्मा को ढँक देती है। तन्त्र में भौतिक सत्य को शक्ति के रूप में देखा गया है, एक ऐसी ऊर्जा के रूप में जो जीवन के रहस्यों की खोज की दिशा

में किसी को सशक्त बनाती है। इसलिए वेदान्त जो है वह दुनिया का खंडन करता है जबकि तन्त्र संसार में विश्वास जताता है। आश्चर्य की बात नहीं है कि वेदान्त का हिन्दू धर्म की संन्यास परम्परा पर गहरा असर है जबकि तन्त्र जनन सम्बन्धी कई पंथों का आधार बना।

सांख्य दर्शन में जिस अमूर्त सिद्धान्त का प्रतिपादन किया गया है और वेदान्त एवं तन्त्र में जिसको विस्तार दिया गया है, उसने बौद्धिक जगत को प्रभावित किया। हालाँकि, आम आदमी के लिए अधिक सुलभ विश्वदृष्टि की ज़रूरत थी, ऐसी जिसमें आस-पास के संसार में घटने वाली घटनाओं को दृष्टि में रखा जाये, जैसे कि जब मिट्टी में बीज डाला जाता है तो वह पेड़ कैसे बन जाता है और जब एक बैल गाय के ऊपर सवार हो जाता है तो बछड़े का जन्म कैसे हो जाता है। उनके लिए, गूढ़ सिद्धान्तों को सहज भाषा में बताया जाना ज़रूरी होता है। यह मुश्किल काम था क्योंकि जो आध्यात्मिक यथार्थ है वह आत्यन्तिक सिद्धान्त होता है, रूप और आकार की दुनिया से परे। पुरुष न तो पुरुष था न ही स्त्री, न बीज न मिट्टी। इन सबका वर्णन और इनका विश्लेषण प्रकृति के आधार पर किया जाता है। इस तरह के परस्पर सापेक्ष सिद्धान्तों का व्यक्तिकरण करना कवियों के लिए एक बड़ी समस्या थी। कई तरह की छूटें ली जानी थीं। कवियों ने यह पाया कि हालाँकि पृथ्वी में यह सम्भावना होती है कि वह जीवन का निर्माण करे, लेकिन वह तब तक कोई पौधा नहीं उगा सकती जब तक कि बीज न बोया जाये। उस बीज में, कवियों ने निष्कर्ष रूप में यह पाया, जीवन का स्फुलिंग था जिसने प्रकृति की प्रजनन क्षमता को गति प्रदान की। बीज आत्मा थी; तत्व थी मिट्टी। पारम्परिक हिन्दू शरीर विज्ञान के मुताबिक पुरुष बीज का रक्षक होता है जबकि स्त्री खेत की रक्षिका होती है। प्रजनन की क्रिया के दौरान यह माना जाता है कि आदमी के अन्दर से आत्मा निकल जाती है और स्त्री के भीतर उसका रूप-आकार बनता है। तत्पश्चात्, आत्मा को पुरुषत्व से जोड़ना और भौतिक तत्व को स्त्रीत्व से जोड़ना मुश्किल नहीं रह गया, जैसा कि इस कहानी में है—

'आरम्भिक ऋषि कश्यप ने अपनी तेरह पत्नियों की कोख में बीज डाले। समय के साथ, उन स्त्रियों ने भिन्न-भिन्न जीव-जन्तुओं को जन्म दिया जिनसे

इस ब्रह्मांड की सृष्टि हुई। अदिति से कश्यप ने आदित्य देवों को जन्म दिया, दिति और दनु से दैत्य हुए, कद्रू से उन्होंने साँप को जन्म दिया; विनता से चिड़ियों को जन्म दिया; तिमी से मछलियों के पिता बने। सारमेय से वे कुत्तों के पिता बने, सुरभि से गायों के; क्रोधावासा से जंगली जानवरों के; अनल से वे पौधों के पिता बने; मुनि से अप्सरा के; अरिष्ट से गन्धर्व के। कश्यप पहले मनुष्य मनु के भी पिता थे। इस तरह से, कश्यप सभी जीवित जन्तुओं के पिता हैं। इसलिए उनको प्रजापति के नाम से जाना जाता है।' (भागवत पुराण)। प्रजापति चेतना का स्रोत है जबकि उनकी तेरह पत्नियाँ ऊर्जा की पात्र हैं। जब तक प्रजापति बीज नहीं देते, तब तक कुछ भी नहीं होता है। तेरह अलग-अलग कोखों में, एक ही स्रोत का बीज, तेरह अलग-अलग जीवों में बँट जाता है। इस तरह से प्रत्येक जीव में एक ही आत्मा रहती है लेकिन आवरण अलग-अलग होता है। व्यक्तिकरण और विभेदीकरण कोख में होता है। इस प्रकार से यह कहानी हिन्दू दर्शन के इस आवश्यक पहलू को प्रस्तुत करती है कि प्रकृति की विविधता महज भौतिक मृगमरीचिका है। प्रकट भेदों के आधार पर विद्वान् लोगों को मूर्ख नहीं बनाया जा सकता है। वे लौकिक बहुलता के भीतर देखते हैं और इस बात की खोज करते हैं कि प्रत्येक जीव के भीतर एक ही दैवी आत्मा होती है—प्रजापति का बीज।

कवियों ने पुरुषत्व को बुद्धि और सत्ता से भी जोड़ा। वे इस विचार को लेकर आये कि आत्मिक यथार्थ जो होता है वह ऊर्जा के बहाव को दिशा देता है, उनके लिए यह आसान होता है कि वे इस ब्रह्मांड के नाटक में पुरुष पात्रों को अधिक सक्रिय भूमिका में रखें। ब्रह्मा, विष्णु, महेश देवताओं ने इस संसार को क्रमश: बनाया, उसे आगे बढ़ाया और उसका विनाश किया, जबकि सरस्वती, लक्ष्मी एवं पार्वती देवियाँ बुद्धि, धन और प्रकृति के रहस्य की देवियाँ हैं। ईश्वर अस्तित्व के चक्र को चलते हैं और उनका व्यक्तिकरण देवियों के माध्यम से होता है। अगली कहानी में कृष्ण ने स्त्री पात्रों को अपनी वंशी की धुन पर नचाकर जीवन-चक्र का निर्माण किया।

आध्यात्मिक यथार्थ के मूर्त रूप होने के कारण कृष्ण देश के नियम का उल्लंघन करते थे और इस कारण वे एक ही साथ कई स्थानों पर उपस्थित

रहते थे। उन्होंने काल एक नियम का भी उल्लंघन किया और वे रूपान्तरित नहीं होते। राधा भौतिकता का साकार रूप है। समय के साथ, उसकी ऊर्जा कई व्यक्ति रूपों के माध्यम से बाहर निकली—गोपियों के रूप में। प्रत्येक रूप में एक अहम् था और इस तरह से प्रत्येक गोपी, एक ही राधा से जन्म लेने के बावजूद खुद को भिन्न रूप में देखती थी। अहम् के कारण प्रत्येक गोपी को यह लगता है कि कृष्ण उसके ही हैं। कृष्ण राधा के साथ परमात्मा होते हैं तथा प्रत्येक मनुष्य के साथ जीवात्मा के रूप में रहते हैं। दोनों तब एक हो जाते हैं जब दोनों अपने-अपने अहम् का त्याग कर राधा के साथ एक हो जाते हैं। कृष्ण के बिना गोपियों की ऐसी हालत हो जाती है जैसे वे बिना आत्मा के हों, प्रकृति में उथल-पुथल होने लगती है। ग्वालिनें कृष्ण के चारों तरफ़ जो वृत्त बनाती हैं वह संसार-चक्र का प्रतिनिधित्व करता है। कृष्ण वह केन्द्रीय शक्ति हैं जो स्त्रियों को साथ-साथ बाँधते हैं। कृष्ण की बाँसुरी लय को गति देती है, जैसे-जैसे गति ऊपर या नीचे होती है जीवन का रस ज्वार-भाटे की तरह प्रवाहित होता है और प्रजनन चक्र जिसे ऋतु कहते हैं वह निर्मित होता है। इसी कारण, इस नृत्य को रासलीला यानी जीवन का नृत्य कहा जाता है।

सभी आस्तिक हिन्दू मतों में देवी और देवता आत्मा और भौतिकता के सिद्धान्तों का प्रतिनिधित्व करते हैं। शिव के भक्तों के लिए, ईश्वर के लिंग में ब्रह्मांडीय चेतना का बीज होता है जबकि देवी की योनि सभी ऊर्जा का देश-काल पात्र होती है। विष्णु के भक्तों के लिए, विष्णु का नीला रंग यह बताता है कि वे आकाश की तरह सर्वव्यापक और अमूर्त हैं जबकि उनकी संगिनी लक्ष्मी की लाल साड़ी पृथ्वी की सर्व-उर्वरता का प्रतीक है। प्रत्येक मत में, बिना संयोग के ईश्वर शक्तिविहीन होते हैं, उसी तरह बिना स्वामी के देवी दिशाहीन होती है। देवी और देवता की एक-दूसरे की पूरक प्रकृति का विश्लेषण करने के लिए, इसी तरह तत्व और आत्मा के पूरक रूप को दिखाने के लिए कवियों ने काल्पनिक रूप से मानव शरीर के बायें और दायें अंग का उपयोग किया। उन्होंने स्त्रियों में हृदय ही हृदय देखा और उनको शरीर के उस हिस्से से जोड़ दिया जिधर दिल होता है—

'ऋषि भृंगी शिव की परिक्रमा करना चाहते थे। देवी पार्वती ने उनको

रोक दिया। ''तुमको हम दोनों की परिक्रमा करनी होगी क्योंकि वे मेरे बिना अपूर्ण हैं।'' लेकिन ऋषि ने उनकी परिक्रमा करने से इनकार कर दिया। इसलिए पार्वती शिव से लिपट गयीं और इस तरह उन्होंने भृंगी के लिए यह मुश्किल कर दिया कि वह बिना उनकी परिक्रमा किये शिव की परिक्रमा कर पायें। भृंगी तो यह तय कर चुके थे कि वे सिर्फ़ शिव की परिक्रमा करेंगे तो उन्होंने मधुमक्खी का रूप लिया और शिव की जटा की परिक्रमा करने की ठानी। उसकी योजना को नाकाम करने के लिए पार्वती ने अपने शरीर को शिव के शरीर में मिला लिया ताकि वे दोनों एक ही शरीर के दो हिस्से बन जायें—वह बायाँ हिस्सा बन गयीं और शिव दायाँ हिस्सा बन गये। तब भृंगी ने यह तय किया कि वह कीड़े का रूप लें और उस दैवी उभयलिंगी शरीर के दोनों हिस्सों के बीच से गुज़र कर दायें हिस्से की परिक्रमा कर लें। भृंगी ऋषि की इस धुन से नाराज़ होकर देवी ने ऋषि के दोनों पैरों को इतना कमज़ोर कर दिया कि वह न तो खड़ा हो सकता था न ही हिल सकता था। भृंगी ने रहम की भीख माँगी। जब वह इस बात के लिए तैयार हो गये कि वह देवी-देवता दोनों की परिक्रमा करेंगे तो उनको एक तीसरा पैर दिया गया जिसके बल पर वह खड़े होकर दैवी युगल की परिक्रमा कर पाये।' (तमिलनाडु की मन्दिर कथा)

देवी यानी ऊर्जा को नज़रअन्दाज़ करने की कोशिश के कारण भृंगी चलने की ताकत खो बैठे।

अपने बायें अंग के बिना शिव और कुछ नहीं बल्कि शव के समान हैं। अपने बायें अंग के बिना कृष्ण उत्साहहीन हैं।

इस प्रकार की कहानियों के कारण कोई इस बात को समझ सकता है कि किस तरह भारतीय भाषाएँ माया और शक्ति की अवधारणा को स्त्रैण रूप में दिखाती हैं और किस प्रकार से प्रकृति शब्द का अर्थ अंग्रेज़ी के नेचर (nature) शब्द के समान हो गया, जबकि पुरुष शब्द का अर्थ मर्द हो गया। इन कहानियों से यह भी पता चलता है कि स्त्रीत्व को दिल और बायीं तरफ़ से जोड़ कर देखा जाता है।

अमूर्त सिद्धान्तों को प्रतीक रूप में समझाने के लिए स्त्री-पुरुष का उपयोग करने का अपना महत्त्व है। यह इस बात से महज़ चन्द कदम की

दूरी पर होता है कि 'पुरुष आत्मा का प्रतीक होता है' को 'पुरुष आत्मा है' समझ लिया जाये। एक बार जब यह विचार कि स्त्री भौतिक तत्व होती है, हिन्दू मानस में प्रवेश कर गया, संसार हमेशा के लिए स्त्रैण हो गया। प्रकृति, स्त्री और देवी एक ही भौतिक यथार्थ के विस्तार बन गये। पुरुष का प्रकृति के साथ सम्बन्ध स्त्री के साथ उसके सम्बन्ध में देवी के प्रति उसके रुख में प्रतिबिम्बित हुआ। यह बात पवित्र हिन्दू ग्रन्थों में दर्ज की गयी है।

अध्याय 1

बायीं अर्धांगिनियाँ
'वृत्त का स्त्रीकरण'

जीवविज्ञान और उससे परे

उसका कोई चेहरा नहीं है। बस शरीर है जिसमें सिर के स्थान पर कमल है। इस चेहरा विहीन स्त्री की छवि देश भर में पायी गयी है। तीसरी से आठवीं शताब्दी के बीच उनको मिट्टी की प्रतिमा के रूप में आकार दिया गया तो चट्टानों में भी उनको उकेरा गया। घुटने झुके हुए, पैर फैले हुए, वक्ष और जननांग अनावृत्त, उसकी यह चारित्रिक मुद्रा 'ऋग्वेद' में वर्णित की गयी है, जो कि सबसे पुराना हिन्दू धर्म ग्रन्थ है, उसके रूप में जिससे धरती निकली।

'उत्तानपाद' उस अवस्था को कहा गया जिसमें स्त्री सम्भोग करती है या बच्चे जनती है। यह मुखाकृतिविहीन स्त्री कौन है? कोई प्रेमिका? एक माँ? कोई देवी? किसी को नहीं पता है। रूढ़िवादी धर्म ग्रन्थों में इसका कोई स्पष्टीकरण नहीं मिलता। हिन्दू पूजन विधि में इस तरह की किसी देवी का कोई सीधा सन्दर्भ नहीं मिलता। उस छवि में प्रत्यक्ष तौर पर कामुकता का जो प्रदर्शन है कि वह शर्मनाक हो जाता है। यह शर्म लोक की उस व्याख्या में भी है जिसमें इस छवि के बारे में बताया गया है—

'महादेव शिव अपनी संगिनी पार्वती के साथ सम्भोगरत थे, तभी साधू गुफ़ा में उन दोनों को प्रणाम करने पहुँचे। शिव बिना रुके सम्भोगरत रहे, जिससे

आगंतुक को बड़ी चिढ़ हुई। उन्होंने शिव को यह शाप दिया कि उनकी पूजा लिंग रूप में की जायेगी। इस अकस्मात आगमन से शर्मायी पार्वती ने अपना चेहरा कमल से ढँक लिया और ''लज्जा-गौरी'' बन गयीं।' (कर्नाटक की लोककथा) गाँववाले, जिनमें से अधिकतर मजदूर और खेतिहर हैं और जो हिन्दू जातियों के सोपानक्रम में निचली जातियों से आते हैं, ऐसा लगता है कि लज्जा-गौरी की कथा से परिचित हैं। उन्होंने उनकी पहचान आदि मातृ देवी के रूप में की, जीवनदायिनी, जीवन चलाने वाली, और जीवन लेने वाली देवी के रूप में। वे उनको आद्यशक्ति, भूदेवी, रेणुका, येल्लम्मा, शाकम्बरी, नग्न-अम्बिका कहकर बुलाते हैं। उनके लिए, मातृ देवी का देवत्व उनकी इस योग्यता के कारण आता है कि वह जीवनदायिनी हैं। वह अपने शरीर के कारण देवी हैं न कि सिर के कारण।

प्रजनन, न कि व्यक्तित्व के कारण स्त्री, पृथ्वी और देवी को देवत्व मिला। इस बात की पुष्टि होती है कमल के कारण जिसने लज्जा-गौरी के सिर को बदल दिया। कमल प्रजनन का प्राचीन प्रतीक है जो प्रकृति की शक्ति का प्रतिनिधित्व करता है, जो कीचड़ में पैदा होता है और कीचड़ को भी सुन्दर वस्तु में बदल देता है। दुनिया भर में देवियों की पूजा मूल रूप से इसलिए की जाती है क्योंकि वे 'माँ' होती हैं। जीव विज्ञान का हमेशा धर्मनिरपेक्ष और पवित्र चीज़ों में महिलाओं की भूमिका को परिभाषित करने के लिए इस्तेमाल किया गया है। ऐसा पुरुषों के लिए नहीं किया गया है। जीवन-चक्र में पुरुष जीव विज्ञान का योगदान अनियमित है। जब वह बीज गिरा देता है, तो अन्दरूनी दुनिया काम करने लगती है। कोख में नया जीवन आकार लेता है, स्तन खिल उठते हैं। शिश्न झूलता रह जाता है, उसका काम हो चुका होता है। प्रकृति की महती योजना में हालाँकि पुरुष की भूमिका महत्त्वपूर्ण होती है, लेकिन क्षणिक होती है। दिमाग सोचता है—क्या पुरुष केवल बीज गिराने के लिए होता है? इसलिए जब स्त्री का शरीर जीवन के संवर्धन में, उसके लालन-पालन में लगा रहता है, पुरुष का मस्तिष्क अपने अस्तित्व को लेकर प्रश्न करता है। यह सभी चीज़ों के विश्लेषण का प्रयास करता है। यह इस बात को समझ जाता है कि स्त्री अपने जीव विज्ञान के स्पंदन को खारिज नहीं कर सकती। उसका शरीर उसे प्रकृति के प्रजनक नियम की अनमनीय कठोरता

भारत में देवी

को सहने के लिए तैयार करता है। हर महीने उसका शरीर रक्त का प्रवाह करता है और उसे उसकी सम्भावना और उसके उद्देश्य की याद दिलाता है। हो सकता है कि वह सम्भोग न करना चाहती हो, लेकिन प्रेम या बलात्कार के द्वारा, उसका शरीर गर्भधारण करेगा। वह अपनी इच्छा से मासिक धर्म और गर्भधारण से नहीं हट सकती। प्रकृति का दावा उसके शरीर पर है। वह उसको अन्दरूनी तौर पर काम करने वाले उपकरण में बदल देता है।

स्त्रियों को अपना जीवविज्ञान स्वीकार करना पड़ता है। पुरुषों को ऐसा नहीं करना पड़ता है। पुरुष अकेला ऐसा प्राणी है जिसमें इस बात की सम्भावना होती है कि वह प्रजनन को लेकर प्रकृति की सनक का विरोध करने की क्षमता रखता है। पुरुष इस बात का चयन कर सकता है कि वह चाहे तो उसमें अपना बीज न डाले। चिड़ियों, मधुमक्खियों, पशुओं के विपरीत ऐसी कोई जीवविज्ञानीय ज़रूरत नहीं है जो उसकी काम की इच्छा को संचालित करे। वह चाहे तो मज़े के लिए सम्भोग कर सकता है, अपनी इच्छा से कर सकता है या फिर बिलकुल नहीं भी कर सकता है। वह प्रलोभनों से बच सकता है। अगर उसकी इच्छा न हो तो उसे बीज डालने के लिए मजबूर नहीं किया जा सकता है। उसका दिमाग उसके शरीर को इस तरह से अनुशासित कर सकता है कि वह जैविक ज़रूरत का प्रत्युत्तर न दे। इसमें यह क्षमता होती है कि यह प्रकृति के प्रति विनम्र सहनशीलता को चुनौती दे सके। प्रकृति इस ब्रह्मांड की सबसे बड़ी सत्ता है, अचेतन लयबद्ध नियमितता के साथ वह जीवन-शक्ति को बाँधता-खोलता रहता है, किसी जन्तु को निराशा की गहराइयों में भेजने से पहले वह सभी जन्तुओं को आनन्द के चरम पर पहुँचा देता है। प्रकृति बनाती और बिगाड़ती है, अवश्यम्भावी रूप से और आखिरकार इसकी अद्भुत शक्ति के सामने सभी खुद को असहाय महसूस करते हैं। इसकी निर्वैयक्तिकता हालात को और बिगाड़ देती है। इसलिए पुरुष का दिमाग प्रकृति को स्त्री शरीर के माध्यम से प्रकट करता है। दोनों एक उद्देश्य के लिए सुन्दर होते हैं, खिले हुए और बिना रुके विलयित होते हुए, जो मानव नियन्त्रण से बाहर होता है। दोनों जीवन देने और जीवन लेने की शब्दावली को साझा करते हैं, जिसका उद्देश्य पुरुष का सिर समझना चाहता है।

दिमाग शरीर द्वारा बनायी गयीं सीमाओं को खारिज कर देता है। कल्पना प्रकृति के प्रति दासता को सहन नहीं करती। पुरुष का दिमाग स्त्री के शरीर का सामना करता है। कई बार दिमाग घुटने टेक देता है, कई बार वह लड़ता है या भाग जाता है। भाग जाना, लड़ना, जम जाना—प्रकृति के प्रति आरम्भिक प्रतिक्रिया से धर्म, संस्कृति एवं सभ्यता अस्तित्व में आये।

दिमाग यह कल्पना करता है कि उसे जीवविज्ञान की सीमाओं से बाहर निकलना है। यह उस दुनिया की कामना करता है जहाँ कोई जन्म नहीं है, कोई मृत्यु नहीं है, कोई बदलाव नहीं है, किसी तरह की पीड़ा नहीं है। रहस्यवाद के माध्यम से—पुरुष यह उम्मीद करता है कि वह उन बेड़ियों को तोड़ डालेगा जो उसको पृथ्वी से बाँधे रखती हैं और जो आनन्द की दुनिया के परे चला जाता है—उस जगह जहाँ पुरुष प्रमुख होता है, उस जगह को स्वर्ग कहते हैं। जब भागना असम्भव हो जाता है तो वह लड़ता है। वह प्रकृति के रहस्यों की खोज करता है तथा ज्ञान की मदद से प्रकृति को वश में करना चाहता है। वह भौतिक रूप से तथा मानसिक रूप से प्रकृति के अँधेरे पक्ष को दबाता है। वह इस तरह के कानून बनाता है जो प्रकृति की अन्धी काम-प्रवृत्ति को रोकते हैं। वह ऐसी दीवार बनाता है जो कुरूपता को बाहर करती है। वह ऐसी कविताएँ लिखता है जिनमें अच्छे दिनों के समाप्त हो जाने का दुःख होता है। मानवीय साहित्य ने बड़े मनोयोग से इस तथ्य को नज़रअन्दाज़ किया है कि प्रकृति में कभी कुछ घटित नहीं होता है; घटनाएँ घटित होती रहती हैं। पुरुष असंख्य में से एक पल को अपनी पटकथा के चरमोत्कर्ष के रूप में चुन लेता है और इस बात का फैसला कर लेता है कि वह जीवन का आनन्दोत्सव मनाना चाहता है या जीवन के ऊपर विलाप करना चाहता है। जब भाग पाना या लड़ पाना असम्भव हो जाता है तो पुरुष स्थिर हो जाता है। असहाय महसूस करता है, वह प्रकृति के अनुकूल पक्ष को पसन्द करता है और उसके प्रतिकूल पक्ष को इस उम्मीद में तज देता है कि वह अनुकूल का अनुभव अधिक करता है और प्रतिकूल का कम। मातृ-देवियाँ अस्तित्व में आती हैं; हत्यारी देवियों को या तो खुश कर दिया जाता है या उनको नज़रअन्दाज़ कर दिया जाता है। हर रहस्यवादी चिन्तन में, प्रत्येक गुप्त विद्या में, प्रत्येक विज्ञान में, प्रत्येक कानून में प्रत्येक कथा जो है वह स्त्री प्रकृति के शरीर के प्रति पुरुष प्रतिक्रिया है।

प्रत्येक विश्वदृष्टि विश्व को समझने की तथा जीवन को अधिक अर्थपूर्ण बनाने की कोशिश है।

हिन्दू विश्वदृष्टि वह है कि हिन्दू पुरुष ने किस प्रकार जीवन को देखा है। उसने स्त्री के शरीर में प्रकृति को देखा। जब उसने प्रकृति को नकारा तो उसने स्त्री को नकार दिया। जब उसने प्रकृति का शोषण किया तो उसने स्त्री का शोषण किया। जब उसने प्रकृति के साथ जोड़-तोड़ किया तो उसने स्त्री के साथ ऐसा किया। जब उसने प्रकृति का आनन्द मनाया, तब उसने स्त्री का आनन्द मनाया।

हिन्दू विश्वदृष्टि

पवित्र हिन्दू ग्रन्थों में स्त्रियों को समझने के लिए हिन्दू विश्वदृष्टि की समझ महत्त्वपूर्ण है। इस विश्वदृष्टि में यह जन्म के साथ शुरू नहीं होता है और न ही मृत्यु के साथ इसका अन्त हो जाता है। सांसारिक सुखों के क्षेत्र के माध्यम से अनथक यात्रा, जन्म और मृत्यु इसकी दो वैकल्पिक घटनाएँ हैं। रंग, स्वर, बुनावट, सुगन्ध और स्वाद का नाम 'संसार' है।

जन्म का मतलब होता है शरीर और दिमाग का अर्जन जो किसी को इसमें समर्थ बनाता है कि वह सांसारिक जीवन का अनुभव कर सके। मृत्यु से अस्तित्व का अन्त नहीं हो जाता है। यह बस एक अवस्था में अन्तरण है जिसमें संवेदना तो नहीं होती है लेकिन जो स्मृति के मामले में समृद्ध होता है जो किसी को जीवन्त लोगों की भूमि पर ले आता है।

जब शरीर और दिमाग का अन्त हो जाता है तब जो बच जाता है वह आत्मा कहलाती है। आत्मा में वह सभी कुछ होता है जो कि दिमाग और शरीर में नहीं होता है। यह अमर होती है। यह अजर होती है। इसके कोई गुण नहीं होते हैं इसलिए इसे परिभाषित नहीं किया जा सकता है। यह ब्रह्मांड का जीवन्त सिद्धान्त होता है। यह किसी जीवित वस्तु को जीवन प्रदान करता है। यह ब्रह्मांडीय बुद्धि होती है जो भूत के माध्यम से अभिव्यक्त होती है।

भूत ऊर्जा होती है जो अचेतन रूप से और यादृच्छिक तौर पर देश-काल की निरन्तरता में प्रवाहित होती है, प्रकट होती हुई, विलयित होती हुई, लगातार रूपान्तरित होती हुई। अकेले छोड़ देने पर भूत का झुकाव उत्क्रम की तरफ़ हो जाता है—और वह आकारहीन तरल अवस्था में आ जाता है। प्राण इस तरह की अवस्था का विरोध करता है। यह भूत की सुप्त शक्ति को जगाकर उसे जीवनदायिनी ऊर्जा में बदल देती है जिसे रस कहते हैं। प्राण से समाहित होकर अचेतन तत्व मस्तिष्क और शरीर में रूपान्तरित हो जाते हैं। मस्तिष्क और शरीर आत्मा को जगह देते हैं, बाह्य उद्दीपनों का उत्तर देकर विचारों, भावनाओं और स्मृतियों को जगाती है। इस प्रकार, जीवित जन्तु का जन्म होता है जो सोच सकता है, महसूस कर सकता है और संसार के प्रति प्रतिक्रिया दिखाता है। जब शरीर का नाश हो जाता है तब मस्तिष्क का लोप हो जाता है, तब प्राण मृत्यु लोक में जाकर एक बार और भूत के साथ एक होने के एक और अवसर के इन्तज़ार में रहता है ताकि वह जीवितों की दुनिया में वापस आकर एक बार और सोच और महसूस कर सके।

जब मौका आता है तो मस्तिष्क और शरीर के नये आवरण की गुणवत्ता इस बात के ऊपर निर्भर करती है कि पिछले जीवन में उसका कर्म कैसा था। मस्तिष्क और शरीर के आस-पास के हालात किस तरह के होंगे यह भी इस बात के ऊपर निर्भर करता है कि पिछले जन्म में उसका कर्म कैसा था। ऐसी मान्यता है कि जो भी घटना घटित होती है वह उसकी प्रतिक्रिया होती है जो हमारे पिछले जन्म के 'कर्म' होते हैं। 'कर्म' जीवन-चक्र को चलाता है। जब तक कि प्रतिक्रियाओं का अनुभव किया जाता है तब तक आत्मा अस्तित्व का पहिया होता है।

इस यात्रा में कहीं विचारों और भावनाओं से अभिभूत होकर अहम् विकसित हो जाता है जो भीतर के प्राण की दृष्टि को बाधित कर देता है। इससे बेचैनी पैदा हो जाती है। अर्थ की खोज का आरम्भ हो जाता है। उत्तर सांसारिक खुशियों के सन्दर्भ में खोजे जाते हैं। क्रिया, प्रतिक्रिया होती है और प्राण का 'संसार' से बन्धन जुड़ जाता है। मुक्ति तभी होती है जब इस बात की समझ होती है कि वास्तविक आत्मा अहम् नहीं है बल्कि वह भीतर प्रसन्न

प्राण होता है। इसकी समझ तभी होती है जब संसार की समझ होती है, उसके प्रति प्रतिक्रिया से नहीं। प्राण को अपनी समझ, मस्तिष्क और शरीर के माध्यम से होती है। मस्तिष्क और शरीर प्राण की तरफ़ तभी देखते हैं जब वह संसार की सीमितता का सामना करते हैं। इस प्रकार, संसार की यात्रा आत्मज्ञान की यात्रा होती है, वास्तविकता से होकर की गयी यात्रा जिसमें आन्तरिक सत्य शामिल नहीं होता है। हिन्दू-दृष्टि में जीवन जो होता है वह धर्म, अर्थ, काम और मोक्ष की अवस्थाओं को पूरा करने का अवसर होता है। वह या तो संसार के प्रति प्रतिक्रिया कर सकता है या महज़ उसका साक्षी बन सकता है। पूर्ववर्ती बन्धन में बाँधता है जबकि उत्तरवर्ती मुक्ति प्रदान करता है।

पहले कौन आया, चाभी या ताला ? इस सबकी शुरुआत कब हुई ? इसके जवाब में हिन्दी ऋषि पूछने वाले से यह आग्रह करेंगे कि किसी वृत्त के एक कोने को चिह्नित करें। जब इस काम की व्यर्थता की समझ होती है, तब ऋषि मुस्कुरायेगा और 'ऋग्वेद' से उद्धृत करेगा—'आरम्भ में न तो अस्तित्व था न ही अनस्तित्व, न देश था न ही आकाश था, न साँस थी न ही साँसहीनता थी। पहले कौन आया ? क्या वह बीज देने वाला था या बीज लेने वाला ? क्या यह इच्छा थी ? कहाँ से ? कौन जानता है ? यहाँ तक कि देवता भी बाद में आये।'

जगत यथार्थ का मानवीकरण

जीवन तब अस्तित्व में आता है जब प्राण का पदार्थ या भूत के साथ मेल हो जाता है। सूक्ष्म ब्रह्मांड के स्तर पर जीवन को यूँ देखा जाता है जैसे मधुमक्खी फूलों के पास जाती है, मिट्टी में जैसे बीज डाला जाता है और बैल एक गाय के ऊपर मैथुन मुद्रा में खड़ा हो जाता है। जब तक कि पराग नहीं जाता है तब तक फूल, फल नहीं बन सकता है। मिट्टी अपने आप में पौधा नहीं बना सकती है। उपेक्षित कोख से सिर्फ़ खून ही निकलता है। ऋषियों, मुनियों और कीमियागरों, योगियों, और सिद्धों ने पराग, बीज और वीर्य के भीतर जीवन के उस स्फुलिंग को देखा जो कि फूलों, मिट्टी तथा कोख की प्रजनन शक्तियों को जगा देता है। उन्होंने यह महसूस किया कि स्त्रैण रूपों में रस बहता है तथा

पुरुषत्व वाली चीज़ों में आत्मा प्रज्वलित रहती है। उनका यह निष्कर्ष था—पुरुष जो है वह प्राण को रखता है और स्त्री पदार्थ या भूत की रखैल होती है।

हिन्दू धर्म ग्रन्थों में लिखा गया है, 'जैसा कि सूक्ष्म जगत होता है वैसा ही स्थूल जगत होता है; जैसा कि व्यक्ति का दिमाग होता है, वैसा ही ब्रह्मांड का दिमाग होता है।' कवियों ने सूक्ष्म जगत के अवलोकन को सूक्ष्म जगतीय स्तर तक विस्तृत कर दिया। पृथ्वी, मानव शरीर की तरह जीवित प्राणी बन जाती है, एक जीवन्त, साँस लेने वाला प्राणी, जीवन और मृत्यु के चक्र से गुज़रता हुआ, सक्रियता और निष्क्रियता के दौर से गुज़रता हुआ। संसार तब अस्तित्व में आया जब ब्रह्मांडीय पुरुष ने ब्रह्मांडीय स्त्री का आलिंगन किया—'ब्रह्मांड में जब प्रलय हुई तो जो कुछ भी विद्यमान था वह समुद्र में विलीन हो गया। कुछ भी नहीं बचा, न रूप न आकार। अनन्त तक फैले जल में विष्णु कालसर्प पर सोये थे। एक निश्चित समय पर उनकी नाभि से एक कमल निकला और खिल उठा। उसके अन्दर ब्रह्मा गहन ध्यान में बैठे हुए थे। ब्रह्मा ने अपनी आँखें खोलीं और संसार के निर्माण के लिए निकल पड़े। उन्होंने अपने मानस से पुत्र ढाले। ''आगे बढ़ो और अपनी सन्तति बढ़ाओ'', उन्होंने अपने इन मानस पुत्रों से कहा। लेकिन वे विरक्त संन्यासी निकले और सन्तान उत्पन्न नहीं कर पाये। ब्रह्मा ने इस समस्या के ऊपर विचार किया और चिन्ता में पड़ गये। उनकी भृकुटी से शिव जन्मे, एक उभयलिंगी के रूप में—उनका दायाँ शरीर पुरुष का था जबकि उनका बायाँ हिस्सा स्त्री का था। अपने दृष्टिकोण से अनुप्राणित ब्रह्मा ने अपने शरीर को दो हिस्सों में बाँट दिया और बायीं तरफ़ से उन्होंने स्त्री का निर्माण किया। उसका नाम था शतरूपा। उसने निर्मित किये गये पुरुष के हृदय में भावनाओं को जगा दिया। उसके शरीर में ब्रह्मा ने सन्तान का निर्माण किया जिसने आगे चलकर इस ब्रह्मांड की जनसंख्या बढ़ायी।' (विष्णु पुराण, शिव पुराण)

ब्रह्मांड का समुद्र में विलयन अराजकता की तरफ़ संकेत करता है। प्रलय उस दौर को कहते हैं जब प्राण देह से मुक्त हो जाये। ब्रह्मांडीय बुद्धि निष्क्रिय होती है। पदार्थ गतिहीन होता है। विष्णु सोये रहते हैं। फिर एक निश्चित समय पर ब्रह्मांडीय बुद्धि जाग्रत होती है। कमल खिल उठता है। निर्माण के देवता

ब्रह्मा, जो कि कमल पर बैठते हैं, ने प्राण को शरीर देने की ठानी। उनके मानस पुत्र में कामेच्छ की कमी थी और इसलिए वह संसर्ग नहीं कर सकता था। तब उनकी मानस पुत्री आगे आकर भावना को जगाती है। मैं का जुड़ाव सिर के साथ, अर्थात् तार्किकता, बुद्धि तथा चेतना के साथ है जबकि स्त्री का शरीर अर्थात् अन्तःप्रज्ञा, भावना एवं कामुकता से है। समुद्र की तरह स्त्री निष्क्रिय रहती है। फूल की तरह वह सम्मोहक होती है। जब ब्रह्मा सम्मोहित होते हैं तो जीवन के बीज का वपन होता है तथा जीवन फिर से नवीन हो जाता है। उसकी राय नहीं पूछी जाती है। वह वस्तु है; जबकि पुरुष कर्ता है। वह दृश्य है, पुरुष ऋषि होता है। वह मूल कारण होता है।

ब्रह्मा के मानस पुत्र सप्तर्षि या ब्रह्मांड की बुद्धि के सात रक्षक हैं। उनको प्रजापति के रूप में जाना जाता है, सन्तति के देवता, जब वे अपनी बुद्धि का उपयोग पदार्थ को अनुप्राणित करने के लिए करते हैं। ब्रह्मा की पुत्री का नाम शतरूपा है, यानी अनेक रूपों वाली, जो इस बात की तरफ़ संकेत करती है कि वह भौतिक सिद्धान्त है जिसमें अनन्त क्षमता इस बात की होती है कि वह खुद को किसी भी रूप में रूपान्तरित कर सकती है, जो इस बात के ऊपर निर्भर करता है कि ऋषियों की तरफ़ से किस प्रकार की सूचनाएँ आ रही हैं। प्राणवान पुरुष का पदार्थ स्त्री के साथ एक हो जाने की कहानी को एक और कहानी में विस्तार रूप दिया गया है जिसमें शतरूपा खुद को कश्यप की 13 पत्नियों के रूप में बदल देती है, कश्यप जो कि स्वयं ब्रह्मा का प्रतिरूप है—'मानस पुत्र कश्यप ने अपना बीज अपनी तेरह पत्नियों में डाला। समय के साथ, इन स्त्रियों ने अलग-अलग जीवों को जन्म दिया जिन्होंने ब्रह्मांड की सृष्टि बनायी। अदिति से कश्यप आदित्य देवों के पिता बने। दिति से, दनु के, जो दैत्य और दानव थे। कद्रू से वे उन जीवों के पिता बने जो नागों की तरह रेंग सकते थे, विनता से वे उन जीवों के पिता बने जो उड़ सकते थे; तिमी से उन जीवों के पिता बने जो तैर सकते थे। सारमेय से वे कुत्तों एवं जंगली जानवरों के पिता बने; सुरभि से वे गायों एवं पालतू जानवरों के पिता बने; क्रोधावास से वे जंगली भूतों, जैसे राक्षस, यक्ष एवं पिशाचों के पिता बने। अनल से वे पौधों के पिता बने; मुनि से मत्स्य अप्सराओं के; अरिष्ट से पुष्प देव गन्धर्व के। कश्यप मनु के भी पिता थे, जो मनुष्य जाति के पूर्वज

हैं। जिसकी वजह से कश्यप समस्त जीवित जीवों के पिता बने। इस कारण उनको प्रजापति के नाम से जाना जाता है। (भागवत पुराण, लिंग पुराण, कूर्म पुराण)। कश्यप मरीचि के मानस पुत्र हैं जो कि ब्रह्मा के मानस पुत्र हैं। वे पूरी तरह से भावना मुक्त नहीं हैं; वे ऐसी आत्मा हैं जो कि शरीर की आकांक्षा रखती है। जब तक कि वह 13 स्त्रियों में बीज नहीं डालते हैं तब तक कुछ भी नहीं घटित होता है। जब वह अपना बीज डाल देते हैं, 13 भिन्न-भिन्न कोखों में गये एक ही बीज से तेरह अलग-अलग तरह के जीव बने। व्यक्तिकरण तथा भिन्नता कोख में घटित होती है। यह कहानी बहुत सफलतापूर्वक हिन्दू दर्शन के उस सार को सामने रखती है कि प्रकृति की विविधता जो है वह सिर्फ़ भौतिक मृगमरीचिका है। प्रकट तौर पर जो भिन्नता होती है उससे बुद्धिमान लोग बेवकूफ नहीं बनते हैं। वे जगत की विविधता को गहराई से देखते हैं और पाते हैं कि सभी जीवों के अन्दर एक ही ईश्वरीय आत्मा का निवास है—प्रजापति के बीज का।

लिंग की सीमा

जैसे-जैसे कवि गण पहाड़ों को पार करके मैदानों के पार गये, तो वे हिन्दू विश्वदृष्टि को तरह-तरह की कथाओं के माध्यम से और आम लोगों के लिए भविष्यवक्ता के सिद्धान्त को सामने लेकर आये। लेकिन इसमें छूटें ली गयीं और अमूर्त विचारों को मूर्त रूप दिया गया। लिंगरहित विचारों का लिंग निर्धारण किया गया।

सांख्य में, जो सबसे पुराना हिन्दू दर्शन है, जब प्रकृति की बेचैन ऊर्जा ने पुरुष यानी आत्मा की उपस्थिति में एक दिशा ग्रहण की, तब जाकर यह प्रकट द्वन्द्वात्मक दुनिया सामने आयी। पुरुष वह अप्रकट बुद्धि है जो उद्भव के नृत्य को प्रेरित करते हैं। पुरुष व्यक्ति की आत्मा है—जीवात्मा। वेदान्त में ब्रह्मांडीय आत्मा या परमात्मा को ब्रह्मण के रूप में देखा है और इसका वर्णन नेति-नेति के रूप में किया गया है। यह एक अतीन्द्रिय अनस्तित्व है—न पुरुष न ही स्त्री, न बीज, न मिट्टी। उसे कोई भी रूप नहीं बाँध सकता है, न ही

ऐसा कोई पद ही है जिसमें उसका वर्णन किया जा सके। दूसरी तरफ़ पदार्थ को देश और काल की सीमा में बाँधा जा सकता है और उसका वर्णन कई रूपों में किया जा सकता है।

प्रकृति स्त्री और पुरुष दोनों ही रूपों में प्रकट होती है। यह बीज और मिट्टी दोनों से आती है। इसका वर्णन इति-इति कहकर किया जाता है। प्रकृति में जीवनदायिनी ऊर्जा या रस है और इसलिए वह शक्ति है। यह बेचैन और चंचल है इसलिए यह माया है या मृगमरीचिका। ब्रह्मण, दूसरी तरफ़, न बदलने वाला और सम्पूर्ण होता है, इसलिए वह वास्तविक है।

हिन्दू धर्म की साधारण बोलचाल की भाषा में पुरुष शब्द का अर्थ है 'नर' जबकि प्रकृति का मतलब 'प्रकृति'। शक्ति एवं माया शब्दों की व्याख्या स्त्रीवादी ढंग से की गयी है। कवियों के शब्दों में अनदेखे अतीन्द्रिय सिद्धान्तों को पुरुष वाले गुण दिये गये जबकि प्राकृतिक दुनिया को, रंगों एवं रूपों की दुनिया को स्त्री के रूप दिये गये। एक ऐसा मानदंड बनाया गया जिसकी वजह से स्त्रीत्व के प्रति पूर्वाग्रह से भरा दृष्टिकोण हमेशा के लिए बन गया। हिन्दू समाज की लैंगिक राजनीति के ऊपर इस बात का गहरा प्रभाव रहा है जिसमें स्त्रियों को निष्क्रिय पदार्थ के साथ जोड़कर देखा जाता है तथा पुरुष आत्मा के द्वारा उसे दिशा दिये जाने की बात कही गयी है। यह इस दिशा में एक छोटा-सा कदम है 'प्रकृति स्त्री का प्रतीक है' से 'स्त्री प्रकृति है'।

प्राचीन विभेद

हिन्दू विश्वदृष्टि, जो कि ज्यादातर हिन्दुओं के लिए सनातन धर्म या सनातन सत्य है, को शब्दबद्ध किया हिन्दू भविष्यवक्ताओं ने, जिनको इसका ज्ञान हुआ वेदों के अध्ययन से। जिनको कि इतना गूढ़ माना जाता है कि उसे मानवीय नहीं माना जाता। वैदिक पदों में भी लैंगिक भेदभाव साफ दिखायी देता है— 'यमी यम के पास प्रेम जताने गयी जिससे सन्तान उत्पन्न हो सके। यम उसे मना कर देता है। ''मेरे ऊपर इच्छ हावी हो गयी है। मुझे अपने शरीर को उस तरह से खोलने दो जिस तरह से पत्नी अपने पति के समक्ष खोलती है।

उस तरह से गोल-गोल घूमें जिस तरह से रथ के दो पहिये घूमते हैं'', उसने विनती की। ''सुन्दर स्त्री! किसी और व्यक्ति की तलाश करो'', उसने कहा, ''किसी और के लिए अपनी बाँहों का तकिया बनाओ, मेरे लिए नहीं। मैं अपना शरीर तुम्हारे शरीर के साथ कभी भी एक नहीं करूँगा। कहा जाता है कि वह आदमी जो अपनी बहन के साथ सम्बन्ध बनाता है, पापी कहलाता है। किसी और के साथ आनन्द मनाओ, अपने भाई के साथ नहीं''।' (ऋग्वेद)

यम इसलिए यमी को छूने से मना कर देता है क्योंकि वह उसकी बहन है। वह नि:सन्तान मर जाने का फैसला करता है। जीवित लोगों की दुनिया में कोई बच्चा नहीं होने के कारण वह पुनर्जन्म ले पाने में खुद को असमर्थ पाता है और यह पाता है कि वह यम लोक में फँस गया है, और वह यम लोक का स्वामी बनने के लिए अभिशप्त हो जाता है। यमी अपने तेजस्वी भाई के बिना खुद को यामिनी में बदल लेती है, रात की उदास स्त्री के रूप में। मृत्यु के बाद यमी मृत्यु लोक में नहीं जाती है; वह प्रकृति का हिस्सा बनी रहती है। यम और उसके जैसे अन्य जो कि मृत्यु लोक में पुनर्जन्म का इन्तज़ार कर रहे होते हैं वे पितर बना दिये जाते हैं। आत्मा का सम्बन्ध पुरुष से जोड़ना और प्रकृति को स्त्री से जोड़ने की प्रथा लगता है कि मानवीय स्मृति से अधिक पुरानी हैं। 'ऋग्वेद' के कुछ मन्त्रों में पृथ्वी को दो ऐसी देवियों के रूप में देखा गया है जो क्षितिज पर एक-दूसरे को चूमती हैं और उनके मिलन से आकाश पैदा होता है। आकाश में उनकी गोद में उनका बेटा है सूर्य देवता, जो रौशनी, जीवन और व्यवस्था प्रदान करता है। संन्यासी युगल देवियों का आह्वान करते हैं, माँओं का, कि वे संसार के भीतर सभी जीवों को थाम कर रखें और उनको गहरे आकारहीन गर्त में गिरने से बचायें—मृत्यु लोक से।

दो आलिंगनबद्ध देवियों से कुछ विद्वान यह कयास लगाने लगे कि यह स्त्री समलैंगिकता हो सकती है। इस कयास के कारण इस बात को लेकर उग्र बहस चली कि समलैंगिक लगाव स्वाभाविक होता है। यह सार्वभौम रूप से सच है या इसे पश्चिम से ग्रहण किया गया है।

कुछ विद्वानों का यह मानना है कि मूल मन्त्रों में प्राकृतिक शक्तियों को उभयलिंगी माना गया था और यह कि पितृशक्ति के उदय के साथ उसमें वह

    भारत में देवी

भाव पैदा हुआ जो कि पुरुषवादी भावनाओं के अनुकूल हो—अधीन स्त्री नीचे और अधीन बनाने वाला पुरुष ऊपर।

यह विचार कि ब्रह्मांड में चलायमान शक्ति पुरुष है, वेद में काफ़ी व्यापक तौर पर कहा गया है।

आकाश के देवता इन्द्र को महान योद्धा के रूप में देखा गया है जो बादलों के बीच में बिजली की तरह कड़कता है और वर्षा करता है जिससे कि पृथ्वी वनस्पतियों को सामने ला सके। सूर्य को साँड के रूप में देखा गया है जिसका पौरुष सूर्य की किरणों के माध्यम से जीवन को सामने लाता है। चन्द्र देव का पौरुष सोम वनस्पतियों के माध्यम से प्रसारित होता है और समस्त चीज़ों को जीवन्त बना देता है। कई अनुच्छेदों में आकाश को पिता के रूप में देखा गया है जो वर्षा के रूप में अपना बीज फैलाता है, जिससे कि पृथ्वी माता इस बात को समझ पाती हैं कि उनमें उर्वरता है। इससे जो जीवन उत्पन्न होता है उसका वर्णन मक्खन, शहद की मिठास, रस के गुणों से समृद्ध के रूप में किया गया है।

आरम्भिक कीट

यम कीट के विचार से इतने अपमानित महसूस करने लगे और उन्होंने मृत्यु लोक में ही अनन्त काल तक बने रहना तय किया और इस तरह से एक नैतिक संहिता का उल्लंघन किया। प्रकृति में किसी तरह की नैतिक संहिता नहीं होती है—कोख पिता, भाई, प्रेमी और बलात्कारी सभी के वीर्य को स्वीकार कर लेती है। यमी द्वारा यम से किये गये अनुरोध में बौद्धिक मूल्यों एवं जैविक ज़रूरतों की बहस को एक और ऐसे प्रयास के रूप में देखा जाता है जिसमें स्त्री की पहचान प्रकृति के साथ की गयी है।

'वह आदि प्रवृत्तियों के वश में अधिक है; जबकि वह अधिक तार्किक है।' यह एक आधुनिक पूर्वाग्रह है जिसकी जड़ें प्राचीन हैं। उत्पत्ति सम्बन्धी किसी भी कथा में आरम्भिक कीट के विचार को नज़रअन्दाज़ नहीं किया जा

सकता है। समकालीन मूल्यों तथा शब्दावली से रहित होने के कारण कवि अक्सर इस कहानी को बताने में शर्म से भर जाते हैं कि जीवन-चक्र में पहले कौन आया और उसके बाद कौन आया। दूसरा जो है वह मानो पहले जन्मे की सन्तति हो। दूसरा जो है वह पहले के साथ पैदा हुआ सहोदर हो सकता है। दोनों ही तरीके से यह कीट है। भारतीय आदिवासियों की पावन लोक कथाओं में इस तरह की कहानियाँ भरी पड़ी हैं कि पहले पूर्वज को मजबूर होकर अपनी बहन को पत्नी बनाना पड़ा क्योंकि बच्चे पैदा करने के लिए और कोई थी ही नहीं—'महादेव ने पुरुष और स्त्री को बनाया लेकिन वे अलग-अलग रहते थे। इसलिए महादेव ने चींटियों, बिच्छुओं और साँपों को बनाया और स्त्री के मन में डर पैदा किया ताकि वह पुरुष की बाँहों में शरण ले ले। हालाँकि साथ-साथ रहने के बावजूद पहले पुरुष और पहली स्त्री को यह नहीं समझ में आ रहा था कि किस तरह से सम्भोग किया जाये; इसलिए महादेव ने उनको यह सिखाया कि किस तरह से जगी हुई भावनाओं को गुदगुदाया जाये तथा उनको सम्भोग करने के लायक बनाया।' (उड़ीसा की आदिवासी लोक कथा)

मानवीय मूल्य प्राकृतिक ज़रूरतों के बाद आते हैं। ऋग्वेद में भोर की देवी का नाम उषा है, वह डर के मारे घबरायी हुई है क्योंकि उसके पिता ने उसके साथ मैथुन किया था, लेकिन वह प्राकृतिक व्यवस्था के कारण ऐसा होने देती है। इसके लिए उसकी तारीफ़ भी की गयी है। ब्राह्मणों में कर्मकांड सम्बन्धी संहिताएँ वैदिक ऋचाओं पर आधारित हैं, प्रजापति निर्माता की भूमिका में आ जाते हैं और रुद्र को उसके अपने सम्बन्धी के प्रति इच्छा व्यक्त करने के कारण सज़ा भी दी जाती है। उस कृत्य की तो निन्दा की गयी है लेकिन उससे जो फल मिला उसकी निन्दा नहीं की गयी—'प्रजापति ने अपने दिमाग की ताकत से बेटे पैदा किये। लेकिन वे सन्तति नहीं बना पाये। इसलिए उन्होंने संध्या नामक स्त्री का निर्माण किया, जो कि भोर ही थी। वह इतनी सुन्दर थी कि प्रजापति ने कामनावश होकर उसे गले लगाने की कोशिश की। संध्या आकाश की तरफ़ भागी। प्रजापति उसके पीछे भागे।' ''पिता वह कर रहा है जो कि उसे नहीं करना चाहिए था'', ब्रह्मा का पुत्र चिल्लाया। वे रुद्र के पास गये, जो कि एक भारी गलती थी, कि वह अपने पिता को सज़ा दें। उसने

     भारत में देवी

एक तीर चला दिया जिससे प्रजापति घायल हो गये और उनका बीज गिर गया और एक झील बन गयी। ''बीज को बर्बाद नहीं होना चाहिए'', उनके बेटों ने कहा। इससे जानवर निकल कर आये। (एतरेय ब्राह्मण)

पुराणों में, यही पाठ है जो कि आधुनिक हिन्दू धर्म में तत्काल तौर पर वेदों एवं ब्राह्मणों से इसकी भूमिका अधिक मानी जाती है। प्रजापति की पहचान ब्रह्मा के रूप में की जाती है और रुद्र की शिव के रूप में, जो विध्वंस के देवता हैं। ब्रह्मा ने अपनी बेटी के साथ सम्भोग किया, इसलिए हिन्दुओं में उनको पूजा के उपयुक्त नहीं समझा गया और उनके नाम पर कोई मन्दिर या कोई त्यौहार नहीं है—

'संध्या ने अपने पिता के कृत्य से दुखी होकर शिव से शिकायत की और उनसे यह कहा कि सभी नवजात बच्चों को वे इच्छाओं से मुक्त कर दें और इच्छ जगाने में असमर्थ बना दें। शिव ने ब्रह्मा को शाप देते हुए कहा कि उनके लिए न तो कोई मन्दिर होगा, न ही उनके सम्मान में किसी तरह का त्यौहार ही मनाया जायेगा।' (शिव पुराण)

ब्रह्मा मार्गी या शास्त्र हिन्दू परम्परा के निर्माता हैं। देशी या लोक परम्परा में निर्माण करने वाली देवी हैं। वही निर्णय लेती हैं और वह संसार के निर्माण करने से पूर्व इस बात को अच्छी तरह से समझती हैं कि सहोदरों के बीच आपस में इच्छ जगाने का क्या परिणाम हो सकता है—

'पहाड़ों, मैदानों और पौधों से पहले केवल पानी था। इस पानी से अपने आप आद्या का जन्म हुआ। जिस पल वह जन्मी, उसने स्त्रीत्व को धारण किया और उसके भीतर पुरुष की इच्छ जाग्रत हो गयी। चिड़िया के रूप में वह कमल के ऊपर बैठी और उसने वहाँ तीन अंडे दिये। पहला अंडा खराब हो गया। दूसरे अंडे से आकाश, चाँद और सूरज, सितारे तथा चारों तरफ़ से घेरे हुए समुद्र निकले। तीसरे अंडे से ब्रह्मा, विष्णु और महेश निकले। आद्या ने तीनों देवताओं को पाला और वे बहादुर नौजवान के रूप में बड़े हुए। फिर खुद को गहनों और फूलों से भर लिया और देवताओं से कहा कि वे उसके साथ संसर्ग करें। ब्रह्मा और विष्णु इस बात से घबराये हुए थे कि वह उनकी माँ थी; लेकिन शिव इस बात पर तैयार हुए कि उनको तीसरी आँख दे दी

जाये। अपनी इच्छा के ज्वार में आकर आद्या ने तीसरी आँख दे दी और उनकी जवानी चली गयी और वह एक बूढ़ी स्त्री बन गयीं, जिनकी झुर्रियाँ लटकी हुई थीं, और छातियाँ झूलने लगी थीं। देवता शक्तिशाली हो गये और वे संसार को बनाने, उसको बचाने तथा उसके विनाश के लिए निकल पड़े। इच्छाओं के साथ उनका यौवन भी चला गया। प्राचीन देवियाँ लड़ने और दानवों को मारने तथा उनका खून पी जाने के लिए रह गयीं।' (आन्ध्र प्रदेश की लोक कथा)

आद्या की इस कहानी से इस बात का भी अनुमान किया जा सकता है कि देश के अन्दरूनी भागों की स्मृतियों में यह बात रह गयी कि मातृ देवियों के ऊपर पुरुष प्रधान व्यवस्था किस तरह प्रभावी हो गयी। यह सत्य कभी भी नहीं जाना जा सकता है। कोई इस बात पर सोच-विचार कर सकता है कि पहले कौन आया, स्त्री या पुरुष, और सोच सकता है कि पहले निर्माता कौन है और किसका निर्माण हुआ, तो किसी की नज़र 'ऋग्वेद' की इस दिलचस्प पंक्ति की तरफ़ भी जा सकती है—'अदिति से, जो स्वतन्त्र माता थी, दक्ष का जन्म हुआ, बुद्धिमान पिता। बुद्धिमान पिता दक्ष से बन्धनमुक्त माँ अदिति का जन्म हुआ।'

पुरुष आत्मा और स्त्री पदार्थ

वैसे तो वैदिक विचारों में हिन्दू विचारों का प्रभाव रहा है, हिन्दू धर्म वेदान्त से लेकर योग के रहस्यवाद, तन्त्र की रसविद्या से लेकर ब्राह्मणवादी धर्म का सम्मिलन है। इसके अलावा, हिन्दू धर्म ने लोक की अनेक मान्यताओं एवं आदिवासी आचारों को अपने में शामिल करके खुद को समृद्ध बनाया।

इनकी शुरुआत हुई सैकड़ों साल पहले वैदिक काल में और उसने आज के आधुनिक हिन्दू धर्म को जन्म दिया। वैदिक कर्मकांड जिसको यज्ञ के रूप में जाना जाता था, साधुओं ने आहुति और मन्त्रों के माध्यम से पृथ्वी के जीवों को शक्तिशाली बनाने का काम किया। इस उम्मीद में कि इससे मानव समाज में जीवनदायिनी रस का प्रवाह बना रहे। समय के साथ ये जो विस्तृत उत्सव थे वे समाज की आध्यात्मिक ज़रूरतों को पूर्ण करने वाले नहीं थे। कुछ बौद्ध

या जैन धर्म की मठ केन्द्रित व्यवस्था की तरफ़ मुड़ गये। बाकी योग जैसी रहस्यवादी प्रथाओं की तरफ़ मुड़ गये। कुछ नास्तिक हो गये तथा अन्य भक्ति की तरफ़ मुड़ गये। पूजा के माध्यम से भक्त भगवान् को खुश करने लगे जिनको जीवन के चक्र को चलाने के लिए उत्तरदायी माना गया। कुछ लोगों ने सबसे बड़े देवता के रूप में शिव को देखा जो संन्यासी थे, जबकि दूसरे लोगों ने विष्णु के रूप में देखा, जिनको दुनिया को पसन्द करने वाले देवता के रूप में देखा गया, विशेषकर उनके सबसे सम्मोहक अवतार कृष्ण के रूप में।

शिव और विष्णु हिन्दू आस्तिक धर्म के दो स्तम्भ हैं, लेकिन उनकी अलग से पूजा नहीं की जाती थी। दोनों की एक-एक सहचरी थी—शिव की शक्ति और विष्णु की लक्ष्मी। यह माना जाता था कि ईश्वर जो होते हैं वे अपनी सहचरियों के बिना शक्तिहीन होते हैं। वे शक्तियाँ थीं जो शक्ति और दमक के स्रोत होते थे। देवता केवल देवियों की कोख में ही रूपाकार ले सकते थे।

शिव के भक्तों के लिए ईश्वर के लिंग में ब्रह्मांडीय चेतना का बीज छिपा होता है जबकि देवी की योनि समस्त ऊर्जा का स्रोत होती है। दुनिया तभी तक रहती है जब तक कि दोनों एक रहते हैं। अलगाव का मतलब होता है ब्रह्मांड का विखंडन—'साधू इस बात को लेकर गुस्से में थे कि शिव उनके आश्रम से गुज़र रहे थे, वे नंगे थे और उनका लिंग जाग्रत था। इसलिए उन लोगों ने उसको काट डाला। शिव का लिंग अग्न्यास्त्र में बदल गया और हर दिशा में इस धमकी के साथ घूमने लगा कि वह तीनों लोकों को मिटा देंगे। साधू गण ब्रह्मा के पास गये तो ब्रह्मा ने उन्हें यह कहा कि अगर शिव के लिंग को शान्त नहीं किया गया तो वे इस ब्रह्मांड को मिटा देंगे। तब साधुओं ने शक्ति का आह्वान किया जिन्होंने शिव के लिंग के द्रव्य के लिए अपनी कोख को आगे कर दिया। शक्ति की योनि में शिव के लिंग की भयभीत करने वाली ऊर्जा बिखर गयी। इस तरह शिव और शक्ति के मेल ने दुनिया को बर्बाद होने से बचा लिया। शिव के लिंग की छवि शक्ति की योनि में बन्द हो गयी और इसीलिए सभी उनका आदर करते हैं।' (शिव पुराण)

शिव नाम का अर्थ है 'शुद्धता'। शुद्ध चेतना के रूप में शिव सभी कर्तव्यों और रूपों से बेदाग हैं। ऊपर की कहानी में, शिव इस बात से अप्रभावित हैं

कि उनका पुरुषत्व चला गया। वे इस बात से पूरी तरह से उदासीन लग रहे हैं कि उसके नतीजे से अराजकता हो सकती है। शिव से जुड़ी कथाओं में यह बात बार-बार आती है कि शिव विवाह नहीं करना चाहते थे। जबकि उन्होंने ब्रह्मांड के जन्म का विरोध किया था, वे उस समय आनन्द की अवस्था में थे जब पदार्थ जड़ अवस्था में था और आत्मा रूप से मुक्त थी। आश्चर्य की बात नहीं है कि उनको विध्वंस का देवता माना जाता है।

विष्णु वे देवता हैं जिन्होंने उस निर्मिति को सतत् बनाये रखा है जिसे शिव नष्ट करना चाहते हैं। वह विशुद्ध चेतना हैं। उनके नाम का मतलब है व्यापक। विष्णु सभी चीज़ों में व्याप्त हैं और वे सभी चीज़ों में जीवित भी हैं। विष्णु के भक्तों के लिए, विष्णु का नीला रंग यह बताता है कि वे आकाश की तरह व्यापक तथा अस्पष्ट हैं जबकि उनकी सहचरी लक्ष्मी की लाल साड़ी पृथ्वी की उर्वरता का प्रतिनिधित्व करती है। वे रक्षा करने वाले हैं; जबकि लक्ष्मी देने वाली हैं—

'पृथ्वी-देवी भूदेवी लक्ष्मी ही है जो कि समुद्र पर तैर रही है, लहरों की गोद में, जिसे सूरज गर्मी प्रदान करता है, वर्षा नमी प्रदान करती है। एक दिन राक्षस हिरण्याक्ष भूदेवी को खींचकर समुद्र के भीतर ले गया। जब वह मदद के लिए चिल्लायी तो विष्णु ने जंगली वराह का रूप ले लिया, समुद्र में कूद गये, सींग से मार-मार कर हिरण्याक्ष को मार दिया और भूदेवी को बचा लिया। जब वे ऊपर आये तो विष्णु ने भूदेवी को भावावेश में आलिंगन में ले लिया। इस तरह, पहाड़ और धरती अस्तित्व में आये। उन्होंने अपने वीर्यवान दाँतों को मिट्टी में गाड़ दिया और भूदेवी को बीज से भर दिया। इस तरह, पौधे और पेड़ जन्मे। भूदेवी ने विष्णु को अपने अभिभावक के रूप में स्वीकार कर लिया और उनका नाम भूपति रखा। नीले अम्बर की तरह विष्णु ने उससे यह वादा किया कि वे उसे हर समय देखते रहेंगे।' (भागवत पुराण)

हिन्दू पावन कथाओं के लोकप्रिय रूपों में त्रिदेव जीवन के चक्र को घुमाते हैं। ब्रह्मा निर्माण करते हैं। विष्णु पालन करते हैं और शिव विध्वंस करते हैं। निर्माण करने के लिए ब्रह्मा को सूचना की ज़रूरत पड़ती है जो कि सरस्वती से आती है, जो ज्ञान की देवी हैं और उनकी सहचरी भी। चलाये रखने के

भारत में देवी

लिए विष्णु को साधन की ज़रूरत होती है जो कि उनको अपनी सहचरी लक्ष्मी से मिलती है, जो कि धन एवं शक्ति की देवी हैं। शिव विध्वंसक बन जाते हैं और उनको अपनी सहचरी शक्ति से ताकत एवं प्रेरणा मिलती है। शक्ति गौरी भी है, प्रेम की तेजस्वी देवी तथा काली भी है जो कि श्याम वर्ण की विनाश की देवी है। देवता निर्माण करने वाले और कर्ता हैं; जबकि देवियाँ बस होती हैं। सरस्वती प्रकृति के ज्ञान का साकार रूप हैं। लक्ष्मी प्रकृति के धन-धान्य का साकार रूप हैं। शक्ति प्रकृति की इस शक्ति का साकार रूप हैं कि किस तरह जीवन को आगे बढ़ाती है और उसका उपभोग करती है। देवियाँ निष्क्रिय रूप से जीवन के चक्र का निर्माण करती हैं जबकि देवता उसके प्रति प्रतिक्रिया करते हैं तथा सक्रिय रूप से उसे चलाते हैं।

दायीं और बायीं अर्धांगिनियाँ

पदार्थ तथा आत्मा का दायाँ और बायाँ हिस्सा, स्त्री और पुरुष की तरह एक-दूसरे के पूरक होते हैं। वे कुम्हार हैं जबकि देवी मिट्टी। जीवनरूपी घड़े को दोनों ही चाहिए। हिन्दू कवियों ने काल्पनिक रूप से इस अन्तरनिर्भरता को प्रस्तुत किया है, दो यथार्थ को एक शरीर के दो हिस्सों के रूप में प्रस्तुत करके—

'ऋषि भृंगी शिव की परिक्रमा करना चाहते थे। पार्वती ने उनको रोका। ''आपको हम दोनों की परिक्रमा करनी होगी क्योंकि वे मेरे बिना अधूरे हैं।'' लेकिन ऋषि ने उनकी परिक्रमा करने से मना कर दिया। तब पार्वती शिव से लिपट गयीं और उन्होंने भृंगी के लिए यह असम्भव बना दिया कि वे अकेले शिव की परिक्रमा कर सकें। लेकिन भृंगी तय कर चुके थे कि वे केवल शिव की परिक्रमा ही करेंगे, इसलिए उन्होंने मधुमक्खी का रूप ले लिया और शिव की जटा की परिक्रमा करने लगे। उनके मंसूबे को असफल करने के लिए पार्वती ने अपने शरीर को शिव के शरीर के साथ एकाकार कर लिया और इस तरह से वे एक ही शरीर के दो हिस्से बन गये—पार्वती बायाँ हिस्सा और शिव दायाँ। तब भृंगी ने कीड़े का रूप ले लिया और उस दैवी आधे शरीर के एकदम बीचोंबीच गुज़रने लगे और केवल दायीं तरफ़ से होकर गुज़रे।

भृंगी की इस धृष्टता से गुस्से में आकर देवी ने ऋषि के दोनों पाँवों को इतना कमज़ोर बना दिया कि वह न खड़े हो सकते थे न चल सकते थे। भृंगी ने माफी माँगी। जब वह देवी-देवता दोनों की परिक्रमा करने के लिए तैयार हो गये तब उनको तीसरा पाँव दिया गया जिससे कि वह समर्थ हो सके और देवी-देवता की परिक्रमा कर सके।' (तमिलनाडु की मन्दिर कथा)

देवी जो कि ऊर्जा होती है, की उपेक्षा करके भृंगी ने चलने की क्षमता खो दी। उनके बिना शिव और कुछ नहीं बल्कि शव के समान हैं।

पार्वती उभयलिंगी शरीर का बायाँ हिस्सा हैं। शतरूपा ब्रह्मा के बायें हिस्से से निकल कर आयीं। हिन्दू मान्यता में बायें हिस्से का स्त्रीत्व से जुड़ाव इतना मजबूत है कि स्त्री को वामांगी कहकर बुलाया जाता है, सुन्दर बायाँ हिस्सा। उर्वरता के पन्थ ने महिलाओं को प्रमुखता दी, जैसे तन्त्र पंथ, जिसको वामाचारी कहा जाता है, बायीं तरफ़ चलने वाले। हिन्दू कर्मकांडों में कोई महिला हमेशा अपने पति के बायीं तरफ़ बैठती है। मन्दिरों में, देवी की मूर्ति भगवान की मूर्ति की बायीं तरफ़ होती है। बायाँ ही क्यों? इसका कोई स्पष्ट जवाब नहीं मिलता। इस सन्दर्भ में, महाभारत में एक मज़ेदार कथा आती है—'गंगा ने प्रतिपा को देखा, जो हस्तिनापुर के राजा थे, वे नदी के तट पर ध्यान लगाये हुए थे। वह गयीं और उनकी गोद में बैठ गयीं और उन्होंने उनसे कहा कि वह उनसे शादी कर लें। लेकिन राजा ने मना कर दिया क्योंकि उन्होंने दुनिया से संन्यास ले लिया था। जब गंगा ने ज़ोर दिया तो प्रतिपा ने कहा कि अगर तुम मेरी बायीं जंघा पर बैठी होतीं तो मैं तुमको अपनी पत्नी के रूप में अपनाने के बारे में सोच सकता था। तुम मेरी दायीं जंघा पर बैठी हो जो कि बेटियों के लिए आरक्षित होती है। इसलिए जाओ और मेरे बेटे शान्तनु से विवाह कर लो और मैं तुमको अपनी बहू के रूप में देख सकता हूँ।' (महाभारत)

इसका मतलब यह हो सकता है कि अगर पत्नी बायीं तरफ़ हो तो दायाँ हाथ योद्धाओं के लिए खाली रहता है ताकि वे तलवार पकड़ सकें और पुजारियों के लिए वह दान के लिए खुला रहता है। इसका मतलब यह भी हो सकता है कि चूँकि शरीर का बायाँ हिस्सा वह होता है जिसमें दिल अवस्थित होता है और दिल भावनाओं एवं प्रवृत्तियों का केन्द्र होता है इसलिए वहीं 'प्रकृति माँ'

अवस्थित होती हैं। इसका मतलब यह भी हो सकता है कि पुराने ज़माने के लोग इसलिए पुरुष को दायीं तरफ़ से जोड़कर देखते थे क्योंकि वे इस बात को जानते थे कि शरीर का दायाँ हिस्सा बायें दिमाग के द्वारा नियन्त्रित किया जाता है, जिसके बारे में आधुनिक विज्ञान यह पुष्ट करता है कि वह तर्क का स्थान होता है। इस बात के ऊपर यह भी ध्यान रखा जाना चाहिए कि बायाँ हिस्सा हिन्दू धर्म में अशुद्ध और अशुभ माना जाता है। बायें हाथ से न तो उपहार दिया जाता है न ही लिया जाता है। बायें हाथ से भोजन नहीं किया जाता। बायाँ हाथ सुरक्षित रखा जाता है, दान के बाद शरीर की सफ़ाई करने के लिए। इससे स्त्रीत्व के प्रति हिन्दू धर्म के दृष्टिकोण का पता चलता है।

अध्याय 2

पृथ्वी माँ
'अक्ष की परिक्रमा करती'

उर्वरता चक्र

पवित्र हिन्दू धर्म ग्रन्थों में देवियों, धरती एवं महिलाओं को एक ही भौतिक यथार्थ के विस्तार के रूप में देखा जाता है। उनकी रचनात्मक ऊर्जा, 'रस' का तब बहाव होता था जब देव अपने अनन्त शत्रु असुर से लड़ते थे। जब देव जीतते, देवियाँ मुस्कुराने लगती थीं, पृथ्वी और स्त्रियाँ बीज लेने के लिए तैयार हो जाती थीं। जब वे हारते थे तो असुर रसपान कर लेते थे, देवियाँ रुष्ट हो जाती थीं, खेत सूख जाते थे और महिलाएँ रजस्वला हो जाती थीं। जिससे उर्वरता चक्र की शुरुआत होती थी, जिसे 'ऋतु' कहा जाता था। देवताओं और प्रकृति की परोपकारी ऊर्जा को बढ़ाने के लिए वैदिक यज्ञ के दौरान सोम तैयार किया जाता था। 'सोम की प्रत्येक बूँद आदित्य कुमारों के गले में डाल दी गयी। इस प्रकार, आदित्य देवता बन गये, अमर और बीज को वहन करने वाले। उस पेय के न होने के कारण दैत्य असुर ही रह गये, वैसे दैत्य जो अमृत से वंचित रह गये। देवताओं ने असुरों को पाताल लोक में भगा दिया, समुद्र मंथन से जो अच्छे-अच्छे उपहार मिले थे उनको ले लिया और ऊपर आकाश की दुनिया में चले गये जिसको स्वर्ग कहा जाता था और वहाँ उन्होंने एक शानदार नगर का निर्माण किया जिसका नाम रखा अमरावती।' (महाभारत, रामायण)

क्षीरसागर सुप्तावस्था में था। देवताओं ने उसके शान्त जल को हिलाया और उससे निकले उपहारों से स्वर्ग को रूपान्तरित करके अनन्त जीवन और अनन्त आनन्द को प्राप्त किया।

यह ज़रूर है कि मनुष्य के पास अनन्तता नहीं है, लेकिन संसार के आश्चर्यों का आनन्द उठाने के लिए उसके पास जीवन काल होता है। धरती क्षीरसागर होती है, उसे जोतकर वह अपनी समस्त इच्छाओं को पूरा कर सकता है। लेकिन इसका आनन्द उठाने के लिए उसे स्त्री की आवश्यकता होती है।

अमरता का घट और उपहार के टोकरे

स्त्री पुरुष को संसार का मार्ग दिखाती है। उसकी कोख से मृतक जीवित संसार में आ जाते हैं। उसकी बाँहों में पुरुष को सुख मिलता है। वह परिवार बनाता है और गृहस्वामी बन जाता है। परिवार की ज़िम्मेदारियाँ पुरुष को इस बात का नैतिक अधिकार देती हैं कि वह सम्पत्ति और शक्ति का अर्जन करे। पत्नी सांसारिक सुख काम और सांसारिक शक्ति अर्थ का सूत्र होती है। इसीलिए उसे गृहलक्ष्मी कहा जाता है, जो भाग्य की देवी लक्ष्मी का लघु रूप होती है, जिसने क्षीरसागर से प्रकट होने के बाद देवताओं की हर इच्छा को पूर्ण किया। आरोग्य देवता धन्वन्तरि, उसके पीछे खड़े थे, हाथ में अमृत कलश लिये हुए। अमृत द्वारा सुनिश्चित किये गये अनन्त जीवन का आनन्द उठाने के लिए देवी बहुत सारे उपहार लेकर आयी। सम्पन्नता को सुनिश्चित करने वाला उपहार कामधेनु, कल्पतरु, चिन्तामणि। ऐसे भी उपहार थे जो आनन्द प्रदान करने वाले थे—चन्द्र, सुन्दर चन्द्र देवता; रम्भा, जो काम कला में बहुत निपुण थी; सुरा की देवी वारुणी। शक्ति से जुड़े हुए उपहार भी थे—ऐरावत जो सफ़ेद रंग का हाथी था और जिसके 6 दाँत थे; उच्चैश्रवा, सात सिर वाला वीर घोड़ा था, जो हमेशा दुश्मनों की पंक्ति को तोड़ देता था; एक ऐसा तीर सारंग जो कि कभी भी अपने लक्ष्य से नहीं चूकता था; पाञ्चजन्य, जो शंख से बना हुआ नगाड़ा था जिसकी आवाज़ सुनकर दुश्मन भाग खड़े होते थे। इन उपहारों के साथ देवी जीवन-चक्र में सांसारिक खुशी लेकर आयी।' (पद्म

पुराण, भागवत पुराण, लक्ष्मी तन्त्र)

समुद्र से लक्ष्मी के प्रकट होने की कथा हिन्दू कथा परम्परा का अन्तर्निहित हिस्सा है। यह लगभग हर धार्मिक ग्रन्थ में पाया जाता है और विवाह के समारोह के दौरान इसका पाठ किया जाता है। हिन्दू-दृष्टि में स्वर्ग की कल्पना की गयी जहाँ अनन्त स्वास्थ्य, शक्ति एवं सुख था, जिसके माध्यम से इसने मृत्यु, बदलाव एवं नाउम्मीद के भय को दबाया। मृत्यु से भयभीत होने वाले सांसारिक लोगों के लिए देवी लक्ष्मी वह देती हैं जो कि सूक्ष्म स्तर पर एक स्त्री के बारे में यह माना जाता है कि वह घर लेकर आती है—सांसारिक सुखों का वादा और खुशी। हिन्दू धर्म ग्रन्थों के मुताबिक, कोई पुरुष बिना स्त्री के केवल ब्रह्मचारी ही रह सकता है, जब तक किसी पुरुष की बगल में स्त्री न हो तो उसे यज्ञ करने की मनाही होती है। जब वह गृहस्थ होता है तभी भगवान उसके चढ़ावे को स्वीकार करते हैं एवं उसे फल प्रदान करते हैं। पत्नी सौभाग्यवती होती है। वह उस देवी के समान होती है जिसके न होने से स्वर्ग में तबाही मच जाती है—

'रम्भा ने ऋषि दुर्वासा को फूलों की माला भेंट की। दुर्वासा ने यह तय किया कि वह माला इन्द्र को दे दे, जो देवताओं का राजा है। इन्द्र इतने नशे में थे कि उस उपहार की तारीफ़ नहीं कर पाये। उसने वह माला ऐरावत हाथी की सूँड में लपेट दी। ऐरावत ने उसे ज़मीन पर फेंक दिया। इन्द्र के सात सिरों वाले घोड़े उच्चैश्रवा ने उसको रौंद दिया। दुर्वासा ने गुस्से में आकर इन्द्र को यह अभिशाप दिया कि लक्ष्मी का साथ उसे नहीं मिलेगा। तत्काल, देवी क्षीरसागर में लौट गयी। कल्पतरु मुरझा गया। कामधेनु ने दूध देने से मना कर दिया। चिन्तामणि की कान्ति चली गयी। उसका दिल वापस जीतने के लिए देवताओं को एक बार फिर से क्षीरसागर को मथना पड़ा।' (ब्रह्मवैवर्त पुराण)

जब कोई नयी वधू अपने पति के घर में पहली बार आती है तो वह लाल रंग के कपड़ों में होती है, फूलों और आभूषणों से लदी होती है, उसके आने पर शंख फूँके जाते हैं, और अक्षत छिटकाये जाते हैं। उसके साथ वर्तमान पीढ़ी को खुशी मिलती है तथा आने वाली पीढ़ी के लिए उम्मीद।

पूर्वजों का ऋण

पुरुष जिस क्षण संसार में आता है तो उसके ऊपर एक ऋण चढ़ जाता है। उसका अस्तित्व उसके पूर्वजों के कारण होता है। वह अपनी सन्ततियों के माध्यम से इस संसार में दोबारा आता है। वार्षिक श्राद्ध के आयोजन में, पुरुष अपने पूर्वजों को भोग चढ़ाता है और इस वादे के ऊपर बल देता है कि वह उनके जैविक कर्तव्यों को ज़रूर पूरा करेगा। वह जो पिंडदान करता है उसे कौवे खाते हैं, जिनके बारे में यह कहा जाता है कि वे पितरों के देश में सन्देश लेकर जाते हैं।

जब कोई पुरुष किसी स्त्री के साथ कुछ भी करने से मना कर देता है तो पितर चिढ़ जाते हैं। तब वे उसके सपनों में आकर उसे तब तक पीड़ादायी सपने दिखाते रहते हैं जब तक कि वह उनकी कामना को पूरा नहीं कर देता—

'एक रात संन्यासी जरत्कारू ने एक सपना देखा। उसने यह देखा कि उसके पूर्वजों को रसातल की तरफ़ उल्टा करके लटकाया गया है। ''मैं आपको बचाने के लिए क्या कर सकता हूँ?'' उसने पूछा।

''बच्चे पैदा करो ताकि हमारा पुनर्जन्म हो सके,'' उसके पूर्वजों ने कहा। इस तरह मजबूर होकर जरत्कारू को विवाह करना पड़ा और अपनी जैविक ज़िम्मेदारियों को पूरा करना पड़ा।' (महाभारत)

चूँकि पूर्वजों की आत्मा पुरुष के बीज में बन्द रहती है, इसलिए वीर्य को शरीर का ऐसा रसायन माना जाता है जिसे बर्बाद नहीं किया जाना चाहिए। कई कारणों में से एक कारण यह भी है, जिसके कारण हिन्दू धर्म में हस्तमैथुन की निन्दा की गयी है—

'उपरिचर शिकार के बाद जंगल में आराम कर रहे थे कि उनकी इच्छा जाग उठी और उन्होंने जंगल की भूमि पर वीर्य गिरा दिया। वह यह नहीं चाहते थे कि वह बर्बाद हो जाये, इसलिए उन्होंने उसे पत्ते में लपेट कर एक तोते को दिया कि वह उसे ले जाकर महल में उनकी प्यारी पत्नी को दे दे ताकि वह उसे अपनी कोख में ले ले।' (महाभारत)

पूर्वज कभी किसी स्त्री के सपने में नहीं आते हैं। वैसे तो स्त्रियाँ भी अपने होने के लिए अपने पूर्वजों की उत्तरदायी होती हैं लेकिन उनका ऋण पूरी तरह से पुरुष के कन्धों पर आ जाता है। धारण करने के अनुष्ठान में पुरुष ही बैठता है। एक स्त्री अपने आपको बस प्रस्तुत करती है। अगर वह नहीं करती, तो स्वर्ग में उसको प्रवेश नहीं मिलता है—

'ऋषि कुणीगर्ग की बेटी ने तपस्या की और किसी पुरुष के साथ किसी तरह का सम्पर्क करने से मना कर दिया। यद्यपि उसने अपनी इन्द्रियों के ऊपर विजय प्राप्त कर ली थी, तो भी उसे स्वर्ग में घुसने नहीं दिया गया क्योंकि उसने अपने सांसारिक कर्तव्यों को पूरा नहीं किया था। जब वह धरती पर लौटी, कोई भी पुरुष उससे विवाह करने के लिए तैयार नहीं हुआ क्योंकि वह बूढ़ी और कुरूप थी। तब उसने यह प्रस्ताव रखा कि वह अपनी तपस्या का आधा फल किसी ऐसे पुरुष को दे देगी जो उससे विवाह करेगा। ऋषि श्रृंगवन ने उसके प्रस्ताव को स्वीकार कर लिया, उससे विवाह कर लिया और एक रात उसके साथ सम्भोग किया। अगले ही दिन, उसने अपने शरीर का त्याग कर दिया और उसने पाया कि वह स्वर्ग में प्रवेश कर सकती थी।' (महाभारत)

एक पत्नी ही अपने पति को पितरों के कोप से बचा सकती है। उसके समर्थन के बिना, उसके भाग्य में नरक के उस कुंड में रहकर सड़ना रह जाता है जो कि सन्तानविहीन पुरुषों के लिए रखा गया होता है। अगली कहानी में अपने पति को उसके दुर्भाग्य से बचाने के लिए पत्नी को मृतक के साथ सम्भोग करना पड़ता है—

'राजा व्युशितश्व सन्तानहीन ही मर गये। उनकी विधवा का दिल टूट गया। भद्रा नाम की उस स्त्री ने उसकी लाश का अंतिम संस्कार नहीं होने दिया। वह अपने पति की देह से चिपक गयी और इस बात के ऊपर दुःख जताने लगी कि वह इस बात में अक्षम रही कि वह अपने पितरों का कर्ज़ उतार सके।

उसके प्रति दुःख प्रकट करते हुए देवताओं ने उसे यह सलाह दी कि वह सन्तानोत्पत्ति के लिए लाश की बगल में लेट जाये। भद्रा को जैसा कहा गया था उसने वैसा ही किया और उस मृत राजा से उसके अनेक प्रतापी पुत्र पैदा हुए।' (महाभारत)

पत्नी पति की शक्ति होती है। वह उसके जीवन को समृद्ध करती है। वह उसे इस लायक बनाती है कि वह अपने पूर्वजों के ऋण को चुका सके। घर के भीतर वह देवी होती है तथा पति देवता। वह शिव के रूप में अपनी भूमिका का निर्वाह करता है, उसके साथ वह ब्रह्मा के रूप में संयोग करता है तथा बच्चों को विष्णु के रूप में फिर से बड़ा करता है।

बेटी स्वरूप उपहार

ऋषि गणों ने जब यह स्वप्न देखा कि उनके पितर कष्ट में हैं तो वे राजाओं के पास गये और उनसे उनकी पुत्रियाँ उपहार में माँगने लगे। प्राचीन भारतीय समाज में राजाओं की यह ज़िम्मेदारी मानी जाती थी कि वे संन्यासियों की सांसारिक आवश्यकताओं की पूर्ति करें। किसी ऐसे ऋषि या पुजारी को बेटी देना जिसने राजा की सेवा की हो, देवताओं तक पहुँचने का ज़रिया माना जाता था—

'ऋषि अगत्स्य ने यह देखा कि उनके पूर्वज गहरी खाई में गिरने ही वाले हैं। उनको बचाने के लिए, अगत्स्य ने शादी करने का फैसला किया। वह राजा विदर्भ के पास गये, लेकिन राजा अपनी पुत्री लोपामुद्रा को एक संन्यासी को देने में हिचकिचा रहा था। अपने पिता की दशा को देखकर लोपामुद्रा ने खुद यह कहा कि उसे अगत्स्य को सौंप दिया जाये। उसने अपने राजसी वस्त्रों का त्याग कर दिया और संन्यासी के साथ जंगल में चली गयी।' (महाभारत)

कन्यादान का बड़ा महत्त्व माना जाता है क्योंकि वह जीवन का दान होता है। किसी लड़की के बिना किसी घर को अपूर्ण तथा दुर्भाग्य का कारण माना जाता है—

'दो साल तक गान्धारी की कोख के बच्चे ने बाहर आने का कोई लक्षण नहीं दिखाया। जब गान्धारी को यह पता चला कि उसकी देवरानी कुन्ती को जो कि उसके बाद गर्भवती हुई थी एक बेटा हो भी चुका है, तो उसने और अधिक इन्तज़ार करने से मना कर दिया। उसने अपनी दासी को यह आदेश दिया कि वह लोहे के सरिये से उसके पेट को चीर दे। बाहर एक माँस का

लोथड़ा निकला, सख्त और लोहे की तरह ठंडा।

गान्धारी ने ऋषि व्यास को सन्देश भिजवाया, जिन्होंने यह भविष्यवाणी की थी कि वह एक सौ पुत्रों की माँ बनेगी और उनसे इसका कारण पूछा। व्यास ने दासी से कहा कि वह सौ घड़ों में भरकर शुद्ध मक्खन लाये। नौ महीनों के बाद, उन घड़ों को तोड़ा गया और गान्धारी ने पाया कि उन सभी घड़ों में बालक थे। इस तरह गान्धारी सौ पुत्रों की माँ बन गयी। हालाँकि गान्धारी का मन एक पुत्री के लिए तड़प रहा था। व्यास ने उसका मन पढ़ लिया। उन्होंने माँस के एक लोथड़े को बचा लिया। एक मन्त्र का पाठ करते हुए उन्होंने माँस के उस लोथड़े को मक्खन के घड़े में डाल दिया और तब वह लड़की में बदल गयी। इस प्रकार गान्धारी की पुत्री दुशाला का जन्म हुआ।' (महाभारत)

अपनी पुत्रियों को दान में देते हुए पिताओं की मूल चिन्ता यह थी कि उनकी बेटियों का कल्याण हो—

'राजा मान्धाता की पचास बेटियाँ थीं। एक बूढ़े लेकिन शक्तिशाली साधू सौभरि ने उनमें से एक से विवाह करने की इच्छा जतायी। मान्धाता यह नहीं चाहता था कि वह उस बूढ़े से अपनी किसी बेटी का विवाह करे लेकिन उसे मना करते हुए डर भी लग रहा था, इसलिए उसने कहा कि वह इस बात का फैसला अपनी बेटियों के ऊपर ही छोड़ना चाहता है।

राजा की असहजता को समझते हुए सौभरि ने अपनी शक्तियों का इस्तेमाल किया और खुद को एक सुन्दर नौजवान में बदल लिया। सभी पचास राजकुमारियाँ उसके प्यार में पड़ गयीं और उससे विवाह की कामना करने लगीं। सौभरि ने सभी से विवाह कर लिया। उसके बाद उसने खुद को पचास सुन्दर पतियों में बदल लिया और सभी पचास राजकुमारियों को सन्तुष्ट किया, उनमें से सभी इस बात में विश्वास रखती थीं कि वह उनके प्रति ही पूर्ण रूप से समर्पित था।' (पद्म पुराण, विष्णु पुराण)

एक पिता को हमेशा इस बात की चिन्ता होती है कि उसकी बेटी की शादी जिस आदमी से हुई है, क्या वह उसकी रक्षा कर सकता है। इसलिए अनेक पिता स्वयंवर का आयोजन करते थे और जो उसमें जीतता था उसे ही

भारत में देवी

अपनी पुत्री का हाथ सौंपते थे—

'नग्नजित, जो कोसल का राजा था, ने धरती के सभी वीरों को बुलवाया कि वे आयें और उसके सात खतरनाक साँडों को काबू में कर लें और बदले में वह अपनी बेटी सत्या का हाथ उस वीर के हाथ में सौंप देंगे। राजा आये, कोशिश की और असफल रहे। आखिर में, यदुवंशी कृष्ण मैदान में आये। उन्होंने अपने शरीर को सात गुना बढ़ा लिया। हर रूप के साथ, उन्होंने साँड के सींग को पकड़ कर उसे झुका दिया। उसके बाद कृष्ण सातों साँडों को रस्सी से बाँधकर नग्नजित के पास ऐसे ले गये जैसे वे सात खिलौने वाले साँड हों। उनकी ताकत और साहस से प्रभावित होकर राजा अपनी पुत्री का हाथ उनके हाथ में सौंपकर बहुत खुश हुआ।' (भागवत पुराण)

कुछ पिता उन लोगों को अपनी पुत्रियाँ दे दिया करते थे जो उनको लड़ाई में हराते थे। यह महज़ शान्ति समझौते के तहत नहीं होता था। विजेता को अधिक मजबूत आदमी माना जाता था और इसलिए वह उनकी बेटी की रक्षा करने के अधिक योग्य होता था—

'कृष्ण जंगल में स्यमन्तक मणि की तलाश में गये और वह उनको जाम्बवांत जो भालुओं के राजा थे, की गुफ़ा में मिली। जाम्बवांत ने बिना युद्ध किये उसे देने से इनकार कर दिया। उसके बाद उनके बीच द्वन्द्व युद्ध हुआ और कृष्ण ने उसमें जाम्बवांत को हराकर मणि के ऊपर कब्जा कर लिया। कृष्ण के कौशल से प्रभावित होकर जाम्बवांत ने कृष्ण को अपनी बेटी जाम्बवती का हाथ सौंप दिया।' (भागवत पुराण)

कई बार जो वर होते थे वे आपस में ही लड़ते थे और जो उनमें विजेता होता था वह वधू को घर ले जाता था—

'सभी काशी की राजकुमारी बलान्धरा से विवाह करना चाहते थे। उसके पिता ने यह तय किया कि जो भी बाकी वरों को हराकर विजेता बनेगा उसे ही उससे शादी करने का अधिकार होगा। पांडु पुत्र भीम चुनौती देने के लिए उठा, उसने काशी में जुटे सभी वीरों को हरा दिया। फिर उसने बलान्धरा को अपनी पत्नी बना लिया। किसी को उसे रोकने का साहस नहीं हुआ।' (महाभारत)

पिता किसी को अपना दामाद बनाने से पहले उसके चरित्र की भी परीक्षा लेते थे। इससे बुरा कुछ भी नहीं होता था कि किसी दुश्चरित्र को अपनी बेटी का हाथ दे दिया जाये—

'ऋषि वदान्य ने अष्टावक्र को अपनी बेटी सुप्रभा का हाथ तब तक देने से मना कर दिया जब तक कि वह अविवाहित स्त्री राज्य में जाकर उसके शासक से सुन्दरी उत्तरा का हाथ न माँग ले। जब अष्टावक्र अविवाहित स्त्री राज्य में पहुँचे, जो कि हिमालय की उत्तर दिशा में था, तब उत्तरा ने उनका उत्साह के साथ स्वागत किया। उसने उनसे प्रेम से लेकर सम्भोग तक न जाने कितने विषयों पर बातचीत की। जब अष्टावक्र जाने के लिए तैयार हुए, तब उसने उनसे रुक जाने और विवाह करने के लिए कहा। उसने उनको शारीरिक सुख देने की इच्छा भी प्रकट की जो कि कल्पना से परे थी। अष्टावक्र ने मना कर दिया क्योंकि उनका दिल सुप्रभा का हो चुका था। गुस्सा होने के बजाय उत्तरा मुस्कुरा दी। उसने इस बात का खुलासा किया कि उससे वदान्य ने यह कहा था कि वह उनके संकल्प की परीक्षा ले। उन्होंने अष्टावक्र को शुभकामना दी और उनके सुखद वैवाहिक जीवन की कामना की।' (महाभारत)

पिता हमेशा ऐसे आदमी को दामाद के रूप में चुनना चाहता है जिसमें उच्च गुण हों। उसको विवाह के लिए तैयार करने के लिए वे उनको दहेज का लोभ देते थे और वधू को महँगे कपड़ों एवं गहनों से लाद देते थे। ब्राह्मण या पुरोहित वर्ग के सदस्य, जो बहुत पढ़े-लिखे होते थे लेकिन उनके लिए सांसारिक सम्पत्ति रखने की मनाही होती थी, वे इस तरह के विवाह को प्राथमिकता देते थे। इसलिए इस तरह के विवाह को ब्राह्म विवाह कहते थे। हिन्दू समाज में इस तरह के विवाह को प्राथमिकता दी जाती थी—

'जब यदुवंशी कृष्ण ने कंस का वध कर दिया, जो यादवों का राजा था, तब उनके जन्म का सत्य सभी के सामने खुल गया। वह असल में कंस की बहन देवकी के पुत्र थे जिनको निम्न जाति के गोपालकों के बीच गुप्त रूप से इसलिए पाला गया था ताकि उन्हें उनके मामा के कोप से बचाया जा सके जिनके लिए वह अभिशाप था। हालाँकि वह अनुष्ठान के द्वारा शुद्ध किये गये थे, शिक्षित थे, और राजवंश में उनका स्वागत किया गया, लेकिन कई

लोगों को उनकी वंश परम्परा के ऊपर सन्देह था। द्वारका में एक यादव रहता था जिसका नाम था सत्रजित। उसके पास एक जादुई मणि थी जिसका नाम था स्यमन्तक और जो अपने रखने वाले को अच्छा भाग्य देती थी। कृष्ण ने उसकी मणि की प्रशंसा की और सत्रजित को इस बात की सलाह दी कि वह उसे यादवों को दे दे। उससे अलग होने से मना कर देने के बाद उसने उस मणि को अपने भाई प्रसेन को दे दिया, जिसने उसे अपने गले में पहन लिया और शिकार करने चला गया। उसके कुछ ही दिन बाद प्रसेन को जंगल में मृत पाया गया, उसका शरीर बाघ खा गया था। लाश के पास मणि कहीं भी नहीं मिली। हर किसी ने यही समझा कि कृष्ण ने मणि चुरा ली। सच को उजागर करने के लिए कृष्ण जंगल में गये और वह मणि उनको भालुओं के राजा जाम्बवांत की गुफ़ा में मिली। उसने लाश के पास चमकती हुई मणि पायी और उसे घर अपने बेटों के खेलने के लिए ले आया था।

कृष्ण ने वह मणि सत्रजित को लौटा दी। कृष्ण की ताकत और उनके चरित्र से प्रभावित होकर सत्रजित ने अपनी बेटी सत्यभामा का विवाह कृष्ण से कर दिया। वह कृष्ण के घर में दहेज लेकर आयी जिससे वह द्वारका की सबसे अमीर स्त्री बन गयी। सत्रजित ने स्यमन्तक मणि भी देनी चाही लेकिन कृष्ण ने उसे लेने से मना कर दिया। सत्यभामा को चाहने वाले कृष्ण से उसके विवाह की बात से इतने दुःखी हुए कि उन्होंने सत्रजित का खून कर दिया और स्यमन्तक मणि उससे चुरा ली। कृष्ण ने हत्यारों को खोज निकाला और वह मणि यादवों को दे दी।' (भागवत पुराण)

स्त्री अपने साथ जो सम्पत्ति लेकर आती थी वह सिर्फ़ पत्नी की ही होती थी और उसे 'स्त्री-धन' के नाम से जाना जाता था। हिन्दू धर्म ग्रन्थों में सत्यभामा द्वारा अपनी सम्पत्ति के प्रदर्शन तथा दूसरी तरफ़ कृष्ण की दूसरी पत्नी रुक्मिणी की कहानियाँ भरी हुई हैं जो बहुत गरीब थी और कृष्ण के साथ भागकर आयी थी और उसे अपने पिता के यहाँ से कुछ भी उपहार में नहीं मिला था।

'नारद एक बार कृष्ण के महल में दान लेने के लिए आये। कृष्ण की पत्नियों ने उनसे कुछ भी माँग लेने के लिए कहा। ''मुझे कृष्ण चाहिए'', उन्होंने

कहा। इस बात से घबरा कर कृष्ण की आठ पत्नियों ने नारद से यही कहा कि वे कुछ और माँग लें। साधू ने कहा, ''मुझे कृष्ण के वज़न के बराबर कुछ दे दो।'' इसलिए रानियों ने कृष्ण को तराजू के एक पलड़े पर बिठा लिया और इस सोच में पड़ गयीं कि दूसरे पलड़े पर ऐसा क्या रखें कि कृष्ण के वज़न के बराबर हो। कुछ रानियाँ फल लेकर आयीं, कुछ किताबें—लेकिन ऐसा कुछ भी नहीं था जो कि कृष्ण के वज़न के बराबर हो। सत्यभामा ने अपने नौकरों से यह कहा कि वे उसके सारे जेवर लेकर आयें। वह भी कृष्ण के वज़न के बराबर नहीं आ पाये। आखिर में, रुक्मिणी ने पलड़े पर तुलसी का पत्ता रख दिया और यह कहा कि यह कृष्ण के प्रति मेरे प्यार का प्रतीक है। तत्काल, उसका सन्तुलन रुक्मिणी के पक्ष में झुक गया। उसका प्यार सत्यभामा के सोने से बहुत अधिक था।' (उड़ीसा राज्य की एक लोककथा)

स्त्री का प्यार

हर स्त्री उस आदमी से शादी करने के लिए तैयार नहीं होती है जिसको उसका पिता उसके लिए चुनता है। स्त्रियाँ अपने स्वप्न पुरुष के साथ भागने के लिए तैयार रहती हैं—

'विदर्भ के राजकुमार रुक्मी ने अपनी बहन रुक्मिणी का विवाह चेदी के राजा शिशुपाल के साथ तय कर रखा था। लेकिन रुक्मिणी कृष्ण से विवाह करना चाहती थी, जो कि द्वारका के राजा थे। उसने द्वारका यह सन्देश भेजा और कृष्ण से यह प्रार्थना की कि वह आकर उसे बचा लें। शादी के दिन जब वह देवी के मन्दिर जाकर शादी के मंडप में प्रवेश करने वाली थी कि कृष्ण स्वर्ण रथ पर सवार होकर आये और उसको लेकर भाग गये।' (भागवत पुराण)

पवित्र ग्रन्थों में हमेशा ही स्त्री के प्यार को उसके पिता की इच्छा से अधिक महत्त्व दिया गया है। सच में, पवित्र हिन्दू कथा परम्परा की सबसे महान प्रेम कहानी है राधा और कृष्ण की, जब कृष्ण गोपालकों के बीच रहते थे। यह कहानी विवाहेतर प्रेम की कहानी है। उसके बाद वे द्वारका गये और वहाँ उन्होंने रुक्मिणी से विवाह कर लिया। उसको शुद्ध प्यार माना गया, सभी

सामाजिक बन्धनों से परे, फिर भी दैवी—

'राधा का विवाह रायना से हुआ, जो यशोदा के भाई थे। यशोदा कृष्ण की धाय माँ थी। राधा को कृष्ण से प्यार था। हर रात वह आधी रात में अपने घर से बाहर निकल कर यमुना किनारे कृष्ण से मिलने जाती थी, अपनी मर्यादा को ताक पर रखते हुए। साथ-साथ वे नाचते थे और लहलहाते खेतों में वे प्यार करते थे। सभी को इस चौंकाने वाली प्रेम कहानी के बारे में पता चल गया। राधा की सबने निन्दा की। कृष्ण बीमार पड़ गये। उन्हें एक रहस्यमय बुखार हो गया। गोपालकों ने इसका इल्ज़ाम राधा के ऊपर लगाया। गाँव का कोई भी वैद्य कृष्ण का इलाज नहीं कर पाया, तब यशोदा पास के जंगल में रहने वाले एक साधु के पास उनसे मिलने के लिए गयीं। साधू ने कहा कि अगर कोई सती स्त्री घड़े में जल ले जाये तो उस पानी से कृष्ण को ठीक किया जा सकता था।

''यह कैसे हो सकता है?'' गोपालकों ने पूछा। ''ब्रह्मचर्य के बल से,'' साधू ने कहा। इसलिए गाँव की हर स्त्री से कहा गया कि वे घड़े में पानी भर-भर कर लायें। कोई भी महिला उसमें सफल नहीं हो पायी। अन्त में, राधा की बारी आयी। वह घड़े में कृष्ण के लिए पानी लेकर आयी मानो वह धातु के घड़े में पानी लेकर आयी हो। सारे गाँव को इस बात का पता था कि राधा का कृष्ण के प्रति प्यार अटूट है, इसलिए कृष्ण के प्रति उसका प्रेम सच्चा था।' (उत्तर प्रदेश की लोककथाएँ)

पत्नी प्राप्त करने का सबसे अच्छा तरीका था, उसका दिल जीत लेना। शिव और विष्णु जैसे देवताओं ने इस तरीके से ग्राम-देवियों से विवाह किया था। अगली कहानी का सम्बन्ध शिव पुत्र कार्तिकेय से है जिनको तमिल लोग मुरुगन के रूप में पूजते हैं, जिन्होंने पहाड़ी कबीलों में से अपने लिए पत्नी हासिल की—

'एक कबीले के सरदार ने पाया कि एक बाम्बी के पास एक लड़की थी, जो दैवी प्रकृति की थी और वह उसे बेटी की तरह पालने लगा। वह लड़की अक्सर अपने पिता के खेतों में फसल की रखवाली किया करती थी। एक दिन मुरुगन ने उसे देखा और वे उसके प्यार में पड़ गये। उन्होंने उसे अच्छी-अच्छी

बातों से बहलाना चाहा लेकिन उसने उनकी तरफ़ से मुँह मोड़ लिया। उन्होंने चूड़ी बेचनेवाले का रूप ले लिया, फिर एक साधू का, और उसके पास आने की कोशिश की। लेकिन उसने उनको परे कर दिया। आखिर में उन्होंने अपने भाई गणेश से मदद माँगी। गणेश ने जंगली हाथी का रूप धारण किया और खेत की तरफ़ दौड़ पड़े। खुद को बचाने के लिए लड़की मुरुगन की बाँहों में आ गयी। मुरुगन ने हाथी को भगाया और उस लड़की का दिल जीत लिया। लड़की के पिता ने दोनों की शादी का विरोध किया। मुरुगन उससे और उसके बेटों से अपनी बरछी से लड़े। उनकी वीरता से प्रभावित होकर उसने उनको अपने दामाद के रूप में अपना लिया।' (तमिलनाडु की एक लोककथा)

तमिलनाडु एवं आन्ध्र प्रदेश में कई मन्दिर ऐसे हैं जो विष्णु के हैं। यह विष्णु की स्थानीय सहचरी लक्ष्मी का रूप है—

'ऋषि भृगु ने एक बार विष्णु की छाती में लात से मारा क्योंकि विष्णु अभिवादन के लिए उठकर खड़े नहीं हुए। विष्णु की सहचरी लक्ष्मी विष्णु की छाती में ही रहती हैं, वह इस बात से गुस्से में आ गयीं कि बजाय इसके कि विष्णु भृगु को सज़ा दें वे उससे माफी माँग रहे थे। गुस्से में आकर वह स्वर्ग छोड़कर धरती पर आ गयीं, कोल्हापुर शहर में। विष्णु उनके पीछे-पीछे आये, लेकिन जब उन्होंने पाया कि वह लौटना नहीं चाहतीं, तो उन्होंने व्यंकट की पहाड़ियों में आश्रय ले लिया, और तब तक वहीं रहे जब तक कि उनका गुस्सा शान्त नहीं हुआ। एक दिन, एक जंगली हाथी का पीछा करते हुए उन्होंने एक सुन्दरी को बाग में देखा। उसका नाम था पद्मावती। उसे धरती से एक स्थानीय राजा ने हल जोतकर बाहर निकाला था जिसने उसे भूदेवी के रूप में पहचाना था। विष्णु उससे विवाह करना चाहते थे। पहले तो उसने उनके प्रस्ताव को ठुकरा दिया। लेकिन अपने सम्मोहन और ताकत से विष्णु उसके दिमाग को बदल पाने में सफल रहे। उससे विवाह के लिए दहेज भी देना था और जब तक कि देवी लक्ष्मी उनकी बगल में न हों तब तक विष्णु एक गरीब के समान ही थे। उनको मजबूर होकर कर्ज़ लेना पड़ा और इस तरह वे हमेशा के लिए देवी के कर्जदार हो गये।' (आन्ध्र प्रदेश का तिरुमाला स्थल पुराण)

एक और गाँव में विष्णु द्वारा स्थानीय समुदायों के साथ की गयी

शृंखलाबद्ध शादियों की कहानियाँ इस तरह से चलती हैं—'पद्मावती से विष्णु के विवाह की बात सुनकर देवी लक्ष्मी बड़े गुस्से में आ गयीं। इसलिए पास के गाँव में उन्होंने एक कमल में जन्म लिया। ऋषि भृगु को वह मिलीं और उन्होंने उसे अपनी पुत्री के रूप में पाला। यह उनका एक तरह से इस बात का प्रायश्चित था कि उन्होंने विष्णु को जो लात मारी थी, उसमें सुधार कर सकें।

भृगु ने उसका नाम कमलावती रखा। कमलावती एक बहुत सुन्दर स्त्री के रूप में बड़ी हुई। एक दिन वह मूंगे के पेड़ के नीचे बैठी थीं, विष्णु गाँव से एक रथ पर गुज़रे। उसकी सुन्दरता से प्रभावित होकर उन्होंने उनसे विवाह करने और उसी गाँव में बस जाने का फैसला किया।' (कमलावती, आन्ध्र प्रदेश का स्थल पुराण)

ये कहानियाँ इस रहस्य को रखती हैं कि किस तरह से शैव और वैष्णव की शास्त्रीय परम्पराएँ देवी प्रधान स्थानीय परम्पराओं में घुल-मिल गयीं और देश भर में फैलीं। इसमें एक तरह से प्रेम और शक्ति का मेल है। यह जानना मज़ेदार है कि कई गाँवों में जो देवी का चौरा होता है वह आम तौर पर पति से अलग होता है। इस तरह से देवियों की सत्ता बनी रहती है। अलग-अलग चौरा बनाने का कारण छोटी-छोटी बातों के ऊपर मतभेद का होना है जैसे विष्णु बिना देवी की अनुमति के घर से बाहर जा रहे हों। वार्षिक पुनर्मिलन और मिलन गाँव का त्यौहार होता है।

पतियों का चुनाव

एक औरत की इच्छा को उसके घरवालों की इच्छा से अधिक सम्मान दिया जाता है। प्राचीन भारत में औरतों को इस बात का अधिकार होता था कि वे अपने पतियों का चुनाव कर सकें। एक औरत दुनिया भर में अपने लिए योग्य पति के चुनाव के लिए घूमती थी—

'सावित्री, जो राजा अश्वपति की पुत्री थी, इतनी सुन्दर थी कि पुरुष शादी के लिए उसका हाथ माँगते हुए शर्माते थे। सावित्री ने यह फैसला किया

कि वह हर राज्य में घूमेगी और अपने लिए एक उपयुक्त वर की तलाश करेगी। जब वह जंगल से गुज़र रही थी, वह एक लकड़हारे सत्यवान से मिली। उसके पिता राजा थे जिनको राज्य से उनके दुश्मनों ने निकाल बाहर किया था। सावित्री ने अपने पिता से यह इच्छा ज़ाहिर की कि वह सत्यवान से विवाह करना चाहती है। अश्वपति इस बात से खुश नहीं हुए। केवल यही नहीं कि सत्यवान गरीब था, पंडितों ने यह भविष्यवाणी की थी कि वह विवाह के एक साल के अन्दर मर जायेगा। जब अश्वपति ने यह देखा कि उनकी बेटी अपनी पसन्द के लड़के से शादी करने का निश्चय कर चुकी है तो उन्होंने सहमति जता दी और शादी की तैयारी शुरू कर दी।' (महाभारत)

यहाँ तक कि ईश्वर ने भी स्त्रियों की इसमें मदद की कि वे अपनी पसन्द के पति का चुनाव कर सकें—

'दक्ष की दो पुत्रियाँ थीं, दैत्यसेना और देवसेना, दोनों एक दिन झील में आनन्द में लीन थीं कि तभी दानव किनी उनके पास आया। उनकी सुन्दरता से प्रभावित होकर उसने उन दोनों का हाथ विवाह के लिए माँग लिया। दैत्यसेना उसके साथ शादी करने के लिए तैयार हो गयी। जब देवसेना ने मना कर दिया तो किनी ने ज़बर्दस्ती करनी चाही। इन्द्र ने जब देवसेना की चीख-पुकार सुनी, तो उन्होंने बिजली को कड़कने के लिए कहा और किनी को डरा कर पाताल लोक में छिपने के लिए भेज दिया। इन्द्र ने देवसेना की इस इच्छ के बारे में सुना कि वह किसी ऐसे आदमी से विवाह करना चाहती थी जो कि अकेले ही दानवों को हरा दे। केवल एक ही देवता थे जो ऐसा कर सकते थे। वह थे कार्तिकेय, जो शिव के पुत्र थे और स्वर्ग की सेना के सेनापति थे। उन्होंने देवसेना से विवाह कर लिया, जो हर लड़ाई में उनके साथ जाने लगी।' (महाभारत)

संयोगवश, दैत्यसेना और देवसेना नामों का अर्थ होता है दानवों की सेना और देवताओं की सेना। इस प्रकार ये दोनों स्त्रियाँ स्वर्ग में रहने वालों की शक्ति का प्रतीक हैं, जिन्होंने ये चुना कि वे किसकी सेवा करना चाहती हैं।

स्त्रियों की माँग इस कदर थी कि पुरुष अक्सर स्त्री के घर पर आकर जुट जाते थे ताकि वे वर चुनने में उसकी मदद कर सकें। इस आयोजन को

भारत में देवी

स्वयंवर कहा जाता था—

'दो ऋषि नारद और पर्वत राजकुमारी श्रीमति के साथ प्यार में पड़ गये। दोनों चुपचाप उसके पिता के पास गये और उसका हाथ माँगने लगे। उनको बड़ी विनम्रता से यह बता दिया गया कि वह अपने पति का चुनाव स्वयं करेगी। दोनों ही फिर विष्णु के पास गये और उन्होंने उनसे कहा कि वह उनके विरोधी को बन्दर का मुँह दे दें। दोनों ऋषि श्रीमति के स्वयंवर में इस उम्मीद के साथ गये कि दूसरे का मुँह बन्दर जैसा है। राजकुमारी दोनों से ही घबरा गयी और उसने एक सुन्दर नौजवान के गले में माला डाल दी। वह युवक और कोई नहीं छिपे हुए भेष में स्वयं विष्णु थे।' (लिंग पुराण)

स्त्रियों को निर्णय लेने में मदद करने के लिए पुरुषों को उनके पिता द्वारा आयोजित कौशल परीक्षा के आयोजन में आना पड़ता था—

'राजा द्रुपद ने तीरंदाज़ी की एक प्रतियोगिता का आयोजन किया। वीरों और राजकुमारों को उसमें भाग लेने के लिए बुलाया गया। उनको एक तनी हुई प्रत्यंचा को उठाकर चक्र पर घूमती हुई मछली की आँख में तीर चलाना था, वह भी नीचे पानी में उसकी छवि को देखकर। यह घोषणा की गयी थी कि जो विजयी होगा उसका विवाह राजा की सुन्दर पुत्री द्रौपदी से किया जायेगा।' (महाभारत)

अगर कोई आदमी स्त्री को पसन्द नहीं आये तो वह उसे उस मुकाबले में भाग लेने से मना कर सकती थी—

'अंग देश के राजा कर्ण ने यह फैसला किया कि वह द्रुपद द्वारा आयोजित तीरंदाज़ी की प्रतियोगिता में हिस्सा ले। हालाँकि, जब उसने प्रत्यंचा चढ़ाई, तो राजा की पुत्री ने उसे यह कहते हुए रोक दिया, ''मैं ऐसे आदमी से विवाह नहीं करना चाहती जिसे यह नहीं पता हो कि उसके माता-पिता कौन हैं और जो रथ हाँकने वालों के परिवार में बड़ा हुआ हो''।' (महाभारत)

जब कोई स्त्री अपने प्रेमी से बिना अपने परिवार की सहमति लिये ही विवाह कर लेती थी तो यह कहा जाता था कि वह गन्धर्व विवाह की राह को अपना रही है—

'राजा बाण की पुत्री उषा ने अनिरुद्ध का चेहरा अपने सपने में देखा। उसने तय कर लिया कि वह द्वारका के इस राजकुमार से विवाह करेगी। उसने एक डायन चित्रलेखा को उसके पास भेजा ताकि वह जाये और उसका अपहरण करके ले आये। चित्रलेखा आधी रात को द्वारका में गयी और सोये हुए अनिरुद्ध को उठाकर उषा के कमरे में ले आयी। जब अनिरुद्ध सोकर उठा, तो उसे इस बात से बेहद खुशी हुई कि वह एक सुन्दर स्त्री की बाँहों में पड़ा हुआ था। उषा के पिता बाण को अनिरुद्ध को अपनी बेटी के साथ देखकर खुशी नहीं हुई क्योंकि अनिरुद्ध के दादा कृष्ण उसके बड़े भारी दुश्मन थे। उसने अनिरुद्ध को कारागार में डाल दिया। कृष्ण तत्काल अपने पोते को बचाने के लिए चल पड़े। उसके बाद युद्ध हुआ, जिसमें कृष्ण ने राजा बाण को मार डाला और उषा को राजगद्दी पर बिठा दिया और अनिरुद्ध को उसका सहचर बना दिया।' (भागवत पुराण)

कोई स्त्री अपनी पसन्द के पुरुष से विवाह करने के लिए इतना दृढ़ निश्चय कर लेती थी कि वह उसके लिए अपने भाई के कत्ल को अनुमति देने से भी नहीं हिचकती थी—

'हिडिम्बा एक आदमखोर राक्षस था, उसने पाँच पांडवों एवं उसकी माँ को मारने के लिए अपनी बहन हिडिम्बी को भेजा जो कि जंगल से होकर गुज़र रहे थे। जब हिडिम्बी ने भीम को देखा तो उसके अन्दर भावनाएँ इस कदर जाग उठीं कि उसने फैसला किया कि वह पांडवों का पक्ष लेगी न कि उनका नुकसान करेगी। उसने भीम को अपने भाई की मंशा के बारे में बता दिया और उससे कहा कि वह उसकी और उसके परिवार की रक्षा करना चाहती है। शक्तिशाली भीम ने उसके प्रस्ताव को ठुकरा दिया और यह कहा कि वह अपनी और अपने परिवार की रक्षा करने में पूरी तरह से सक्षम है।

भीम ने हमला किया और हिडिम्बा को मार दिया। बजाय अपने भाई की मौत का मातम मनाने के उसने भीम की माँ कुन्ती से जाकर प्रार्थना की कि वह उसके हाथ में भीम का हाथ दे दें। कुन्ती ने उसको अपनी बहू के रूप में स्वीकार कर लिया लेकिन उनकी शर्त यह थी कि वह सिर्फ़ दिन के वक्त उसके बेटे के साथ रहेगी और एक बच्चा होने के बाद जाना पड़ेगा। उसके

बाद से अगले कुछ दिनों तक हिडिम्बी भीम को एक सुन्दर-सी घाटी में ले जाती थी जहाँ वे रात होने तक प्यार करते थे। समय के साथ, उसने घटोत्कच नामक एक बेटे को जन्म दिया। जैसे ही वह पैदा हुआ, उसने अपने प्रेमी को अलविदा कहा और जंगल में लौट गयी।' (महाभारत)

आजकल स्वयंवर की प्रथा नहीं है। तो भी ज्यादातर हिन्दू परिवारों में प्रेम विवाह को आज भी स्वीकार नहीं किया जाता है क्योंकि प्यार भाषा, जाति-धर्म, आर्थिक स्थिति आदि देखकर नहीं किया जाता है। स्वयंवर तथा मुक्त प्यार मध्य भारत के कुछ आदिवासियों में आज भी चलन में है। स्त्रियाँ पुरुष से उपहार का टोकरा लेकर उसके प्यार को स्वीकार करती हैं।

वह टोकरा पान के पत्तों तथा अन्य प्रकार की सुगन्धित चीज़ों से भरपूर होता है। भोजन के बाद पचाने के लिए उसका सेवन किया जाता है। इससे मुँह में खुशबू भर जाती है तथा होंठ लाल हो जाते हैं। यह विलासिता का प्रतीक है और प्रेमाचार का एक महत्त्वपूर्ण हिस्सा है। कुछ लोगों का यह कहना है कि जब यह प्रेमी द्वारा बनाया जाता है तो यह कामोत्तेजना पैदा करने वाला बन जाता है। आज भी, यह माना जाता है कि किसी सुन्दर महिला को अपने पति के सिवा न तो किसी को पान देना चाहिए, न ही किसी से पान लेना चाहिए।

एक पत्नी की तलाश

प्राचीन भारत में जब कोई स्त्री किसी पुरुष का चुनाव अपने पति के रूप में करती थी तो शिष्टाचार के मुताबिक वह विवाह करने के लिए बाध्य होता था—

'एक दिन कृष्ण जंगल में टहल रहे थे, तो उनसे जल सुन्दरी कालिंदी ने सम्पर्क किया, जो कि सूर्य देवता की पुत्री थी। ''मैं संसार में अपने स्वामी की तलाश में भटक रही हूँ। आखिरकार आपमें मुझे वह मिल गये हैं। कृपया मुझे अपनी पत्नी के रूप में स्वीकार कर लें।'' कृष्ण उस स्त्री को द्वारका लेकर गये और शास्त्रों के विधि-विधान से उसके साथ विवाह कर लिया।' (भागवत पुराण)

स्त्री के द्वारा अपनी इच्छा से चुना जाना पुरुष के लिए बड़े सम्मान की बात होती थी। हालाँकि, जिन पुरुषों का चुनाव नहीं किया जाता था, उनको भी अपने पितरों का ऋण चुकाना होता था और सांसारिक धन तक अपनी पहुँच बनानी होती थी। इस तरह के पुरुष मूल्य चुकाकर पत्नी खरीद लेते थे या उसे बलपूर्वक उठा लेते थे। स्त्री को खरीदना आसुरी क्रिया कहलाती थी—

'ऋषि रुचिका सत्यवती से विवाह करना चाहते थे। ''यह तभी सम्भव है जब तुम मुझे एक हज़ार ऐसे घोड़े दो जिनके कान काले हों'', उसके पिता गड़ी ने कहा। रुचिका ने अपनी जादुई शक्तियों का इस्तेमाल किया और उनकी इच्छा को पूर्ण करके अपनी पसन्द की स्त्री से विवाह कर लिया।' (महाभारत)

किसी स्त्री का अपहरण करना राक्षस का काम माना जाता था। और राजा आम तौर पर इस पद्धति का प्रयोग शादी के लिए करते थे क्योंकि उनको राजनीतिक समझौतों के लिए यह एक प्रभावी ढंग लगता था—

'अर्जुन, जो पांडवों में तीसरे राजकुमार थे, एक बार द्वारका की यात्रा पर गये जहाँ उन्होंने सुन्दर युवती सुभद्रा को देखा। उनके भीतर भावनाएँ जाग गयीं, वह भीड़ भरी सड़क पर अपने रथ को दौड़ाते हुए गये और उस सुन्दर स्त्री को उठा लिया। सुभद्रा के भाई बलराम ने जब यह सुना तो उन्हें बड़ा क्रोध आया क्योंकि वह सुभद्रा का विवाह कौरव राजा दुर्योधन के साथ करना चाहते थे। इसलिए उन्होंने यह तय किया कि वे अर्जुन का पीछा करेंगे और उसके हाथ काट लेंगे। लेकिन उनको सुभद्रा के दूसरे भाई कृष्ण ने रोक लिया, जिन्होंने उनका ध्यान इस बात की तरफ़ दिलाया कि ऐसे आदमी को बहनोई के रूप में प्राप्त करना गौरव की बात है, जिसने अपनी पसन्द की लड़की से विवाह करने के लिए अपनी जान तक को जोखिम में डाल दिया।' (महाभारत)

इस कहानी के कई अन्य रूपों में कृष्ण ने ही इस बात का सुझाव दिया था कि वह अपनी पसन्द की स्त्री को लेकर भाग जाये, उन्होंने सुभद्रा से यह भी कहा कि वह शहर से बाहर निकलते समय रथ की कमान थाम कर रखे और यादवों से यह कहे कि वह अपनी मर्ज़ी से वहाँ से जा रही है।

विवाह का सबसे स्वीकृत रूप माना जाता था प्रजापति विवाह। जब सन्तति को आगे बढ़ाने के लिए कोई पिता अपनी बेटी का हाथ स्वेच्छा से किसी ऐसे आदमी के हाथ में दे देता था जो उससे बच्चा पैदा करना चाहता था। इसमें किसी तरह का लेन-देन नहीं होता था।

पत्नी की रक्षा

पत्नी को हासिल करने के बाद पति को यह डर सताता रहता था कि वह कहीं उसे खो न दे। दिल को छू लेने वाली एक कहानी के मुताबिक पति यमदूत को अपनी पत्नी को देने के बजाय अपना आधा जीवन दे देता था। हिन्दू धर्म ग्रन्थों में यह कहानी उन कुछ कहानियों में आती है जिनके मुताबिक पत्नी के बिना किसी पुरुष का जीवन मरण से भी बदतर हो जाता था—

'विवाह के दिन प्रमद्वारा साँप के काटने से मर गयी। उसके पति रुरु का दिल टूट गया और उसने देवताओं का आह्वान करते हुए कहा कि अगर उसे फिर से ज़िन्दा नहीं किया गया तो वह भी अपने जीवन का अन्त कर लेगा। तब देवताओं ने यम से सम्पर्क किया, और वे इस बात के लिए तैयार हो गये कि वे प्रमद्वारा को उस हालत में जीवित कर देंगे अगर रुरु अपना आधा जीवन उसे दे दे। रुरु ने इस बात को मान लिया और प्रमद्वारा पुनः जीवित हो गयी।' (देवी भागवत)

चूँकि पत्नियों को इस कदर मूल्यवान समझा जाता था कि पति उनको व्यभिचारियों से बचाने के लिए जमकर लड़ाई करते थे—

'उतथ्य की शादी भद्रा से हुई, जो बहुत सुन्दर थी। समुद्र के राजा वरुण ने उसको देखा और उसके अन्दर इच्छ जाग उठी। उसने उसे ऋषि के आश्रम से उठा लिया। उस गुस्से में उतथ्य सारी नदियों, झीलों और समुद्रों का पानी पी गया और दुनिया में पानी की एक बूँद भी नहीं बची। जब वरुण ने भद्रा को छोड़ दिया तब जाकर उतथ्य ने सूखी धरती को पानी वापस किया।' (महाभारत)

एक ऋषि थे जो महज़ इसलिए सूरज को मारकर नीचे गिरा देना चाहते

थे क्योंकि वह उनकी पत्नी की कोमल त्वचा को नुकसान पहुँचा रहा था—

'ऋषि जमदग्नि एक तीरंदाज़ थे। हर बार जब वे तीर चलाते थे तो उनकी पत्नी रेणुका जाकर उसे ले आती थी। इससे पहले कि जमदग्नि अगला तीर छोड़ते वह पहला तीर जाकर ले आती थी। एक दिन, वह तीर को लाने के लिए उसके पीछे-पीछे भागी लेकिन शाम तक लौट कर नहीं आयी। पूछने पर उसने बताया कि सूरज की तीखी किरणों ने उसे अन्धा बना दिया था और उसके बदन को झुलसा दिया था। इसलिए वह एक पेड़ के नीचे बैठकर सूरज के डूबने और धरती के ठंडी हो जाने का इन्तज़ार करती रही। सूरज को सबक सिखाने के लिए ऋषि ने अपना धनुष उठाया और सूरज से कहा कि वह उसे नीचे गिरा देंगे। यह सुनकर सूरज अपने सोने के रथ पर चढ़कर भागा-भागा आया। उसने रहम की भीख माँगी और ऋषि की पत्नी से कहा कि वे उसके लिए एक जोड़ी चप्पल और एक छाता देंगे ताकि वह अपने शरीर को सूरज की तीखी किरणों से बचा सके।' (महाभारत)

'रामायण' में एक कहानी आती है कि किस तरह से राम ने इन्द्र को इसके लिए सज़ा दी थी कि उसने उनकी पत्नी के ऊपर बुरी नज़र डाली थी—'जंगल में घूमते हुए देवताओं के राजा इन्द्र ने सीता के ऊपर बुरी नज़र डाली। उसने एक कौवे का रूप धारण किया और उसे छूने की कोशिश की। सीता ने इस पर आपत्ति की और राम से जाकर शिकायत की। राम ने एक घास का तिनका तोड़ा और अपनी जादुई शक्ति से उसे आग्नेयास्त्र में बदल दिया और उसकी दिशा कौवे की तरफ़ कर दी। इससे कौवे की कामासक्त आँख फूट गयी। यही वज़ह है कि कौवे की एक ही आँख होती है।' (रामायण, अग्नि पुराण, पद्म पुराण)

'जब रावण ने सीता का अपहरण किया तब राम ने उसे बचाने के लिए प्राकृतिक शक्तियों का आह्वान किया। चील आकाश में उड़े और उन्होंने सीता को लंका के द्वीप में पाया। राम ने फिर बन्दरों एवं भालुओं की सेना बनायी, समुद्र पर पुल बनाया जो कि मछलियों तथा समुद्र के अन्य जीव-जन्तुओं से भरा हुआ था और रावण के किले में घुस गये। उनके पास चढ़ने के लिए हाथी-घोड़े नहीं थे इसलिए वे हनुमान के कन्धों पर बैठकर गये और उन्होंने

सभी राक्षसों को मार गिराया, जिनमें रावण भी शामिल था जो कि उनके और उनकी प्रिया सीता के बीच खड़ा था।' (रामायण)

'रामायण' के कई लोक संस्करण हैं। दक्षिण-पूर्व एशिया में जो इसकी कथा प्रचलित है उसके मुताबिक पाठकों को राम के दुःख का उस समय पता चलता है जब उनको यह जता दिया जाता है कि उनकी प्रिया मर चुकी है—'रावण ने एक जादूगरनी को राम के पास भेजा जो राम को धोखे से यह एहसास करवा दे कि सीता मर चुकी है। वह जादूगरनी समुद्र तट पर सड़ी हुई लाश के रूप में प्रकट हुई। राम ने उसके गहनों को पहचान लिया कि वे सीता के थे। ''ज़रूर रावण ने उसको मारकर उसके मृत शरीर को समुद्र में बहा दिया है,'' वह चिल्लाये। जब वे अपनी प्रिया की मौत का विलाप कर रहे थे, हनुमान को महसूस हुआ कि कुछ गड़बड़ है। उन्होंने अपने बन्दरों से कहा कि वे चिता बनाकर लाश को उसके ऊपर रख दें। जब लाश में आग लगी तो लाश कूदकर समुद्र की तरफ़ भागी। हनुमान ने उस मृत शरीर को थाम लिया और उस जादूगरनी को मजबूर किया कि वह राम को सब कुछ सच-सच बता दे। सच न बताने पर उसको भयानक सज़ा देने की चेतावनी दी।' (रामकीन)

'महाभारत' में वह आदमी जो पांडवों की पत्नी के ऊपर नज़र डालता है, उसे अपनी जान से हाथ धोना पड़ता है—

'एक साल तक पाँचों पांडव और उनकी पत्नी द्रौपदी को छद्म रूप में राजा विराट के दरबार में रहना पड़ा। द्रौपदी महारानी की दासी के रूप में काम कर रही थी और उसके ऊपर महारानी के भाई कीचक का ध्यान चला गया। उसने उसे आदेश दिया कि वह रात में उसके कमरे में चली आये। द्रौपदी को समझ में नहीं आया कि वह क्या करे इसलिए उसने अपने दूसरे पति भीम से रक्षा की गुहार लगाई, जो पांडवों में सबसे ताकतवर था और महल की रसोई में काम करता था।

द्रौपदी के भेष में भीम कीचक के बिस्तर पर सो गया। जब कीचक बिस्तर पर आया और उसने उसके साथ सम्भोग करने की कोशिश की तो भीम ने उसे दबाकर मार डाला। सुबह के वक्त, जब कीचक का कुचला हुआ

शरीर मिला तो कीचक के भाइयों ने द्रौपदी के ऊपर आरोप लगाया कि वह जादू-टोना जानती है और उसे ज़िन्दा जला डालने की कोशिश की। भीम श्मशान में घुसा, उसने एक पेड़ उखाड़ा और सभी को मार गिराया। चूँकि हत्या का कोई गवाह नहीं था इसलिए राजा के रसोइये के रूप में भीम का होना गुप्त बना रहा।' (महाभारत)

दोनों तरफ़ पत्नी

एक पत्नी अपने पति के व्यक्तित्व, शक्ति, वीरता और सम्पत्ति को प्रतिबिम्बित करती है। अगर वह कुरूप है, नाखुश है, असुरक्षित है और वह अच्छी तरह से नहीं है तो पति को बुरे ढंग से देखा जाता है। अगर वह सुन्दर है, आनन्द में रहने वाली है, सुरक्षित है और पतिव्रता है और खूब देखभाल में रहने वाली है तो उसके पति का सम्मान बढ़ जाता है। अगर उसके पास ऐसी दो पत्नियाँ हों तो उसको नायक माना जाता था। अगर तीन हैं तो उसे और भी महान माना जाता था। हरम में कितनी ऐसी औरतें हैं जो खुश रहती हैं, इससे देवताओं, राजाओं और दानवों की ताकत और काम कौशल का पता चलता था—

'जब वानरराज हनुमान सीता की खोज में द्वीप राज्य लंका पहुँचे, जिनका अपहरण राक्षसराज रावण ने कर लिया था, तो उन्होंने देखा कि रावण के बिस्तर पर अनेक सुन्दरियाँ काम-ज्वर से तड़प रही थीं। वे राजाओं, साधुओं, गन्धर्वों, राक्षसों, असुरों की पत्नियाँ थीं, जो कि वहाँ अपनी मर्ज़ी से आयी थीं, कई बार अपने पतियों को छोड़कर, क्योंकि वे सभी रावण की सुन्दरता और उसकी वीरता से प्रभावित हो जाती थीं। प्रेम बाण से ऐसी बिंधी हुई थीं कि कई औरतें उन दूसरी औरतों को चूम रही थीं, सहला रही थीं, जिनको रावण ने सहलाया, चूमा था, इस उम्मीद में कि उनको राक्षस राजा की वीरता का कुछ स्वाद मिल जाये। हनुमान ने उनके बीच सीता को नहीं पाया। क्योंकि वह राम के प्रति समर्पित थीं और पतिव्रता होने के कारण उन्होंने लंका के शक्तिशाली राजा की तरफ़ देखने तक से इनकार कर दिया था।' (रामायण)

अनेक स्त्रियाँ ऐसी थीं जो कि अपने पतियों की दूसरी शादी को सहजता

से स्वीकार नहीं करती थीं—

'ब्रह्मा ने यज्ञ करने का फैसला किया। जब उनकी सहचरी सावित्री नहाने के लिए गयीं, उन्होंने हवन कुंड को जलाने के लिए ज़रूरी साधन जुटाये। जब सब कुछ हो गया, तब भी सावित्री का कुछ पता नहीं था। ब्रह्मा बेचैन हो उठे। चूँकि बिना पत्नी के यज्ञ सम्पन्न नहीं हो सकता था, ब्रह्मा ने एक और स्त्री गायत्री को बनाया, उससे विवाह किया, उसे अपनी बगल में बिठाकर यज्ञ सम्पन्न किया। जब सावित्री लौटी और उसे इस बात का पता चला कि ब्रह्मा की बगल में एक दूसरी औरत बैठी हुई थी, उसे गुस्सा आ गया। उसने ब्रह्मा को यह शाप दिया कि किसी मन्दिर में उनकी पूजा नहीं की जायेगी।' (पद्म पुराण)

सह-पत्नियों में अक्सर पतियों को लेकर लड़ाई हो जाया करती थी—

'जब नदी देवी गंगा स्वर्ग से निकल गयीं तो देवताओं ने शिव से कहा कि वे उसके गिरने के बल को कम कर दें नहीं तो अपने पानी के बल पर वह धरती को धो डालतीं। शिव ने गंगा को अपनी जटाओं से बहने दिया, उनकी मज़बूत जटाओं के कारण गंगा की तेज़ धारा शान्त धारा में बदल गयी, जिससे देवताओं को बड़ी राहत पहुँची। हालाँकि पार्वती को यह बात बहुत अच्छी नहीं लगी कि गंगा उनके सिर पर बैठी थी। उन्होंने शिव से उसका कारण जानना चाहा। ''यह कैसे चल सकता है कि मैं जो आपकी विधि के मुताबिक पत्नी हूँ आपकी गोद में बैठूँ और एक दूसरी औरत आपके सिर पर?'' गंगा ने खिलखिलाते हुए कहा, ''अगर इन्होंने मुझे जाने दिया तो इनको पता है कि मैं इस दुनिया को बहा दूँगी और उसका इल्ज़ाम इनके सिर आयेगा।'' शिव की मर्ज़ी को तो वह समझ गयीं लेकिन वह अपने पति को उस चपल नदी देवी के साथ साझा नहीं करना चाहती थीं, इसलिए पार्वती ने अपना शरीर शिव के साथ मिला लिया, जिससे वह उनके शरीर का बायाँ हिस्सा हो गयीं और जिसकी वजह से गंगा एक बाहरी औरत बन गयी।' (उत्तर भारत की एक लोककथा)

शिव मन्दिरों में शिवलिंग के आधार में भग बनाया रहता है, जो पार्वती के प्रजनन अंग का प्रतीक है। वे दोनों हमेशा के लिए गुंध-बिंध गये हैं। लिंग

के ऊपर एक शंक्वाकार घड़ा टँगा हुआ है जो कि गंगा का प्रतीक है। घड़े के नीचे की तरफ़ एक छेद दिखायी देता है, उसके माध्यम से वह दैवीय जोड़े के ऊपर पानी गिराती रहती हैं, और पास होने का एहसास दिलाती रहती हैं।

एक छत के नीचे दो पत्नियों को खुश रख पाने के लिए विष्णु को सभी कौशलों की ज़रूरत होती है, जिनको तीनों लोकों में अपनी माया के लिए जाना जाता है—

'विष्णु की दो पत्नियाँ सम्प्रभुता की देवी श्री तथा भूमि की देवी भू लगातार उनका ध्यान बँटाने की कोशिश में लगी रहती थीं। श्री अपने लिए बड़ी पत्नी का दावा करती थीं जबकि भू अपनी अधीनता से विष्णु को अपने आप पर ग्लानि महसूस करवाती थीं। एक बार इन्द्र ने विष्णु को पारिजात का पेड़ दिया। दोनों देवियाँ यह चाहती थीं कि वे उसे अपने बगीचे में लगा लें जो कि ऊँची दीवारों से अलग-अलग किया गया था। भू तत्काल रूप से उसके ऊपर ताने कसने लगी। भू को सबक सिखाने के लिए विष्णु ने पेड़ को यह आदेश दिया कि फूल उसी दिशा में खिलेंगे जिस दिशा में श्री का बाग होगा। श्री को भू की मेहनत का फल मिलेगा। इस तरह हर साल श्री को पारिजात के फूल दिखायी देते थे, उसको हर साल इस बात का एहसास होता था कि उसके पति किसी और के साथ थे।' (दक्षिण भारत की एक लोककथा)

भू और श्री को देवी लक्ष्मी के पार्थिव एवं स्वर्गिक रूप में देखा जाता था। जब विष्णु धरती पर कृष्ण के रूप में आये तो वे दोनों रुक्मिणी और सत्यभामा के रूप में आयीं और उनकी लड़ाई चलती रही।

एकाकी पुरुष की दुर्दशा

कुछ पुरुषों की एक भी पत्नी नहीं होती, दो की तो बात ही जाने दें। वे न तो इतने ख़ूबसूरत होते थे कि जिससे वे किसी स्त्री का दिल जीत लें या उसके पिता को ही प्रभावित कर लें, न ही इतनी ताकत होती कि वे किसी लड़की का अपहरण करके ला सकें, न ही इतना पैसा होता कि एक वधू खरीद लें।

निराशा में पड़कर ये पुरुष नाटकीय कदम उठाते थे—

'सुमेधस और सोमवत दो गरीब ब्राह्मण थे। उनको पैसों की ज़रूरत थी जिससे कि वे अपने लिए एक पत्नी खरीद सकें। उनको उदार रानी सीमन्तिनी के पास भेजा गया जो हर रोज़ एक ब्राह्मण जोड़े को खाना देती थीं और उनको उपहार भी देती थीं। दोनों युवा समझ नहीं पा रहे थे कि क्या करें, क्योंकि उनको शादी के लिए उपहार चाहिए था लेकिन वे उन उपहारों को तब तक नहीं पा सकते थे जब तक कि वे विवाहित न हों। इसलिए उन्होंने यह तय किया कि चालबाज़ी से उपहार ले लें। सोमवत ने स्त्री का वेश बनाया और सुमेधस उसके साथ पति के रूप में आ गया और उन दोनों ने अपने को रानी के सामने ब्राह्मण पति-पत्नी के रूप में प्रस्तुत किया। सीमन्तिनी ने उनका स्वागत किया और शिव और शक्ति के स्वरूप में उनके साथ व्यवहार किया। उनका ऐसा प्रताप था कि सोमवत स्त्री ही हो गया। सुमेधस ने अपने पूर्व मित्र से विवाह कर लिया। उनको जो उपहार मिले थे उससे उन्होंने घर बसा लिया और उसके बाद खुशी-खुशी रहने लगे।' (स्कन्द पुराण)

ऊपर की कहानी में समलैंगिक अन्तर्धारा दिखायी देती है तो आगे जो कहानी दी जा रही है वह एक ऐसे आदमी की कहानी है जो इस बात की तलाश में कि पत्नी का प्यार क्या होता है, हिजड़ों का सबसे बड़ा देवता बन गया—

'कुरुक्षेत्र के युद्ध के दौरान पांडवों को पंडितों ने यह बताया कि वे युद्ध में तब तक जीत नहीं हासिल कर सकते जब तक कि देवी काली जो कि युद्ध की रानी हैं, के सामने किसी ऐसे युवा की बलि नहीं चढ़ाते जिसका शरीर बिलकुल निरोग हो। अर्जुन का एक पुत्र था अरावन, जो कि नागवंश की कन्या उलूपी से हुआ था, वह इस बलि के लिए पूरी तरह से उपयुक्त था। वह नौजवान परिवार के लिए अपनी बलि देने के लिए तैयार हो गया, मगर उसकी एक शर्त थी कि उसे एक रात के लिए एक पत्नी दी जाये। पांडवों ने पत्नी के लिए इधर-उधर देखा, लेकिन कोई भी युवती ऐसे आदमी से विवाह करने के लिए तैयार नहीं थी जो अगले दिन मर जाने के लिए अभिशप्त हो। तब पांडवों के दोस्त कृष्ण एक समाधान लेकर आये। उन्होंने खुद को एक बड़ी खूबसूरत औरत मोहिनी के रूप में बदल लिया, अरावन से विवाह किया,

उसके साथ रात बितायी और सुबह के वक्त जब अरावन की बलि दे दी गयी तो उसकी मौत का विलाप एक विधवा की तरह किया, अपनी छातियों को पीटते हुए और अपने बालों को खोलकर। मरने के बाद अरावन खूथानदवार हो गया, वह देवता जो उभयलिंगी से विवाह करता है और आखिरी रात से पहले उसके साथ रात बिताता है। (खूथानदवार स्थल पुराण, तमिलनाडु)

विवाह के नाम पर भाइयों में अलगाव भी हो जाता था—

'प्रजापति विश्वरूप यह चाहते थे कि उनकी बेटी की शादी या तो कार्तिकेय से हो या गणेश से, दोनों ही शिव के पुत्र थे। शिव ने यह घोषणा कर दी कि दोनों भाइयों में से जो पहले तीन बार दुनिया की परिक्रमा करके आयेगा उसकी शादी होगी। कार्तिकेय तत्काल मयूर पर सवार हो गये और उन्होंने अपनी यात्रा शुरू की। गणेश अपने चूहे पर सवार हुए और अपने माता-पिता की उन्होंने तीन बार परिक्रमा पूरी कर ली, ''मेरे माता-पिता ही मेरी दुनिया हैं,'' उन्होंने कहा और शर्त जीत गये। शिव इससे इतने खुश हुए कि उन्होंने गणेश को प्रजापति विश्वरूप की पुत्री से विवाह करने दिया।

कार्तिकेय ने चूँकि सच में दुनिया के तीन चक्कर लगाये थे इसलिए उन्हें लगा कि वह तो ठगे गये हैं। गुस्से में, उन्होंने उत्तर की बर्फ़ीली पहाड़ियों पर अपने पिता का घर छोड़कर दक्षिण के गर्म पहाड़ों पर बसेरा बना लिया।' (उत्तर भारत की लोककथा)

बलात्कार की शिकार

धर्म ग्रन्थों में एक विवाह का जिक्र है लेकिन जिसको हर स्तर पर नकारा गया ऐसा अकेला आदमी पत्नी पाने के लिए बलात्कार का भी सहारा ले सकता था।

हालाँकि, आदर्श रूप में, किसी औरत को बिस्तर पर निमन्त्रण से बुलाया जाता था, लेकिन बलात्कार द्वारा विवाह को भी पवित्र हिन्दू ग्रन्थों में दर्ज किया गया है। किसी स्त्री के साथ इस प्रकार का विवाह तब किया जाता था जब वह या तो नशे में रहती थी या सोयी होती थी, इसे पिशाच के रूप

में देखा जाता था—

'योद्धा स्त्री आली ने पांडव अर्जुन से विवाह करने से मना कर दिया। एक बार वह उसके सोने के कमरे में हंस के भेष में प्रकट हुआ और उससे प्रणय निवेदन करने लगा, लेकिन उसने उसको भगा दिया। उसने तो उसे मारने तक की धमकी दे दी। आखिरकार, अर्जुन ने अपने गुरु कृष्ण की मदद ली और उन्होंने सलाह दी कि जब वह सोयी हुई हो तब वह उससे विवाह कर ले। अर्जुन ने साँप का रूप ले लिया और वह आली के बिस्तर में घुस गया और जब वह सोयी हुई थी तब उसने उसके साथ शारीरिक सम्बन्ध बनाया। कृष्ण ने इस मौके पर आशीर्वाद दिया।' (तमिलनाडु की एक लोककथा)

पुराने लोगों का यह मानना था कि किसी आदमी का बीज बह निकले इसके लिए उसे उत्तेजित किये जाने की ज़रूरत होती थी, बच्चा पैदा करने के लिए किसी स्त्री की इच्छा का खास महत्त्व नहीं था। हालाँकि, मातृ देवी इस बात को पसन्द नहीं करती थी कि कोई पुरुष चाहे वह उनका अपना पुत्र ही क्यों न हो, किसी स्त्री को शारीरिक सम्बन्ध बनाने के लिए मजबूर करे—

'शिव और पार्वती के पुत्र कार्तिकेय स्वर्ग के सेनापति थे। असुर तारकासुर का वध करके वे इतने जोश में थे कि वह अपने सामने से गुज़रने वाली हर स्त्री के साथ शारीरिक सम्बन्ध बनाना चाहते थे। तब एक स्त्री पार्वती के पास गयी और उसने उन्हें बताया कि कार्तिकेय उसके ऊपर कामातुर हो गये हैं। तब देवी ने यह फैसला किया कि कार्तिकेय को एक सबक सिखाया जाये—जब भी वे किसी स्त्री के साथ ज़बर्दस्ती करना चाहते थे, तो वह उन्हें माँ समान दिखायी देने लगती थी। तब उनको यह बात समझ में आयी कि हर स्त्री में पार्वती का रूप है, इसलिए उन्होंने यह सौगन्ध ली कि वे तब तक किसी स्त्री से विवाह नहीं करेंगे जब तक कि वह स्वयं उनके पास नहीं आयेगी।' (ब्रह्मांड पुराण) वैसे अप्सराओं को मुक्त स्वभाव का माना जाता था, लेकिन तो भी उनके साथ ज़बर्दस्ती करना स्वीकार्य नहीं था—

'जंगल से गुज़रते हुए रावण ने रम्भा को देखा, जो कि स्वर्ग की सुन्दरी थी, और उसने रम्भा के साथ शारीरिक सम्बन्ध बनाने की इच्छा प्रकट की। ''मैं आपके भतीजे नलकुबेर से प्रेम करती हूँ और आपको अपने ससुर के

रूप में देखती हूँ'', उसने कहा। लेकिन रावण कामान्ध हो चुका था, उसने उसके विरोध पर ध्यान नहीं दिया और अपनी मनमर्जी की। जब नलकुबेर को इस बात का पता चला तब उसने रावण को शाप दिया, ''अगर रावण ने किसी भी स्त्री के साथ कभी भी ज़बर्दस्ती की तो उसके सिर के हज़ार टुकड़े हो जायेंगे''।' (रामायण)

अनेक स्त्रियाँ सम्मान जाने से पहले मर जाना पसन्द करती थीं। एक औरत ने खुद को मार लिया और यह प्रण लिया कि वह अपने बलात्कारी से बदला लेने के लिए पुनर्जन्म लेगी—

'वेदवती ने उस समय ब्रह्मचर्य का व्रत लिया हुआ था जब राक्षसराज रावण उसकी झोपड़ी में आया और उसने उसके साथ बलात्कार करने की कोशिश की। खुद को बचाने के लिए वेदवती हवनकुंड में कूद गयी और खुद को जलाकर मार लिया। नौ महीने के बाद रावण की पत्नी मंदोदरी ने एक लड़की को जन्म दिया, ज्योतिषियों ने यह बताया कि वह वेदवती का पुनर्जन्म था। ''ऐसे बच्चे को मार दो जो कि तुमको मार डालेगा।'' उन्होंने कहा। इसलिए रावण ने उस बच्ची को समुद्र में फेंक दिया। समुद्र की देवी ने उसे बचाकर भूदेवी को दे दिया। जिसने उसको मिथिला के राजा जनक को दे दिया। उस बच्ची का नाम सीता रखा गया। वह रावण की मौत का कारण बनी।' (रामायण, देवी भागवत)

जिन पत्नियों की इच्छा के विरुद्ध उनसे सम्बन्ध बनाया जाता था, वे अपने पतियों को छोड़ सकती थीं—

'दीर्घतमस जानवरों के आचरण का अनुसरण करता था और मुक्त सम्बन्ध बनाने में विश्वास रखता था। उसने अपनी भाभी के साथ शारीरिक सम्बन्ध बनाना चाहा लेकिन उसने उसे भगा दिया। उसने अपनी पत्नी प्रद्वेशी से यह चाह की कि वह वेश्यावृत्ति करे ताकि वह अपना गुज़ारा चला सके। उसके चाल-चलन से परेशान होकर प्रद्वेशी और उसके बेटे गौतम ने उसको नदी में फेंक दिया। अगर उसने एक बहते हुए पेड़ को नहीं थाम लिया होता तो वह निश्चित रूप से मर गया होता।' (महाभारत)

जब कोई राजा बलात्कार करता था तो न केवल उसे बल्कि उसके पूरे राज्य को सज़ा का भागी बनना पड़ता था, क्योंकि राजा को अपने क्षेत्र के नैतिक आधार तैयार करने का भी ज़िम्मेदार माना जाता था—

'राजा दंड एक समृद्ध राज्य का राजा था। यह राज्य भारत के उत्तर और दक्षिणी पठार के बीच अवस्थित था। एक दिन जब वह शिकार करने गया हुआ था, तब उसकी नज़र एक सुन्दरी अरा पर पड़ी जो कि अपने पिता की झोपड़ी में अकेली थी। कामान्ध होकर दंड ने उसे पकड़ लिया और उसके साथ ज़बर्दस्ती की। अपने इस अपमान का बदला लेने के लिए अरा ने तपस्या करनी शुरू की और तब तक वह तपस्या में बैठी रही जब तक कि देवों के देव इन्द्र ने दंड के राज्य पर अग्नि-वर्षा नहीं कर दी।' (रामायण)

जब इन्द्र ने दंड के राज्य का विनाश कर दिया तब वह दंडका के घने जंगल में बदल गया, जहाँ चिड़िया और जानवर भी जाते हुए डरने लगे।

कोख में मृत्यु

प्रकृति बलात्कार को नहीं पहचान पाती। पूर्वज उस कोख को लेकर अधीर नहीं रहते जिसमें बच्चा पलता है। जब कोई बीज उर्वर कोख में पड़ता है तब बच्चा पेट में आ जाता है। चाहे वह बीज पति का हो, प्रेमी का, बलात्कारी का या भाई का, इससे कोई फर्क नहीं पड़ता—

'मासिक धर्म के बाद याज्ञवल्क्य की विधवा बहन कंसारी ने अपने गुप्तांग को कपड़े के एक टुकड़े से ढँक लिया, जिसके बारे में उसे ज्ञात नहीं था कि उसमें उसके भाई का वीर्य लगा हुआ था।

जब वह गर्भवती हो गयी तो उसे शर्म आयी। गर्भवती होने का कारण उसे ज्ञात नहीं था। उसने अपने बच्चे को पीपल के एक पेड़ के नीचे छोड़ दिया, इसलिए बच्चे को पिप्पलादा के नाम से जाना गया। याज्ञवल्क्य ने अपनी शक्ति से यह जान लिया कि क्या हुआ था और उसने अपनी बहन को सांत्वना देते हुए कहा कि यह उसकी गलती नहीं थी।' (स्कन्द पुराण)

देवता इस बात को लेकर निश्चिंत रहते थे कि जीवन-चक्र चलता रहे, इसलिए वे किसी औरत को यह शक्ति नहीं देते थे कि वह किसी अवांछित बीज को खारिज कर दे। चाहे उसका बलात्कार किया गया हो, और उससे उसे गर्भ ठहर गया हो। बलात्कार की पीड़ित केवल गर्भ गिराने की कोशिश कर सकती थी—

'यादव वंश के उग्रसेन मथुरा के शासक थे। उनकी पत्नी पद्मावती से दानव गोभिला ने बलात्कार किया। जब उसे यह पता चला कि वह गर्भवती है तो उसने अपने गर्भ को गिराने की कोशिश की, लेकिन उसकी सभी कोशिशें बेकार रहीं। निराशा में, वह गर्भ को धारण किये रही और अपने बलात्कारी के बीज से बच्चे को जन्म दिया। उस नवजात का नाम उसने कंस रखा और उसे यह अभिशाप दिया कि वह उसके पति के पूर्वजों के हाथों मारा जायेगा।' (पद्म पुराण)

कोई स्त्री हो सकता है कि अनचाहे गर्भ से मुक्ति पाना चाहती हो लेकिन ईश्वर उसकी इच्छा को पूर्ण नहीं करते थे। उसे बलात्कारी से भी अधिक कीमत चुकानी पड़ सकती थी—

'ममता जो कि उतथ्य की पत्नी थी, अपने बहनोई बृहस्पति से गर्भवती हो गयी, जिसने उसका बलात्कार किया था। ममता ने बृहस्पति के बीज को नकार दिया और अपने गर्भ में अपने पति के बीज को रखने को ही प्राथमिकता दी। बृहस्पति ने नकारे गये बीज की ज़िम्मेदारी लेने से मना कर दिया। देवताओं ने उस परित्यक्त बीज की देखभाल की और ममता को यह शाप दिया कि उसकी गर्भ में जो बच्चा पल रहा है वह अन्धा पैदा हो।' (महाभारत)

अजन्मे बच्चे को मारने की कोशिश को बलात्कार से भी बड़ा पाप माना जाता था। क्योंकि उसे जीवन-चक्र के विरुद्ध माना जाता था। जबकि दूसरा वैसे तो निन्दनीय था लेकिन वह जीवन-चक्र के समर्थन में था। कोई आदमी जो गर्भ को गिराने की कोशिश करता था उसे शाप लगता था—

'वानरराज वाली को यह खतरा महसूस हुआ कि उसकी अक्षत अनजानी जो कि केसरी की पत्नी थी हनुमान से गर्भवती हो गयी थी, जो कि एक

दैवी वानर था और जिसको बिजली की ताकत मिली हुई थी। अपनी गद्दी को बचाये रखने के लिए उसने एक आग्न्यास्त्र बनाया जिसमें पाँच धातुएँ थीं और उसे अनजानी के गर्भ में दाग दिया। जब वह अस्त्र गर्भ के भीतर पल रहे बच्चे के सम्पर्क में आया तो वह आग्न्यास्त्र हनुमान के कुंडल में बदल गया। चूँकि वाली ने आरक्षित गर्भ को नुकसान पहुँचाने की कोशिश की थी इसलिए वाली को यह शाप मिला कि वह मृत्यु के समय बिलकुल असहाय हो जायेगा। वाली को धोखे से उस समय बाण से मार गिराया गया जब वह अपनी गद्दी के एक दावेदार से निपटने में लगा हुआ था।' (कम्ब रामायण, उड़ीसा की लोककथा)

यहाँ तक कि देवताओं के राजा इन्द्र को भी गर्भ गिराने के पाप से मुक्ति के लिए तपस्या करनी पड़ी थी—

'जब इन्द्र को यह पता चला कि दिति के गर्भ में एक बच्चा है जो बड़ा होकर उससे अधिक ताकतवर हो जायेगा तो उसने बिजली छोड़ी और उस बच्चे को 49 टुकड़ों में काट दिया। उस अजन्मे बच्चे की चीख पूरे ब्रह्मांड में सुनाई दी। वे 49 टुकड़े अंधड़ देवताओं में बदल गये। इस जघन्य अपराध के लिए इन्द्र को अपने स्वर्गिक ताज से हाथ धोना पड़ा। गर्भपात के इस पाप से मुक्ति पाने के लिए उसे एक हज़ार सालों तक तपस्या करनी पड़ी। अंधड़ देवताओं को शिव ने अपना लिया और आखिरकार उनको इन्द्र के सहयोगियों के रूप में मान्यता मिल गयी।' (ऋग्वेद, विष्णु पुराण)

'महाभारत' में अश्वत्थामा नामक एक चरित्र है जिसे अनन्तकाल तक पीड़ित होने का अभिशाप मिला हुआ है, इस पाप के लिए कि उसने गर्भपात करवाने का पाप करने की कोशिश की थी।

'पांडवों ने युद्ध में कौरवों को हरा दिया था। इस हार को स्वीकार न कर पाने के कारण एक कौरव योद्धा अश्वत्थामा ने यह फैसला किया कि वह छिपकर सभी पांडवों को मार देगा। वह आधी रात में उनके शिविर में घुसा और उसने पाँच योद्धाओं को पाँच पांडव समझ कर मार गिराया। वे द्रौपदी के पाँच पुत्र निकले। द्रौपदी को जब इस हत्या के बारे में पता चला तो उस दुःख में उसने यह माँग की कि अश्वत्थामा को मार दिया जाना चाहिए। भागने

की कोशिश करते हुए अश्वत्थामा ने एक तीर उत्तरा की कोख पर चलाया। उत्तरा पांडवों की बहू थी। उसकी कोख में पांडवों के आख़िरी उत्तराधिकारी थे। वह अजन्मा बच्चा निश्चित रूप से मर गया होता अगर कृष्ण ने अपनी जादुई शक्तियों का प्रयोग नहीं किया होता और उस तीर को रोक नहीं लिया होता। गर्भ में पल रहे बच्चे को नुकसान पहुँचाने की कोशिश करने के कारण कृष्ण ने अश्वत्थामा को यह शाप दिया कि युद्ध के उसके घाव कभी नहीं भरेंगे। किसी दवा का उसके ऊपर कोई असर नहीं होगा और उसके दर्द को कम करने के लिए मौत भी नहीं आयेगी।' (महाभारत)

अश्वत्थामा की जो पीड़ा है वह कभी भी खत्म न होने वाली पीड़ा का एक रूपक है—एक ऐसे आदमी के भाग्य के रूप में, जो जीवन-चक्र को रोकने की कोशिश करता है।

स्त्री वध

किसी स्त्री की हत्या को गर्भपात जैसा ही पाप माना गया क्योंकि ऐसा माना जाता था कि वह उन सभी बच्चों को मार डालने के समान था जो कि वह गर्भ में धारण कर सकती थी। प्राचीन भारत में योद्धाओं के लिए यह आचार था जो उनको महिलाओं के खिलाफ़ हथियार उठाने से रोकता था—

'कुरुक्षेत्र के युद्ध में पांडवों के लिए यह असम्भव हो गया कि वे भीष्म को हरा सकें, जो कि कौरवों के सेनापति थे। इसलिए उन्होंने छल करने का निश्चय किया। यह निश्चित था कि जब तक भीष्म के हाथ में हथियार रहता तब तक उनको हराया नहीं जा सकता था। लेकिन यह बात भी सभी जानते थे कि वे कभी किसी महिला के ऊपर हथियार नहीं उठायेंगे। इसलिए योद्धा अर्जुन ने युद्ध के मैदान में अपने इन्सानी कवच के रूप में शिखंडी को उतार दिया। शिखंडी एक औरत के रूप में पैदा हुई थी लेकिन बाद में यक्षों के जादू से उसने पुरुष का शरीर पा लिया था। जब भीष्म ने शिखंडी को देखा तो उन्होंने अपने हथियार झुका लिये, उसके खिलाफ़ लड़ने से इनकार कर दिया जो मूल रूप से स्त्री थी। इस हालात का फ़ायदा उठाते हुए अर्जुन ने

भीष्म के ऊपर बाणों की वर्षा करके उनको गिरा दिया।'

यहाँ तक कि ब्रह्मांड के अभिभावक विष्णु एक स्त्री को मारने के परिणाम से बच नहीं पाये—

'एक बार जब उनके गुरु काव्य बाहर गये हुए थे तब असुरों ने काव्य की माँ पुलोमी के घर में शरण ली। जब उनके सनातन शत्रु देवों ने पुलोमी के घर के ऊपर हमले शुरू किये, तो पुलोमी ने यह निश्चय किया कि एक जादू के उपयोग से देवताओं को सुला दिया जाये। लेकिन उसने मन्त्र पढ़ना शुरू ही किया था कि विष्णु ने अपने सुदर्शन चक्र का इस्तेमाल किया और उसका गला काट दिया। एक स्त्री को मारने के लिए विष्णु को यह शाप मिला कि वे धरती पर सात बार पैदा होंगे और हर बार उनको किसी मनुष्य से मौत का डर सताएगा।' (मत्स्य पुराण)

लोगों का बचे रहना इस बात पर निर्भर करता है कि स्त्रियों की संख्या कितनी है न कि पुरुषों की संख्या से उसका निर्धारण होता है। अगर किसी ऐसे कबीले में महामारी फैल गयी, जिसमें दस पुरुष और दस स्त्रियाँ हैं तो वहाँ फिर से आबादी बढ़ने की सम्भावना तब अधिक होती थी अगर महामारी में नौ पुरुष मर जायें, नौ स्त्रियों के मर जाने पर यह सम्भावना कम हो जाती थी। शायद यही कारण था कि महिलाओं को हथियार उठाने और युद्ध में जाने की मनाही थी। स्त्रियों के बचने से पूरा कुनबा बच जाता है। उनकी कोख में जाति की उत्तरजीविता के बीज छिपे होते हैं—

'योद्धा जाति क्षत्रियों को ईश्वर ने सैन्य ताकत इस उद्देश्य से दी थी ताकि वे धरती बचा सकें। सत्ता के मद में आकर योद्धाओं ने अपने हथियारों का उपयोग समाज पर प्रभुत्व जताने के लिए करना शुरू किया। एक बार उन्होंने ऋषि जमदग्नि के आश्रम के ऊपर हमला किया, उनकी गायों को चुराने के लिए। जब जमदग्नि ने उनको रोकने की कोशिश की तो उन्होंने उनको मार डाला। ऋषि के अन्तिम संस्कार में उनके पुत्र परशुराम ने अपनी माँ रेणुका को देखा, जिन्होंने दुःख के मारे अपनी छाती पर 21 बार प्रहार किया। यह देखकर गुस्से में परशुराम ने अपनी कुल्हाड़ी उठा ली और यह प्रण किया कि वे 21 बार क्षत्रियों के ऊपर आक्रमण करेंगे और पृथ्वी से उस योद्धा जाति के

अस्तित्व को मिटाकर रख देंगे। परशुराम अपने इस अभियान में सफल रहे और क्षत्रियों के खून से उन्होंने दस तालाब भर दिये। इस बात को जानते हुए कि परशुराम कभी किसी स्त्री का कोई नुकसान नहीं करेंगे, वालिका नामक एक योद्धा अपने पिता के महल में महिलाओं के साथ जाकर छिप गया। उसे नारी कवच के नाम से जाना गया। बाद में उसने सभी क्षत्रिय विधवाओं को गर्भवती बनाया और अपनी जनसंख्या में वृद्धि की। इस तरह भविष्य के सारे योद्धा एक ही पुरुष से निकले।' (महाभारत)

किसी स्त्री को नुकसान पहुँचाने का मतलब उसको नुकसान पहुँचाना है जो जीवन को पालने वाला हो, इसलिए पाप है। इसी तर्क से धरती को नुकसान पहुँचाना भी भारत में पाप माना जाता है। धार्मिक हिन्दू कथाओं में धरती को एक पवित्र गाय के रूप में देखा गया है जो पौधों और जानवरों को पालती है—

'एक बार धरती की देवी भूदेवी सभी जीवों की असहिष्णुता से बहुत नाराज़ हो गयीं और उन्होंने पेड़ों में बीज देने तथा फल देने से मना कर दिया। जिसके कारण अकाल पड़ा और तबाही मच गयी। भूख से बिलखते बच्चों के विलाप को सुनकर विष्णु ने सार्वभौम पृथु का रूप लिया और भूदेवी को इस बात की धमकी दी कि उनको इसके परिणाम भुगतने होंगे अगर उन्होंने अपने लोगों का पेट नहीं भरा। उस धमकी से बिना घबराये भूदेवी ने गाय का रूप लिया और भाग गयीं। पृथु अपने रथ पर सवार होकर उनके पीछे भागा। जब वह उसे पकड़ने में सफल हो गये तो उन्होंने अपना धनुष उठाया और उसे मार गिराने की धमकी दी। ''अगर आपने मुझे मार दिया तो मैं मर जाऊँगी और केवल मैं ही यहाँ के लोगों का पालन-पोषण कर सकती हूँ'', उस पृथ्वी-गाय ने कहा। पृथु ने अपने धनुष को झुका दिया और उस पृथ्वी-गाय से बात करने लगे। वह आखिरकार इस बात पर तैयार हो गयी कि पृथु उसे दुराचार से बचायेंगे। पृथु ने कसम ली कि उनकी प्रजा भी कभी पृथ्वी के साथ बुरा व्यवहार नहीं करेगी। अगर उन्होंने ऐसा किया तो उनको विष्णु के गुस्से का सामना करना पड़ेगा। इस प्रकार, विष्णु पृथ्वी-गाय के अभिभावक बन गये। जब पृथ्वी-गाय को महत्त्वाकांक्षा सताने लगी और लालच के मारे

 भारत में देवी

उसकी आँखों में आँसू आने लगे तो पृथ्वी-गाय ने अपने अभिभावक विष्णु से यह शिकायत की और वे धरती पर आये और उन्होंने सभी महत्त्वाकांक्षी और लालची लोगों का दुनिया से नाश कर दिया।' (भागवत पुराण)

पृथु ने मितव्ययिता का सिद्धान्त चलाया और पुरुषों को यह सिखाया कि वे किस प्रकार से धरती के संसाधनों का उपयोग इस तरह से करें कि उसका किसी तरह का नुकसान न हो। उन्होंने सभी से यह आह्वान किया कि वे पृथ्वी गाय को प्यार करें और उसकी रक्षा करें।

उसका ध्यान रखने से वह अनन्तकाल तक भोजन के लिए दूध और जलावन के लिए गोबर देती रह सकती है। उसके संसाधनों का बेपरवाही से इस्तेमाल करना वैसा ही है जैसे उसका मांस काटा जाये और उसका खून पिया जाये और इससे आगे चलकर किसी को भी फ़ायदा नहीं होने वाला है। इस बात का खयाल रखने के लिए पवित्र हिन्दू आचार में गाय की पूजा करने के लिए कहा गया है और गोमांस खाने से मना किया गया है। इस बात की तरफ़ ध्यान देना दिलचस्प है कि हिन्दू धर्म ग्रन्थों में धरती को एक जीवित इकाई के रूप में देखा गया है, उससे बहुत पहले से जब वैज्ञानिकों और पर्यावरणविदों ने 20वीं शताब्दी में ग्रीक मिथक गैया के सिद्धान्त का प्रचार किया।

पुरुष और स्त्री का मेल

हिन्दू विवाह संस्कार में एक पुरुष और स्त्री तब पति एवं पत्नी हो जाते हैं जब वे अपने रिश्तेदारों एवं पवित्र अग्नि के समक्ष सात फेरे ले लेते हैं। हर कदम सात सांसारिक चीज़ों का प्रतिनिधित्व करता है, जो साथ जोड़ता है—भोजन, शक्ति, सम्पत्ति, आनन्द, सन्तति, पशु और मित्रता। उनके कपड़ों के सिरों में गाँठ लगा दी जाती है, वर इन शब्दों के साथ वधू के हाथ थामता है, ''मैं तुम्हारा हाथ थामता हूँ कि मेरा भाग्य हो; मैं आत्मा हूँ, तुम बाकी सब हो; मैं शब्द हूँ, तुम संगीत; मैं बीज हूँ, तुम खेत हो; मैं आकाश हूँ, तुम पृथ्वी।''

प्राचीन हिन्दू पंडितों ने स्त्री-पुरुष के काम को एक संस्कार में बदल

दिया जिसको गर्भाधान संस्कार कहा जाता है। इस मिलन को पवित्र माना जाता है क्योंकि यह मृत्यु लोक से जीवित लोक को अपने पूर्वजों के संस्कारों के पुन: प्रवेश के माध्यम से जोड़ता है। यह क्रिया आत्मा को पदार्थ से जोड़ती है। काम से जीवन-चक्र चलाने में मदद मिलती है। यह संस्कार अब पुराना पड़ चुका है कि पत्नी को उर्वर दिनों में आमन्त्रण दिया जाता है—'दिमाग से खुश होकर इस बिस्तर पर लेट जाओ; मेरे लिए बच्चे पैदा करो, तुम्हारा पति।' उसके अन्दर प्रवेश करने से पहले उसने उसकी नाभि को छुआ और पवित्रमन्त्रों का पाठ किया, 'विष्णु को तुम्हारी कोख तैयार करने दो; त्वस्तर को अपने रूप को गढ़ने दो; प्रजापति को उड़ेलने दो; धतर को भ्रूण रखने दो, हे सरस्वती; अश्विन कुमारों को नील कमल अपने स्थानों पर रखने दो।' अपना वीर्य गिराने के बाद अपने दायें कन्धे के बल पर झुकते हुए उसने अपने हाथ उसके वक्ष के बीच रख दिये और कहा, ''तुम जिसके बाल बीच से काढ़े हुए हैं—मुझे पता है कि तुम्हारे दिल में चाँद रहता है। उसे मुझे भी जानने दो। हम सौ वसन्त साथ-साथ देखें।''

काम-क्रीड़ा को इतना पवित्र माना जाता है कि उसमें किसी तरह की बाधा के बुरे परिणाम भुगतने होते हैं—

'काम का आनन्द खुले में लेना, बिना किसी झिझक के, ऋषि किंदामा और उनकी पत्नी ने ही हिरन और हिरनी का रूप ले लिया। जब वे उसके ऊपर चढ़ रहे थे तब कुरुराज पांडु ने एक तीर चलाया जो दोनों के दिल के पार चला गया। मरने से ठीक पहले किंदामा ने पांडु को यह शाप दिया कि ''अगर तुमने किसी स्त्री को काम भाव से छुआ तो तुम्हारी मौत हो जायेगी।'' पांडु को यह बात समझ में आयी कि इस शाप का क्या मतलब था—वे कभी भी पिता नहीं बन पायेंगे। निराशा में, उन्होंने यह तय किया कि वे अपना राजपाट छोड़कर साधू की तरह जंगल में रहेंगे।' (महाभारत)

नीचे एक छोटी-सी कहानी दी गयी है जिसके मुताबिक समुद्र भी इसलिए खारा है ताकि बच्चों को इस बात की याद रहे कि जब उनके माता-पिता काम क्रीड़ा में रत हों तो उसमें बाधा नहीं डालनी चाहिए—

'विराज से कृष्ण के सात लड़के हुए। एक बार वह उनके साथ जंगल

के एकान्त में संसर्ग कर रही थीं। जब वह चरम प्रेम के चरम क्षणों में थीं, तब उनका छोटा बेटा आ गया और उसने शिकायत की कि उसका बड़ा भाई उसे परेशान कर रहा है। कृष्ण ने विराज को जाने दिया, प्यार से उस बच्चे को उठाया अपनी गोद में बिठाया और उसके आँसू पोंछ दिये। उस अनचाही बाधा के कारण जिसकी वजह से उनके आनन्द में बाधा आयी थी, विराज ने अपने बेटे को शाप दिया कि वह समुद्र में बदल जाये जिसके खारे पानी से कभी किसी की प्यास न बुझे।' (ब्रह्मवैवर्त पुराण)

स्त्री-पुरुष का आलिंगनबद्ध दृश्य हिन्दू मन्दिरों का ज़रूरी हिस्सा है, क्योंकि वे सांसारिक प्यार की पुष्टि करते हैं। वैष्णव, यह मानते हैं कि जीवन चक्र हमेशा चलता रहता है, क्योंकि कृष्ण के रूप में विष्णु स्वर्ग के उपवन में अपनी सहचरी राधा के साथ अनन्तकाल तक देखे जा सकते हैं। शैवों के अनुसार, यह ब्रह्मांड इसीलिए है क्योंकि शिव और उनकी सहचरी सम्भोगरत हैं। शाक्त, जो कि मातृ देवी के उपासक हैं, सभी जीवों को इस बात की चेतावनी देते हैं कि वे देवी को उस समय बाधा न पहुँचायें जब वह अपने स्वामी के साथ दिखायी दें—

'एक बार जब शिव देवी के साथ देखे गये तब ऋषियों का एक समूह गुफ़ा में आया। शर्माते हुए देव ने अपनी नग्नता को ढँक लिया। उनको खुश करने के लिए एक कुंज में लेकर गये और यह घोषणा कर दी कि उस पवित्र कुंज में जो भी घुसेगा वह स्त्री बन जायेगा।

इस घोषणा से अनजान इला घोड़े पर सवार होकर उस कुंज में घुसा तो उसने पाया कि उसका शरीर स्त्री के शरीर में बदल गया था और उसके घोड़े का शरीर घोड़ी में।' (भविष्य पुराण)

आम मान्यता यह है कि केवल स्वर्गिक देवता ही सन्तानहीन होते हैं। कई कहानियों में यह कहा गया है कि ऐसा इस वजह से है क्योंकि उन्होंने अमृत पी लिया था इसलिए उनको सन्तति की कोई ज़रूरत नहीं है। दूसरी कहानियों में यह कहा गया है कि देवताओं को सन्तानहीन रहने का शाप मिला था, क्योंकि उन्होंने देवियों के सम्भोग में बाधा डाली थी।

स्त्री का प्रेम-आकर्षण

सम्भोग में स्त्री की भूमिका को ग्रहण करने वाले के रूप में देखा जाता है। उसको वैदिक यज्ञ के हवन कुंड की तरह देखा जाता है, जो निष्क्रिय रूप से यज्ञकर्ता के दान का इन्तज़ार करती रहती है। 'बृहदारण्यक' उपनिषद में यह कहा गया है, 'स्त्री आग है—शिश्न उसका ईंधन है; बाल उसका धुआँ है; जब पुरुष उसके भीतर प्रवेश करता है तब वह उसका कोयला है; उसकी उत्तेजना उसका स्फुलिंग है। इसी आग में ईश्वर वीर्य देते हैं; इस यज्ञ से पुरुष अस्तित्व में आता है।' यज्ञ वैदिक महोत्सव हैं जो कि काम की ही तरह जीवन-चक्र को बनाये रखते हैं। यज्ञ के दौरान, जो पुजारी होते हैं वे इसलिए आचमन करते हैं ताकि दानवों के खिलाफ़ लड़ाई में देवता ताकतवर बनें। लेकिन ईश्वर यज्ञ में आहुति तभी स्वीकार करते हैं जब वे विशेष रूप से बनाये गये कुंड में धधकती अग्नि में डाली जायें। काम की क्रिया में स्त्री कुंड होती है जबकि पुरुष पुजारी। जब तक कुंड आहुति लेने के लिए तैयार नहीं होता है तब तक काम की क्रिया रूपी यज्ञ से कोई फल नहीं मिलता। कोख को पका हुआ होना चाहिए तथा शरीर को सुन्दर।

हिन्दू संहिता जिसको धर्मशास्त्र कहा जाता है उसमें हिन्दू स्त्रियों से यह आह्वान किया गया है कि उर्वर दिनों के दौरान उनको खुद को फूलों, गहनों आदि से सजा कर रखना चाहिए और खुद को उन फूलों की तरह चमकदार और खुशबूदार बनाकर रखना चाहिए जो कि मधुमक्खियों को आकर्षित करती हैं। इस प्रकार शृंगार स्त्रियों का महज़ शौक ही नहीं है बल्कि एक पवित्र कर्तव्य है। यह स्त्री के शरीर को पवित्र बनाता है, किसी भी हालत में उसको अपने शरीर को बिना शृंगार के नहीं रखना चाहिए—

'सौतेली माँ के कुचक्र के कारण मजबूर होकर अयोध्या के राजकुमार राम को अपने पिता के राज्य को छोड़कर जंगलों में संन्यासियों की तरह 14 सालों तक रहना पड़ा। सीता, जो उनकी कर्तव्यनिष्ठ पत्नी थीं, और शादी के बन्धन के कारण अपने पति के दुर्भाग्य की भागी बन गयी थीं, वह भी उनके साथ जंगल चली गयीं। हालाँकि, जब उन्होंने अपने राजसी वस्त्र उतार कर

सादे वस्त्र पहनने की शुरुआत की ताकि वह संन्यासी की पत्नी की तरह लगें, तब राजघराने की महिलाओं ने उनको रोका। ''यह अच्छा नहीं माना जाता है कि कोई विवाहिता महिला उन आभूषणों को उतारे जो कि उसकी देह पर सुशोभित होते हैं,'' उन्होंने कहा। ''अगर हालात के कारण उसके पति को मजबूर होकर संन्यासी की तरह से रहना पड़ जाये तो भी आपको फूल, गहनों, आभूषणों और चमकीले वस्त्र पहनकर रहना चाहिए।'' जब सीता अपने पति के साथ जंगल में गयीं तब भी उनको बहुत सारे कपड़े और पर्याप्त आभूषण दिये गये जो कि उनके वनवास के काल तक के लिए पर्याप्त हों। जब वह जंगल में ही थीं तब वह ऋषि अत्रि की पत्नी अनुसुइया से मिलीं, उन्होंने भी उनको यही सलाह दी। ऋषि की पत्नी ने उनको जादुई कपड़े भी दिये जो कि पहनने पर कभी खराब नहीं होते थे।' (रामायण)

हिन्दू महिलाओं के सोलह श्रृंगार माने जाते हैं जो कि उसके पति को उत्तेजित कर सकें—कानों की बाली, नाक में बाली, बिछुआ, अँगूठी, कंगन, बाजूबन्द, कमरबन्द, गलहार, बालों में लगाया जाने वाला काँटा, इत्र, काजल, लाल साड़ी, माथे पर सिन्दूर का निशान, मुँह में सुगन्धित सुपारी, जो कि होंठों को लाल रंग से रंजित कर दे। ये सभी सुहागन के प्रतीक हैं, ऐसी स्त्री जो कि विधवा न हुई हो। ये उपहार सौन्दर्य लक्ष्मी की तरफ़ से दिये गये, सुन्दरता की देवी की तरफ़ से—

'कोई भी रति से विवाह नहीं करना चाहता था, जो कि ब्रह्मा की बेटी थी, क्योंकि वह कुरूप थी। इसलिए रति ने देवी लक्ष्मी का आह्वान किया, जो कि प्राकृतिक सुन्दरता का मूर्त रूप थीं। देवी ने उनको सोलह श्रृंगार दिया। ''इन चिह्नों के साथ कोई भी स्त्री पुरुषों को आकर्षक लगेगी।'' जब रति ने सोलह श्रृंगार किये, वह इतनी सुन्दर लगने लगी कि कामदेव को उनसे प्यार हो गया और उसको उन्होंने अपनी सहचरी बना लिया।' (उड़ीसा की लोककथा)

यहाँ तक कि एक गरीब की स्त्री से भी यह उम्मीद की जाती थी कि उसके पास जो भी साधन हों उनके आधार पर वह सुन्दर दिखायी दे—

'पर्वत राजकुमारी पार्वती ने पर्वत के संन्यासी शिव के साथ विवाह अपनी इच्छा से किया। वह बिना किसी शिकायत के उनकी तरह संन्यासियों

सा जीवन जीती रहीं। एक दिन, हालाँकि, जब उन्होंने देखा कि बहुत सारी देवियों का एक समूह है जिन्होंने बहुत सुन्दर आभूषण पहन रखे थे तो वह अपने साधारण वस्त्रों के कारण बहुत सजग हो गयीं। शिव को अपनी शक्तियों से उनके दुःख का पता चल गया और उन्होंने रुद्राक्ष के पेड़ उगा दिये। ''इस पौधे के बीजों का उपयोग मनकों की तरह करके ऐसे आभूषण बनायें जो कि एक संन्यासी की पत्नी के उपयुक्त हों,'' उन्होंने कहा। इससे पार्वती बहुत खुश हो गयीं। शिव के उपासकों के लिए रुद्राक्ष के दानों से बनी माला रत्नों से अधिक मूल्यवान होती है।' (बंगाल की लोककथा)

किसी स्त्री के लिए सबसे अच्छा पुरस्कार सुन्दरता होती है। नीचे की कहानी में यही दिखाया गया है कि वह इसका इस्तेमाल करके अनेक ऋषियों का दिल जीत सकती थी या शक्तिशाली राजाओं से विवाह कर सकती थी—

'मत्स्य एक मछुआरे की सौतेली बेटी थी। उसे कई बार गन्धवती कहकर भी बुलाया जाता है क्योंकि लगातार मछलियों से उसका जुड़ाव होने के कारण उसके शरीर से मछलियों जैसी गन्ध आती थी। गन्धवती यात्रियों को इस उम्मीद में नदी पार करवाया करती थी कि कहीं कोई अच्छा पति मिल जाये। एक दिन, ऋषि पराशर ने यह आग्रह किया कि वह उसे नदी के उस पार छोड़ दे। बीच धारा में, उन्होंने उसके साथ सम्भोग करने की इच्छा जतायी। गन्धवती इस डर से कि कहीं मना करने पर शाप का भागी न बनना पड़े, तैयार हो गयी। ऋषि ने कोहरे की एक चादर टाँग दी और उस डरी हुई स्त्री के साथ सम्भोग किया, वह भी नदी के बीच में एक टापू पर। पराशर की ऐसी शक्ति थी कि तत्काल रूप से एक बच्चा पैदा हुआ और गन्धवती का कौमार्य वापस बन गया। ऋषि ने गन्धवती को यह वरदान दिया कि उसके शरीर से मछली की जो गन्ध आ रही थी वह मादक गन्ध में बदल जाये। हस्तिनापुर का राजा शान्तनु इससे इतना अधिक उत्तेजित हो गया कि वह उस मछुआरिन को अपनी रानी बनाने के लिए तैयार हो गया।' (महाभारत)

स्त्री का सौन्दर्य पुरुषों के सौन्दर्य को जगा देता है। स्त्री का सौन्दर्य और पुरुष का उत्तेजित होना गर्भधारण के लिए महत्त्वपूर्ण होते हैं। अगर कोई स्त्री कुरूप हो, जैसी कि अगली कहानी की अपाला थी, उसने देवताओं से

इस बात के लिए विनती की कि वे स्त्री के अपने कर्तव्यों को पूरा कर पाने में उसकी मदद करें—

'अपाला के पति ने उसे छूने से इनकार कर दिया क्योंकि उसको त्वचा रोग था। परेशान होकर अपाला देवताओं के पास गयी। लेकिन उसकी प्रार्थना किसी ने भी नहीं सुनी। अचानक उसने सोम के पौधे की टहनी चबा ली जो कि देवताओं को बहुत प्रिय थी। तत्काल देवताओं के राजा इन्द्र उसके सामने प्रकट हुए। उन्होंने तीन बार उसे अपने रथ के पहिये के बीच से निकाला और उसकी त्वचा को छिल जाने दिया। पहली बार, जो चमड़ी छिली वह हाथी में बदल गयी। दूसरी एक घड़ियाल में और तीसरी बार जब उसकी त्वचा छिली तो वह गिरगिट में बदल गयी, अपनी त्वचा को तीन बार उतार देने के बाद अपाला की त्वचा मुलायम हो गयी और वह दमकने लगी। इन्द्र ने उसके बाद उसके साथ सम्भोग किया और उसकी उर्वरता को वापस किया। उसकी योनि पर रोयें आ गये और उसकी कोख हरी हो गयी।' (ऋग्वेद)

आगे जो कहानी दी गयी है वह मध्य भारत के आदिवासी कवियों ने सुनायी थी और इसमें कुरूप स्त्री के दु:ख का वर्णन किया गया है, जबकि इस बात को भी विस्तार से बताया गया है कि तम्बाकू चबाने से पुरुषों का कितना आकर्षण होता है—

'तम्बाकू कबीले के राजा की बेटी थी। वह इतनी कुरूप थी कि कोई भी आदमी उससे विवाह नहीं करना चाहता था। उसके पिता ने यह घोषणा की कि जो भी आदमी उसकी बेटी का हाथ लेना स्वीकार करेगा उसे वह अपनी सारी सम्पत्ति दे देगा। लेकिन धन के लोभ के बावजूद तम्बाकू को पति नहीं मिला। तम्बाकू अकेलेपन से मर गयी। देवताओं को यह लगा कि उसका कुरूप चेहरा उसकी नाखुशी का कारण था। इसलिए उन्होंने यह घोषणा की कि अगले जन्म में सभी पुरुष उसकी कामना करेंगे। इस कारण तम्बाकू अगले जन्म में खाने वाले तम्बाकू के रूप में पैदा हुई जिसके पत्ते किसी वीर पुरुष के मुँह से कभी नहीं निकलते हैं।' (मध्यप्रदेश की आदिवासी कथा)

स्त्री-पुरुष मिलन में किसी महिला का उत्तेजित होना मायने नहीं रखता था जितना कि एक पुरुष के उत्तेजित होने का महत्त्व था। उसके बिना भी

बच्चा पेट में आ सकता था। हालाँकि प्राचीन चिकित्सा शास्त्र के मुताबिक जब स्त्री उत्तेजित होती है तो बच्चा स्वस्थ पैदा होता है। अगर कोई नाखुश स्त्री बिस्तर में है तो वह केवल अस्वस्थ बच्चे को जन्म देगी—

'विचित्रवीर्य अपनी दो पत्नियों अम्बिका और अम्बालिका को गर्भवती करने से पहले मर गये। इसलिए उनकी माँ ऋषि व्यास के पास यह कहने के लिए गयीं कि वह उनकी दो बहुओं को गर्भवती कर दें। व्यास का शरीर तपस्या करने से कमज़ोर हो गया था, इसलिए उन्होंने समय से कहा कि वह उन स्त्रियों के कमरे में घुसने से पहले उनको सुन्दर बना दें। लेकिन सत्यवती अपने पोते-पोतियों के लिए अधीर हो रही थीं इसलिए उन्होंने व्यास को मजबूर कर दिया कि वे उस स्त्री के कमरे में जायें जो कि उर्वर दिनों के दौर से गुज़र रही थी। जब व्यास अम्बिका के पास गये तो डर के मारे उन्होंने आँखें बन्द कर लीं। जिसका नतीजा यह हुआ कि उन्होंने अन्धे पुत्र धृतराष्ट्र को जन्म दिया। जब व्यास अम्बालिका के पास गये तो वह उनके कृशकाय शरीर को देखकर पीली पड़ गयीं। जिसके कारण उनका बेटा पैदा हुआ जो पीला था, पांडु। जब अम्बिका के पास फिर से जाने का वक्त आया तो व्यास ने उसके बिस्तर पर नीची जाति की कामवाली को पाया और उसने बिना किसी भय के उनके साथ सम्भोग किया। उसने एक स्वस्थ बच्चे विदुर को जन्म दिया।' (महाभारत)

कोई महिला जो कि यह चाहती हो कि उसका बच्चा स्वस्थ और खुश हो तो वह अपने पति के साथ वैसी हालत में सम्भोग करने से मना कर सकती थी अगर उसके पास आने से पहले वह ठीक से तैयार न हुआ हो—

'लोपामुद्रा ने अपने सारे अच्छे कपड़े उतार दिये और छाल के बने कपड़े पहन कर अपने पति अगस्त्य की बगल में बैठकर तपस्या करने लगी। एक दिन, बच्चे की चाह में उन्होंने उसके साथ प्यार करने का फैसला किया। ''मैं आपके साथ तब तक संसर्ग नहीं करूँगी जब तक कि आप संन्यासियों के वस्त्रों में रहेंगे। मुझे और स्वयं को रेशम और सोने से सुसज्जित कीजिये तब मैं आपके पास आऊँगी।'' अपनी पत्नी की ख्वाहिश को पूरा करने के लिए अगस्त्य दुनिया भर में घूमे और अपनी पत्नी की इच्छा पूरी करने के लिए

उन्होंने पर्याप्त सम्पत्ति जमा की। जैसा कि वादा था, वह उनके पास दिल में प्यार और कमर में इच्छा लेकर गयी।'

अगर गुणवत्ता का महत्त्व नहीं होता, तो पुरुषों के तैयार होने और स्त्री के उत्तेजित होने को संयोग के लिए खास महत्त्व नहीं दिया जाता था।

उर्वर दिनों के दौरान अधिकार

जब पत्नी की कोख बीज लेने के लिए पक जाती थी तब पति उसके साथ सम्भोग करता था। माहवारी के दौरान खून का बहना मृत्यु का सूचक था, जो इस अक्षमता का भी सूचक था कि उस दौरान स्त्री-पुरुष सही समय में पास नहीं आ सकते थे और अपने किसी पूर्वज के पुनर्जन्म को सम्भव नहीं कर सकते थे। पुरुष और स्त्री दोनों को गर्भपात के पाप के लिए उत्तरदायी माना जाता है। संहिताओं में किसी ऐसी स्त्री को चंडाली कहा जाता है। जब स्त्री की माहवारी होती थी तो उससे यह उम्मीद की जाती थी कि वह अलग-थलग रहे। जब माहवारी रुक जाती थी तब उससे यह कहा जाता था कि खुद को सुन्दर बना ले और खुद को पुरुष के सामने पेश करे। अगर कोई पुरुष उर्वर दिनों में अपनी पत्नी को सन्तुष्ट न कर पाये, तो उसे अपनी पत्नी के लिए किसी और पुरुष का इन्तज़ाम करना पड़ता था। इस तरह के सम्बन्धों को अवैध माना जाता था क्योंकि इससे पूर्वजों का पुनर्जन्म होता था—

'ऋषि वेद एक बार अपने शिष्य उत्तंका को अपने आश्रम का ज़िम्मा सौंपकर तीर्थयात्रा पर चले गये। जब वे बाहर ही थे, वेद की पत्नी को माहवारी हो गयी। उसके अगले उर्वर दिनों में उसने उत्तंका को अपने बिस्तर पर बुलाया। ''चूँकि मेरे पति दूर हैं, मेरी कोख उर्वर हो चुकी है तो तुमको अपने मालिक के कर्तव्य को पूरा करना चाहिए,'' उसने बताया। बहुत असहजता के साथ उत्तंका ने वह किया जो कि किया जाना चाहिए था। जब वेद लौटे, तब उन्हें वह सब बताया गया जो कि हुआ था। उन्होंने उत्तंका से कहा कि उसने उचित ही किया और उसे आशीर्वाद भी दिया।' (महाभारत)

यह कहा जाता था कि कोई स्त्री अगर उर्वर दिनों में हो और बिस्तर पर अकेली हो तो इन्द्र की रसिक निगाहें उसके ऊपर पड़ जाती हैं। इसलिए पति माहवारी के दौरान अपने घर से दूर रहना चाहते थे और उनकी पत्नियाँ माहवारी के बाद रस्म के मुताबिक स्नान कर लेती थीं—'ऋषि देवाश्रम को तीर्थ पर जाना था और उनको अपनी सुन्दर पत्नी रुचि को झोपड़ी में छोड़कर जाना था। उन्होंने अपने शिष्य विपुल को ज़िम्मा सौंप दिया। इस बात से डरते हुए कि हो सकता है कि इन्द्र रुचि की भावनाओं को जगा सकता है। विपुल ने अपनी जादुई शक्तियों का प्रयोग किया और रुचि के शरीर में प्रवेश कर गया। अन्दर से, वह उसे इन्द्र की लोलुपता का जवाब देने से रोकता था। बाद में, विपुल इस बात से बहुत शर्मिंदा हुआ कि उसके अपने गुरु की पत्नी से इतने अन्तरंग सम्बन्ध बन गये। तब देवाश्रम ने उसे इस बात को लेकर आश्वस्त किया कि उसने कोई गलती नहीं की बल्कि उसका उद्देश्य सम्मानजनक था।' (महाभारत)

चूँकि उर्वरता के देवता इन्द्र ने स्त्रियों को इस बात के अधिकार दे रखे थे कि जब वे अपने उर्वर दिनों में हों तो वे चाहे किसी भी पुरुष से सम्पर्क कर सकती थीं। प्राचीनकाल से ही बहुत सारी स्त्रियों द्वारा इस बात का इस्तेमाल अपने हित में किया जाता था—

जब अर्जुन नदी में नहा रहा था तो एक नाग राजकुमारी उलूपी ने उसका अपहरण कर लिया और उससे यह माँग भी की कि वह उसको एक पुत्र दे दे। अर्जुन ने मना कर दिया। फिर उलूपी ने उसे इस बात की याद दिलायी कि यह किसी भी आदमी का कर्तव्य है कि वह किसी ऐसी स्त्री को बीज प्रदान करे जो कि उसकी माँग करे। अर्जुन तब तक उलूपी के साथ सम्पर्क में बने रहे जब तक कि उसने एक बेटे अरावन को जन्म न दे दिया।' (महाभारत)

जब अपने उर्वर दिनों में किसी महिला द्वारा शारीरिक सम्बन्ध बनाये जाने की माँग की जाये तो उसे पुरुष किसी भी हालत में मना नहीं कर सकता—

'दिति अपने पति ऋषि कश्यप से शाम को मिलने गयी जब वह रात की बुरी शक्तियों को भगाने के लिए अनुष्ठान में लगे हुए थे। जब उसने कहा कि वे आ जायें, तब उन्होंने कहा, "मैं आऊँगा। क्योंकि मुझे आना पड़ेगा।

लेकिन इससे जो बच्चा होगा उसके अन्दर आसुरी शक्तियाँ होंगी।'' इस तरह से दिति ने असुरों को जन्म दिया जो आदित्यों के अनन्तकाल के लिए दुश्मन बन गये।' (भागवत पुराण)

कुछ स्त्रियाँ इस शक्ति का उपयोग शक्तिशाली बच्चों को पैदा करने के लिए करती थीं—

'कैकेसी, जो कि राक्षस सुमेल की बेटी थी, चाहती थी कि उसे ऋषि वैश्रव, जो एक यक्ष स्त्री से सम्पत्ति के स्वामी शक्तिशाली कुबेर के पिता थे, से बेटा हो। जब उसकी माहवारी रुकी और उसकी कोख उपयुक्त हो गयी तब वह उनके आश्रम में गयी। ऋषि उसे अपनाने के लिए तैयार हो गये। इस बीच कैकेसी ने रावण को जन्म दिया जिसने आगे चलकर देवताओं के खिलाफ़ लड़ाई में राक्षसों का नेतृत्व किया था।' (रामायण)

अगर कोई पुरुष किसी स्त्री के साथ संसर्ग से मना कर देता था तो उसे उसकी भारी कीमत चुकानी पड़ती थी—'उर्वशी, जो स्वर्ग की अप्सरा थी, ने अर्जुन की इच्छा की। हालाँकि, अर्जुन ने उसे भाव देने से मना कर दिया, यह कहते हुए कि ''तुम्हें अपनाने से मुझे सहोदर से संसर्ग के पाप का भागी होना पड़ेगा। क्योंकि तुम कभी मेरे पूर्वज पुरुरुवा की पत्नी रह चुकी हो।'' ''धरती के नियम दैवी या जीवों के ऊपर लागू नहीं होते,'' उर्वशी ने कहा। लेकिन अर्जुन इस बात के लिए तैयार नहीं हुआ। इस बात से गुस्से में आकर उर्वशी ने अर्जुन को यह शाप दिया—''तुम अपना पुरुषत्व खो दोगे।'' इस तरह से अर्जुन उभयलिंगी बन गया। इन्द्र की कृपा से जो कि अर्जुन के पिता भी थे, के आशीर्वाद से यह शाप महज़ एक साल के लिए ही था।' (महाभारत)

केवल ईश्वर की अनुकम्पा ही किसी आदमी को किसी ऐसी स्त्री को ठुकराने के अपराध से बचा सकती थी जिसने कि उसे चाहा हो—

'देवल एक सुन्दर और बुद्धिमान ब्राह्मण था जो शास्त्रों का अच्छा ज्ञाता था। अप्सरा रम्भा प्यार में पड़ गयी लेकिन देवल ने ब्रह्मचर्य का व्रत ले रखा था इसलिए उसने मना कर दिया। उसके द्वारा ठुकराये जाने के कारण रम्भा ने उसे यह शाप दिया कि उसका शरीर आठ टुकड़ों में बँट जायेगा। उसके

बाद से देवल को अष्टावक्र के नाम से जाना गया। सालों बाद, कृष्ण उनके आश्रम में राधा के साथ गये। राधा उनकी कुरूपता को देखकर सदमे में आ गयीं। इसलिए कृष्ण ने देवल को छूकर उनके शरीर को सीधा कर दिया।'
(ब्रह्मवैवर्त पुराण)

ब्रह्मवैवर्त पुराण में अप्सरा मोहिनी यह कहती है कि कोई पुरुष अगर किसी कामासक्त स्त्री की इच्छा को पूरा करने से मना कर देता है, वह हिजड़ा होता है। चाहे कोई आदमी गृहस्थ हो, संन्यासी हो या प्रेमी हो उसे उस स्त्री को कभी न नहीं कहना चाहिए जो उससे सम्पर्क करे, इससे वह नरक का भागी बनेगा।

जीवन का रस

जब पति के साथ संसर्ग के बाद किसी स्त्री की माहवारी न हो तो यह इस बात का संकेत होता है कि एक नया जीवन रूपाकार ले चुका है। माहवारी के होने के बारे में यह माना जाता था कि सोचने वाले दिमाग और संवेदना को महसूस करने वाले शरीर के बीच सम्पर्क बनाये रखने की एक जादुई शक्ति थी। इसको यह माना जाता था कि यह रस का सबसे साकार रूप था। माहवारी का गहरा लाल रंग जीवन और उर्वरता का प्रतीक बन गया। विवाहित स्त्री जो होती हैं वे माथे पर लाल सिन्दूर लगाती हैं, लाल साड़ी पहनती हैं और पैरों में लाल रंग का आलता लगाती हैं। सिन्दूर सभी हिन्दू त्यौहारों में एक जरूरी हिस्सा होता है। यह उर्वरता को बढ़ाता है तथा भाग्य को लेकर आता है।

स्त्री की तरह, धरती उर्वरता का भण्डार है जो कि जीवन के निर्माण और उसके लालन-पालन में सक्षम होती है। रस की रचनात्मक ऊर्जा धरती से ऐसे बहती है जैसे वह स्त्री में बहती है। इस सम्पर्क के कारण प्राचीन भारत में कुछ अजीब तरह की प्रथा की शुरुआत हुई। वसन्तोत्सव के दौरान, राजा सुन्दर स्त्रियों को राजसी बगीचे में गाने, नाचने और पेड़ों को गले लगाने के लिए बुलाते थे। यह कहा जाता था कि उनकी मौजूदगी तथा छुअन के कारण धरती की रचनात्मकता मुखर हो जाती थी तथा पेड़ में उसके कारण फल आ

जाते थे। इस तरह स्त्रियाँ पौधों को अप्सराओं में परिवर्तित करने में मदद करती थीं और जो अपने रंग, सुगन्ध तथा पराग से चिड़ियों एवं मधुमक्खियों को आकर्षित किया करते थे। लता पकड़े हुए स्त्री की छवि उर्वरता का शक्तिशाली प्रतीक बन गयी थी और वह अधिकतर मन्दिरों की दीवारों एवं दरवाज़ों की शोभा बढ़ाने के काम आती थी।

अनेक हिन्दुओं का यह मानना है कि स्त्रियों की ही तरह पृथ्वी भी रजस्वला होती है और बच्चे जनती है। गर्मियों में, उड़ीसा के पूर्वी राज्य में मानसून से ठीक पहले स्त्रियाँ रोजो करती हैं, यह ऐसा उत्सव है जो कि धरती के रजस्वला होने का होता है। तीन दिनों तक धरती का रक्तस्राव होता है और यह माना जाता है कि धरती प्रदूषित हो गयी है। सभी कुमारी स्त्रियाँ अन्दर ही रहती हैं और धरती पर अपने पैर रखने से बचती हैं। कोई काम नहीं किया जाता है। चौथे दिन आनन्दोत्सव मनाया जाता है। धरती का प्रतीक चक्की को बनाया जाता है, उसको पानी से धो दिया जाता है और रस का प्रवाह फिर से आरम्भ हो जाता है। किसान अपने खेत को जोतना शुरू कर देते हैं। बीज बो दिये जाते हैं और मानसून की प्रतीक्षा शुरू हो जाती है।

इन्द्र बारिश करवाता है ताकि भूदेवी की इच्छा पूरी हो सके, जो कि गर्म हो चुकी होती है। जैसे-जैसे सप्ताह गुज़रते जाते हैं उसकी कोख में बीज अंकुरित होता है और मिट्टी से मुलायम हरे पौधे निकल आते हैं, मानो उनको सूरज की गर्मी ने खींच कर निकाला हो। जब यह होता है तो पश्चिमी भारत की महिलायें गौरी पूजा करती हैं, जो कि माँ का त्यौहार होता है। देवी की छवियों को हरी साड़ी पहनायी जाती है और हरी चूड़ियाँ भी जिसे धरती की पुनर्यौवन उर्वरता की छवि के रूप में देखा जाता है। स्त्री की उर्वरता का इस तरह का स्वीकार सीमंत नामक समारोह में किया जाता है जो तब मनाया जाता है जब कोई स्त्री पहली बार गर्भवती होती है और उसके गर्भाधान का सातवाँ महीना चल रहा होता है। युवती मातृत्व के रंग हरा या उर्वरता के रंग लाल वस्त्र पहनकर बैठती है और उसको सुहागनें आशीर्वाद देती हैं कि बच्चा स्वस्थ हो और घर के लिए समृद्धि लेकर आये। ये स्त्रियाँ प्रकृति का प्रतीक होती हैं और अपनी कृपालुता में सबसे अच्छी होती हैं। सुहागनें बुरी शक्तियों

को दूर कर देती हैं जो कि गर्भ में पल रहे बच्चे को नुकसान पहुँचा सकती हैं और इस बात की दुआ करती हैं कि नये बच्चे का जन्म सुरक्षित तरीके से हो। वे माँ के बाल काढ़ देती हैं और माँग में सिन्दूर लगा देती हैं, उस दिन की उम्मीद में जबकि उसकी योनि का द्वार खुलेगा और खून की धार के साथ एक नया जीवन संसार में आयेगा।

वह खुशी का दिन होगा। जैसे ही स्त्री को प्रसव पीड़ा होती है, उसी समय पुजारी घर की तरफ़ निकल पड़ते हैं ताकि वे सभी बन्धनों को काट सकें जिससे कि बच्चा कोख से बाहर निकल सके। वे 'अथर्ववेद' के मन्त्र का जाप करने लगते हैं, जिसका अर्थ है, 'स्त्री को अच्छी तरह से बच्चा जनने दो, उसके जोड़ों को खुल जाने दो, देवताओं को उसके ऊपर से अपनी छाया हटाने दो, योनि को खुल जाने दो, बच्चे को मांस से नहीं चिपकने दो, चर्बी या अस्थि और निकल जाने दो और जन्म के बाद जो लिसलिसा पदार्थ है उसे कुत्तों को खाने के लिए दे दो।'

जब नाड़ काट डाला जाता है और बच्चे को धोया जाता है, तो उसे माँ के स्तनों को एक प्रार्थना के साथ सौंप दिया जाता है, 'सागर दूध से भर जायें, दैवी अमृत से, वह स्तन में आ जाये जिससे कि बच्चा मजबूत बने।' और जब बच्चे का लालन-पालन किया जाता है तब प्रार्थना में यह कहा जाता है कि 'बच्चे की उम्र लम्बी हो, सम्पन्न हो, शक्तिवान बने।' जिससे कि बच्चा कोई साधारण बच्चा नहीं होगा। वह मृत पूर्वज का पुनर्जन्म होगा।

गर्भ पूजा

गर्भ जो कि जीवन को पुनर्नवा बना देता है, वह पूजा करने लायक होता है। यह अमरता का घट होता है, अमृत कुम्भ, जो किसी भी परिवार के वंश वृक्ष को बनाये रखता है। इसके माध्यम से पूर्वजों को किसी और गर्भ में जाने का मौका मिलता है—जो कि भूदेवी का होता है, जिसे देश और काल के माध्यम से परिभाषित किया जाता है, भौतिक संसार की अनन्त समृद्धि के रूप में। कवि लोग इस संसार को अक्षय पात्र के रूप में देखते हैं। हिन्दुओं में गर्भ

की पूजा अक्षय पात्र के रूप में की जाती है, कई बार सींक के एक पात्र के रूप में। पवित्र हिन्दू कथाओं में इस तरह की कहानियाँ आती हैं जिनमें घड़े को गर्भ के रूप में देखा गया है—

'ऋषि भारद्वाज नहा रहे थे कि उन्होंने देखा कि जलपरी घृताक्षी नदी के किनारे टहल रही थी। हवा ने उसके ऊपरी वस्त्र को उड़ा दिया, और एक कांटेदार झाड़ी ने उसके नीचे के वस्त्रों को थाम लिया। इस तरह भारद्वाज ने उसके सुन्दर शरीर को थाम लिया—उसके भरे हुए स्तनों को और सुडौल नितम्बों को। उनकी कामना जाग उठी, वे अपने आपको बीज गिराने से रोक नहीं पाये। बीज एक घड़े में गिर गया और वह एक बच्चे में बदल गया। इस बच्चे को द्रोण के नाम से जाना गया, घट से जन्मा।' (महाभारत)

घड़े के बिना जल को जमा नहीं किया जा सकता, भोजन इकट्ठा नहीं किया जा सकता है। घड़े के बिना भूख और प्यास बनी रहती है। एक घड़े को भूदेवी के दूध से भरे स्तन के रूप में देखा जाता है जो कि सभी के जीवन को पालता है। हिन्दू रसोई में द्रौपदी के बारे में यह सुनने को मिलता है कि इनके पास जादुई घड़ा था जो कि हमेशा भोजन से भरा रहता था—

'पांडवों की पत्नी द्रौपदी जो कि इन्द्रप्रस्थ की रानी भी थी, अपने आतिथ्य के लिए जानी जाती थी। महल में जब भी ऋषि आते थे तो वह इस बात का इन्तज़ाम रखती थी कि उनको ज़रूर भोजन खिलाया जाये। जब पांडव अपना राजपाट खो आये और उनको मजबूर किया गया कि वे अपनी-अपनी पत्नियों के साथ राज्य से बाहर चले जायें, तब वे जंगल में चले गये और एक गुफा में रहने लगे। इस दौरान अनेक सद्भाव रखने वाले साधू वहाँ आये। द्रौपदी का दिल इस बात से टूट गया कि वह पहले की तरह उनको भोजन खिला नहीं पायी। उन्होंने देवी लक्ष्मी का आह्वान किया और उनसे मदद की माँग की। मातृ देवी ने द्रौपदी को एक घड़ा दिया जो कि हर वक्त भोजन से भरा रहता था। अपने जादुई घड़े के कारण द्रौपदी अपने मेहमानों को खिला पाती थी। पांडवों की गुफा में जो भी गया वह कभी खाली पेट नहीं सोया। इस तरह एक उदार मेज़बान के रूप में द्रौपदी की प्रसिद्धि वापस मिल गयी।' (महाभारत)

लौकिक परम्परा में अन्नपूर्णा देवी का एक पुतला बनाया जाता है जिसमें

घड़े के ऊपर धातु का सिर लगाया जाता है। जल से भरा हुआ, जिसके ऊपर नारियल रखा जाता है और उसके चारों तरफ़ आम्र पल्लव रखा जाता है, इस तरह से वह घड़ा पूर्ण घट में बदल जाता है। जो उर्वरता और समृद्धि का प्रतीक बन जाता है।

पूर्ण कलश उन हिन्दू रिवाज़ों का निश्चित रूप से हिस्सा होता है जो विवाह और बच्चे के जन्म से जुड़े होते हैं। घड़ा सभी भौतिक चीज़ों का संग्राहक होता है। यह उर्वरता का घड़ा होता है, धरती और गर्भ, जो बिना किसी भेदभाव के जीवन का लालन-पालन करता है। आम के पल्लव का सम्बन्ध काम से होता है, प्रेम और लालसा के देवता, आनन्द के सिद्धान्त का प्रतिनिधित्व करते हैं जो कि उर्वरता का आवश्यक पहलू होता है। नारियल को समृद्धि का प्रतीक माना जाता है। यह अहम् का प्रतीक माना जाता है जिससे कि यह सम्भव हो पाता है कि कोई सत्ता का आनन्द उठा पाता है। घड़े में जो जल होता है वह प्रकृति का रस होता है जिसके बिना धरती पर किसी तरह का जीवन सम्भव नहीं होता।

जब कोई इन्सान मर जाता है तो जल से भरे घड़े को फोड़ा जाता है जो इस बात का संकेत होता है कि शरीर से आत्मा मुक्त हो गयी। जब शरीर का अन्तिम संस्कार कर दिया जाता है तब एक घड़े में मृतक की अस्थियों को इकट्ठा किया जाता है और अन्तिम क्रिया के बाद उसको नदी में बहा दिया जाता है। जैसे ही घड़े से राख नदी की धारा में बहती है, तब यह उम्मीद की जाती है कि पूर्वज मृत्यु लोक में कुछ दिन बिताने के बाद आश्चर्य की दुनिया में एक बार फिर से लौट जाते हैं।

अध्याय 3

नृत्य करने वाली अप्सराएँ
'वृत्त से परे'

आनन्द की चपल अप्सराएँ

सं^{सार} महज़ सांसारिक खुशियों के लिए नहीं होता है। यह सांसारिक दु:खों का क्षेत्र भी होता है। आनन्द में दर्द का खतरा बना रहता है; समृद्धि में गरीबी का खतरा रहता है; सत्ता में असुरक्षा का भाव रहता है। काम संवेदनाओं को जगा देता है; अर्थात् अहम् को जगा देता है; आखिरकार दिमाग को धोखा दे देता है। सांसारिक खुशियाँ अप्सराओं की तरह होती हैं, गाती हुई अप्सराओं की तरह जो कि हमेशा देवताओं के बिस्तर को सजाती रही हैं। पुरुष की बाँहों में, वे तब तक लेटे रहते हैं जब तक कि इन्सानी अपर्याप्तता या मरना इस बात को सुनिश्चित करता है—

'पुरुरवा दैवी सुन्दरी उर्वशी के प्यार में पड़ गया। वह इस बात के लिए उसके साथ रहने के लिए तैयार हो गयी कि जब तक वह उसकी पाली हुई बकरियों का ध्यान रखेगा और उसको कभी अपनी नग्नता नहीं दिखायेगा। उसकी बाँहों में, अँधेरे में, पुरुरवा ने उस आनन्द को पाया जो कि देवताओं के लिए था और वह खुद को देवता समझने लगा। फूलों के देवता गन्धर्व ने जब उर्वशी की स्वर्ग वापसी के लिए उसकी बकरियों को उस दौरान चुरा लिया जिस दौरान पुरुरवा और उर्वशी काम-क्रीड़ा में लगे हुए थे। बकरियाँ चिल्लाने लगीं और उर्वशी ने यह माँग की कि पुरुरवा अपना वादा निभाये।

पुरुरवा बिना इस बात का ध्यान रखे चोरों के पीछे भागा कि उसने अपने शरीर को ढँका नहीं था। जब वह महल के प्रांगण में चोरों का पीछा कर रहा था, देवताओं के राजा इन्द्र ने आकाश में बिजली कड़का दी। उस रौशनी में उर्वशी ने पुरुरवा को नंगा देख लिया। जब पुरुरवा अपनी बकरियों के साथ लौटा तो उर्वशी उसको छोड़कर चली गयी। ''क्या मैं तुम्हारे साथ आ नहीं सकता ?'' पुरुरवा ने विनती की। उर्वशी ने अपनी गरदन हिलायी और अमरता की दुनिया की तरफ़ चली गयी। पुरुरवा उर्वशी को गले लगाया करता था, पुरुरवा को मृत्यु लोक की रानियों एवं पटरानियों के बीच किसी तरह का आनन्द नहीं आता था। अपने दुःख में उसने अपनी प्रजा के ऊपर जुल्म ढाना शुरू कर दिया और तब तक ऐसा करता रहा जब तक कि उसके राज्य की जनता उठ नहीं खड़ी हुई और उसको मार नहीं दिया।' (महाभारत)

अप्सराएँ और भौतिक सुख देवताओं को अनन्त सुख देते हैं लेकिन मनुष्य की पहुँच से वैसे ही दूर हो जाते हैं जैसे कि मुट्ठियों से पानी निकल जाता है। दोनों ऐसे लोगों के लिए उपलब्ध होते हैं जिनमें इतनी ताकत होती है कि वे उनके ऊपर अपना दावा रख सकें। न दिल था, न ही इस बात की उनको समझ थी कि विश्वासी होने का मतलब क्या होता है। राजा आते-जाते रहते हैं लेकिन राज्य और उसकी रखैलें उसके लिए राजसी शान की तरह होती हैं जो भी राजगद्दी पर बैठता है। जैसी कि लोक में मान्यता है कि 'अमरावती में कई इन्द्र हैं लेकिन केवल एक ही शची है।' शची स्वतन्त्रता की देवी हैं और उनकी पहचान श्री के साथ होती है, जो कि समृद्धि की देवी हैं और जिनकी मदद देवताओं और असुरों द्वारा ली जाती है—

'एक बार इन्द्र ने अपना राजसी तेज विरोचन के सामने खो दिया, जो कि असुर था। नतीजा यह हुआ कि उनको अमरावती से निकाल दिया गया। अपने साथ हुए इस कृत्य के बारे में पता करने के लिए इन्द्र ने एक गरीब ब्राह्मण का भेष लिया, विरोचन के महल में नौकरी की और पूरी निष्ठा के साथ असुर राजा की सेवा करने लगा। सेवा के दौरान उसको यह पता चला कि विरोचन की कृपा से उसे श्री का प्यार मिल सकता है। कुछ समय के बाद उसकी सेवा से खुश होकर विरोचन ने उससे पूछा कि वह क्या चाहता है।

''मुझे आपके सद्गुण चाहिए,'' इन्द्र ने कहा। विरोचन ने बिना सोचे-समझे उसे दे दिया और उसका नतीजा यह हुआ कि श्री का प्यार उसकी जगह इन्द्र का हो गया। इस तरह छल से इन्द्र ने अपना राजसी ठाठ वापस पा लिया, इन्द्र अमरावती लौट गया और स्वर्ग के देवता का उसका पद उसे वापस मिल गया।' (शतपथ ब्राह्मण)

देवियों और अप्सराओं की चंचलता से परेशान होकर पुरुष अनन्तता, स्थायित्व की चाह करता है, निश्चितता की। जब उसे यह सब धरती पर नहीं मिलता तो वह स्वर्ग की तरफ़ देखता है।

स्वर्ग-निकाला

उर्वशी की जो कहानी वेदों में दी गयी है उसमें पुरुरवा एक यज्ञ करता है जो कि उसको गन्धर्व के रूप में बदल देता है और जिससे वह अमरावती में उर्वशी के साथ सदा के लिए रह पाता है। अमरावती अनन्त जीवन तथा अनन्त खुशी का दैवी क्षेत्र है। वैदिक ऋषियों का मानना था कि यज्ञ की शक्ति से कोई इन्सान अपनी अपूर्णता और मरणशीलता से निकल सकता है और ईश्वर बन सकता है। हालाँकि, जब उसने स्वर्ग में इन्सानों जैसी कमज़ोरी का प्रदर्शन किया तो उसने उन सभी गुणों को खो दिया जो कि उसने हासिल किये थे और उसे स्वर्ग से निकाल कर वापस मृत्यु लोक में भेज दिया गया—

'इन्द्र को ब्राह्मण को मारने के पाप को धोने के लिए तपस्या करनी थी। जब तक उनको बाहर रहना था तब तक किसी को अमरावती का राजा बनाये जाने की ज़रूरत थी। देवताओं ने नश्वर लोक के राजा नहुष को चुना क्योंकि एक हज़ार यज्ञ करके उन्होंने यह योग्यता हासिल कर ली थी। स्वर्ग के अस्थायी राजा के रूप में नहुष इन्द्र के हाथी के ऊपर चढ़ने लगा, उनकी बिजली को चलाने लगा, स्वर्ग के आनन्द-उपवन में चलने लगा और उसकी सुरा का पान करने लगा। हालाँकि, उसे इन्द्र की रानी शची के साथ के लिए कभी नहीं बुलाया गया। नहुष ने यह माँग की कि उसको यह हक दिया जाये। उसको सबक सिखाने के लिए शची ने उसको एक सन्देश भेजा, ''मेरे बिस्तर

पर उसी तरह आओ जिस तरह इन्द्र सात साधुओं द्वारा उठायी गयी पालकी पर सवार होकर आता था।'' नहुष ने तत्काल रूप से यह आदेश दे दिया कि आदरणीय सन्त लोग उसकी पालकी को उठायें। सन्तों ने राजाज्ञा का पालन किया। रास्ते में, नहुष शची की बाँहों में जाने को इस कदर व्याकुल था कि उसने एक साधू के सिर में एक लात मार दी। ''जल्दी चलो,'' वह चिल्लाया। साधु भृगु उसकी बेलगाम कामुकता से दु:खी हो गये और उन्होंने शाप दिया कि नहुष धरती पर साँप के रूप में वापस लौटेगा। इस तरह वह आदमी जो कि शची की बाँहों में जाने के सपने देख रहा था उसे जीवन भर पेट के बल रेंगना पड़ा।' (भागवत पुराण)

स्वर्ग के नियम को जो भंग करते थे उनको वहाँ से निकाल दिया जाता था और वे यह कोशिश करते थे कि धरती पर उनका रहना जितना कम हो सके उतना ही अच्छा। मृत्यु लोक में रहने से जिस तरह का भय और असुरक्षा का अनुभव होता था उसके स्थान पर वे मौत को प्राथमिकता देते थे—

'महाभिषा ने राजा के रूप में अनुकरणीय काम किया, अनेक यज्ञ किये, जिसकी बदौलत उनको अमरावती में इन्द्र के बगल में स्थान दिया गया। एक दिन, नदी अप्सरा गंगा इन्द्र के दरबार में आयी। जब वह दरबार में आयी, उसका ऊपरी वस्त्र खुल गया और उसकी छाती खुल गयी। देवताओं ने नदी देवी के सम्मान में अपनी नज़रें नीची कर लीं। जबकि महाभिषा नज़रें फाड़े देखते रहे। उनके इस व्यवहार से नाराज़ होकर इन्द्र ने महाभिषा को शाप दिया कि वह धरती पर राजा शान्तनु के रूप में जन्म लेंगे, गंगा के प्यार में पड़ जायेंगे और उसकी कीमत भी उनको चुकानी पड़ेगी। गंगा को भी यह आदेश दिया गया कि वह धरती पर जाये और तभी लौटकर आये जब राजा को वह इस बात का एहसास करवा सके कि जो पार्थिव सुखों की चाह करता है उसको किस तरह का दर्द होता है। जब वह जा रही थी, तो गंगा को आठ वसुओं द्वारा रोक दिया गया, जो कि तत्वों के देवता हैं, जिनको भी पृथ्वी पर जन्म लेने की सज़ा दी गयी थी क्योंकि वे कामधेनु का दूध चुराने की कोशिश कर रहे थे। ''जब धरती पर जाना तो हमारी माँ बन जाना और जन्म लेते ही हमें मार देना ताकि हम जल्दी से इन्द्र के स्वर्ग में लौटकर आ सकें,'' उन्होंने यह

विनती की। इस तरह महाभिषा शान्तनु के रूप में पैदा हुए और हस्तिनापुर के राजा बन गये। वे सुन्दर गंगा से नदी के किनारे मिले और तत्काल उसके प्यार में पड़ गये। ''मैं आप से तभी विवाह करूँगी अगर आप मेरे कृत्यों के ऊपर कभी प्रश्न नहीं उठायेंगे,'' उसने कहा। शान्तनु ने इस बात को मान लिया और गंगा को अपने महल में रानी के रूप में लेकर आ गये। गंगा के प्यार से शान्तनु अभिभूत थे। गंगा जब भी बेटे को जन्म देती थी तो वह नवजात बच्चे को नदी में बहा देती थी।

शान्तनु, वैसे तो घबराये हुए थे, क्योंकि वे अपने वादे से बँधे हुए थे उसकी इच्छा के कारण सम्मोहित थे। गंगा शान्तनु के सात बेटों को मार पाने में सफल रही। जब वह शान्तनु के आठवें बच्चे को मारने ही जा रही थी कि शान्तनु ने उसको रोक दिया। ''रुक जा दुष्ट स्त्री, तुम किस तरह की माँ हो ?'' इस तरह बोलने से शान्तनु ने शादी के समझौते को तोड़ दिया। जब गंगा जाने के लिए तैयार थी तो उसने आठवें बच्चे को अपने पति को सौंप दिया, जिसका नाम था देवव्रत, और उनसे यह कहा, ''तुमने इसके जीवन को बचाकर क्या पाया है—यह कभी किसी का पति नहीं बन पायेगा और इस तरह से सांसारिक सुखों से वंचित रह जायेगा। यह निःसन्तान मर जायेगा और अपने पूर्वजों के कोप का कारण बनेगा।'' (महाभारत, देवी पुराण)

गर्भ का मार्ग

गर्भ किसी जीव का परिचय निस्सारता और दुःख से करवाता था। कुछ जो कि संसार के छल-कपट का सामना नहीं करना चाहते थे, जैसे कि वासु, वे गर्भ से बाहर आते ही मर जाते थे। बाकी गर्भ से निकलने से परहेज़ करते थे—

'ऋषि व्यास ने वाटिका से विवाह किया, जो कि ऋषि जाबालि की पुत्री थी। समय के साथ उसके गर्भ में बच्चा आया। जब वह बच्चा गर्भ में ही था तो उसने अपने पिता को शास्त्रों एवं महाकाव्यों का पाठ करते हुए सुना था। जिससे उसे धरती के जीवन के बारे में समझ में आ गया, संसार के क्षणिक सुखों के बारे में उसको समझ में आ गया, और उसने यह तय किया कि वह

गर्भ से नहीं निकलेगा। बारह वर्ष बीत गये और भ्रूण ने बाहर आने का कोई संकेत नहीं दिखाया कि वह बाहर आना चाहता था। इसलिए व्यास ने कृष्ण की मदद माँगी, जो कि द्वारका के राजा थे, विष्णु के अवतार थे। कृष्ण ने बच्चे से काफ़ी बात की और उसे यह भी सिखाया कि किन साधनों से जीवन चक्र से मुक्त हो सकते हैं। इस तरह से वह ज्ञान-सम्पन्न बच्चा बाहर आया। वह शुक के नाम से जाना गया क्योंकि वह शास्त्रों को किसी तोते की तरह से पढ़ सकता था।' (स्कन्द पुराण)

जब जन्म लेने से खुद को रोका नहीं जा सकता था तो कुछ जीव गर्भ से बचकर निकल जाते थे। जो अयोनिज होते थे वे देश और काल के उत्पीड़न के प्रति कम संवेदनशील होते थे। उनके जीवन के अस्तित्व से अप्रभावित रहने की सम्भावना अधिक रहती थी—

'वामदेव ने गर्भ में आते समय ही बहुत ज्ञान हासिल कर लिया। उसने देवताओं का आह्वान किया और उनसे यह माँग की कि उसे माँ के शरीर से बाहर आने के लिए कोई और मार्ग दिया जाये। इस आग्रह से इन्द्र ने उस बच्चे को यह समझाने की कोशिश की कि वह माँ के गर्भ से सामान्य तरीके से ही बाहर आ जाये। लेकिन बच्चा इस बात को लेकर अड़ा हुआ था कि उसकी बात मानी जाये। जन्म के समय, उसने एक पतंगे का रूप ले लिया और माँ के माँस से होता हुआ वह उसकी बायीं तरफ़ से निकला।' (ऋग्वेद)

एक बालिका ने अपनी माँ के गर्भ से तब तक निकलने से मना कर दिया जब तक कि उसके पिता इतनी योग्यता हासिल न कर लें कि वह धरती पर उसके लिए अच्छा जीवन सुनिश्चित कर सकें—

'गंदिनी, जो काशी की राजकुमारी थी, ने माँ के गर्भ से बाहर आने से मना कर दिया जबकि उसके जन्म की तिथि बहुत पहले ही गुज़र चुकी थी। जब उसके पिता ने यह विनती की कि वह बाहर आ जाये तो उसने कहा, ''जब आप तीन साल तक अपने राज्य के गरीब ब्राह्मणों को हर दिन एक गाय उपहार में देंगे तभी मैं आपके संसार में आऊँगी।'' जब काशी नरेश ने अपनी बेटी की इच्छा पूरी कर दी तब वादे के मुताबिक वह बाहर आयी।' (लिंग पुराण)

जीवन के अनन्त-चक्र से मुक्ति

स्वर्ग में रहने वाले इस बात को जानते हैं कि गर्भ से बाहर का संसार जीव को इस वादे से लुभाता है कि उसको चरम सुख मिलेगा। जिसका नतीजा यह होता है कि इतने अधिक कर्म करने पड़ते हैं कि जीव जीवन के इसी चक्र में फँसकर रह जाता है—दिमाग से भूला—

'नारद ने एक बार विष्णु से पूछा, ''संसार का वास्तविक स्वरूप क्या है?'' जवाब में विष्णु ने नारद से कहा कि वह पास की नदी से थोड़ा-सा पानी लेकर आयें जिससे कि वे अपनी प्यास बुझा सकें। पानी लेते हुए नारद फिसलकर नदी में गिर पड़े। जब वह बाहर आये, तो उनका शरीर स्त्री का हो गया। पास से गुज़रता हुआ एक आदमी उनकी तरफ़ प्रशंसा की नज़र से देखने लगा और नारद स्त्री के आकर्षण से अवगत हो गये। उस मुसाफ़िर ने नारद से यह विनती की कि वह उससे विवाह कर लें। नारद ने इस प्रस्ताव को मान लिया, पत्नी बने और साठ बच्चों को जन्म दिया। साथ-साथ, उन्होंने एक घर बनाया और नदी घाट पर उन्होंने एक समृद्ध घर-बार बसाया। प्यार करने वाले पति, खुशहाल बच्चों और समृद्धि से भरे घर में रहते हुए नारद बहुत खुश हो गये। फिर एक दिन, मूसलाधार बारिश के बाद नदी ने अपने तट को तोड़ दिया और उस घर-बार को बहा दिया। नारद का पति और बच्चे उस बाढ़ में बह गये। जब पानी कम हुआ तो नारद ने उनकी लाशों को इकट्ठा किया और उनको लेकर एक नदी के किनारे शमशान घाट पर गये। जब वह चिता में अग्नि देने ही वाले थे कि उनको बहुत अधिक भूख लग गयी। आस-पास उन्होंने भोजन के लिए देखा और पास में एक पेड़ की ऊपरी शाखा पर एक आम दिखायी दिया। उसको पाने के लिए अपने पति और बच्चों की लाशों को एक के ऊपर एक रखा और उसके ऊपर चढ़कर ऊपर गये। जब वह फल के पास पहुँचे तो वह फिर से फिसले और नदी में गिर गये। ''बचाओ, बचाओ,'' नारद चिल्लाये। विष्णु ने नारद को पानी से बाहर निकाला। नारद ने अचानक यह देखा कि विष्णु के आने से उनका पुरुष शरीर वापस आ गया था। ''वह पानी कहाँ है जिसे लाने के लिए मैंने तुमको भेजा था?'' विष्णु ने पूछा। नारद ने अपने हाथ के खाली घड़े को देखा और

उनको यह बात समझ में आ गयी कि वे अपने काम के बारे में पूरी तरह से भूल चुके थे।' (भागवत पुराण)

हिन्दू धर्म ग्रन्थों में नारद एक जाने-माने ऋषि हैं। वे ब्रह्मा के मानस पुत्रों में एक हैं, बचपन से ही ब्रह्मचारी और इच्छाओं से ऊपर रहने वाले। उपरोक्त कहानी में उनको पहली बार सांसारिक रूपान्तरण की भ्रमात्मक प्रकृति का पता चला। इस अनुभव ने उनको यह बात समझा दी कि जीवन-चक्र से उनको अलग ही रहना चाहिए। उन्होंने विवाह करने से, बच्चे पैदा करने और और भावनाओं के अनुभव में फँसकर निरर्थक जन्म-चक्र के जाल में फँसकर हमेशा के लिए खुशी और गम में उलझने से इनकार कर दिया। लेकिन यही भावनाएँ होती हैं जिनकी वजह से जीवात्मा भौतिक यथार्थ से बँध जाती है—

'आरम्भ में केवल ब्रह्मा थे। वे स्वयंभू थे। जब उनको साहचर्य की इच्छा हुई तो अकेले ईश्वर ने शतरूपा को बनाया, जो भौतिक यथार्थ की देवी हैं। अपने पिता की आँखों में कामना देखकर शतरूपा ने गाय का रूप ले लिया। ब्रह्मा उनके पीछे साँड बनकर भागे। वह घोड़ी बन गयी। वह घोड़ा बनकर उसके पीछे-पीछे भागते फिर रहे थे। वह बत्तख बन गयी तो वे नर बत्तख बन गये। जब उसने हिरनी का रूप लिया तो वह हिरन बन गये। हर बार वह जिस रूप को धरती थी वे उसके पुरुष रूप बन जाते थे, वे उसको पाने का निश्चय कर चुके थे। तमाम कोशिशों के बावजूद वे सफल नहीं हो पाये। जैसे-जैसे उनकी निष्फल कोशिशें चलती रहीं, उसके कारण छोटे-छोटे कीड़ों से लेकर बड़े-बड़े जानवर तक सभी अस्तित्व में आ गये।' (बृहदारण्यक उपनिषद, शतपथ ब्राह्मण)

शतरूपा सहज रूप से रूपान्तरित होती गयी, क्योंकि यही पदार्थ या भूत का स्वभाव है। हर गुज़रते पल के साथ वह किसी और रूप में बदलती जाती है। उसका रूपान्तरण ब्रह्मा को जाग्रत करता है और उसके अन्दर उसे पाने की इच्छा बलवती होती है। लेकिन वह चंचला होती है—तात्कालिक छवियों की एक शृंखला। उसकी गति को रोकने का कोई भी प्रयास असफल होने के लिए ही होता है। बहरहाल ब्रह्मा कोशिश करते हैं। वे शतरूपा के पूरक बन जाते हैं। ब्रह्मा की क्रिया और उसकी प्रतिक्रिया से अस्तित्व का पहिया

गति में आ जाता है। वह मौलिक कर्म को पैदा करता है जो कि आत्मा को शरीर से जोड़ देता है। वह संसार का निर्माता हो जाता है, जो कि पूजा के लायक नहीं रह जाता।

शिव ब्रह्मा के इस कृत्य का विरोध करते हैं। वे ब्रह्मा को इससे रोकने की कोशिश करते हैं कि वे एक सुखद जीव को शरीर की संवेदना में फँसा दें। वे हर बन्धन को तोड़ना चाहते हैं, सभी प्रकार के कर्म को बर्बाद करना चाहते हैं और सभी जीवों को मुक्त करना चाहते हैं। वे संसार का विनाश करने वाले बन जाते हैं, इसलिए वे पूजा के काबिल होते हैं—

'शतरूपा की सुन्दरता ने ब्रह्मा की भावनाओं को इस कदर भड़का दिया कि उन्होंने पाँच सिर उगा लिये—चार सिर चारों दिशाओं में देखने के लिए, एक सबसे ऊपर हर वक्त उसको देखने के लिए। अपने पाँचवें सिर से उन्होंने अपनी काम सम्बन्धी इच्छा को प्रकट किया। दुःखी होकर शतरूपा भाग खड़ी हुई। ब्रह्मा ने उसका पीछा किया, पाँचवें सिर से निर्लज्जतापूर्वक बोलते हुए। इस शोरगुल से शिव का ध्यान भंग हो गया। जो कुछ हो रहा था उसे देखकर उनको गुस्सा आ गया और वे भैरव रूप में बदल गये, डरावने, और अपने तेज़ पंजों से उन्होंने ब्रह्मा के पाँचवें सिर को निकाल लिया। इस हिंसा से ब्रह्मा रुक गये। ब्रह्मा का कटा हुआ सिर शिव के हाथ में था। उस सिर से अपने आपको अलग करने के लिए, अपने हृदय को गुस्से से मुक्त करने के लिए शिव काशी में गये और वहाँ ध्यान में लग गये।' (शिव पुराण, भविष्य पुराण)

ध्यानावस्था में शिव अपने कृत्य के बाद होने वाली प्रतिक्रियाओं का कोई जवाब नहीं देते हैं। इस तरह वे अपने कर्म के फल को भोगते हैं, धीरे-धीरे वे उस बन्धन को मुक्त कर देते हैं जिससे कोई जीव शरीर से बँधा हुआ होता है। सर्जक होने के कारण ब्रह्मा शिव को ऐसा नहीं करने दे सकते। इसलिए वे इस बात का फैसला करते हैं कि वे शिव की तपस्या को स्त्रियों का प्रलोभन देकर भंग करें—

'सती दक्ष की बेटी थी, जो कि सभ्यता के देवता हैं। वह शिव के कठोर हृदय को अपने निःस्वार्थ प्रेम से पिघला देती है और उनकी पत्नी बन जाती है। शिव को सांसारिक बातों का कुछ पता नहीं होता है और उन्होंने अपने

ससुर को प्रणाम नहीं किया। इस बात से दक्ष चिढ़ गये जिसने यह तय किया कि वह शिव को नहीं लौटने देगा और वह महायज्ञ के लिए उनको आमन्त्रित नहीं करते हैं। जब सती को अपने पिता की इस योजना का पता चलता है कि वह उसके पति को अपमानित करना चाहते हैं तो वह गुस्से में आ जाती है। शिव उससे शान्त हो जाने के लिए कहते हैं; वह इस तरह की नीचताओं से परे थे। लेकिन सती उनकी बात को सुनती नहीं है। गुस्से में आकर वह स्वयं काली बन जाती है, और शिव को ही डराने लगती है। तरह-तरह की बातचीत के बीच वह अपने पिता के महल में गयी, वहाँ चल रहे अनुष्ठान में बाधा डाली और यज्ञ के लिए बनाये गये कुंड में कूद कर अपनी जान दे दी। उसने अपने खून से उस पवित्र स्थान को अपवित्र कर दिया जिससे वह आयोजन रुक गया। सती की मृत्यु की खबर से गुस्से में आकर शिव ने खून के प्यासे योद्धा वीरभद्र का रूप लिया और दक्ष को मार गिराया। फिर सती की लाश को उठाकर दु:ख में वे नृत्य करने लगे, यह चेतावनी देने लगे कि वे अपने दु:ख से दुनिया को मिटा देंगे। तब संसार के पालनहार विष्णु ने अपना सुदर्शन चक्र चलाया और सती को एक हज़ार टुकड़ों में काट दिया। जब सती की लाश चली गयी तो शिव अपने होश में आये, फिर एक गुफ़ा में जाकर वे तपस्या करने लगे, इस बात का प्रण करके कि वे अपने मस्तिष्क के ऊपर पुन: नियन्त्रण कर लेंगे।' (महाभागवत पुराण, बृहद्धर्म पुराण)

दक्ष को ब्रह्मा का पुत्र और उसका मूर्त रूप भी माना जाता है। उन्होंने शिव को पत्नी दी। सती, जो कि संसार की देवी है, ने अपने समर्पण से शिव के दिल को जीत लिया और अपनी अक्खड़ता से उसे तोड़ भी दिया। सती से काली के रूप में उसका रूपान्तरण, एक सहचरी से कर्कशा नारी के रूप में उसके बदल जाने से भावनाओं का ज्वार आया। शिव का उससे इस कदर लगाव हो गया कि उन्होंने उसकी लाश से भी खुद को अलग करने से मना कर दिया। इस लगाव से वे गुस्से में आ गये, हिंसक और नाराज़ हो गये। इससे उनका निर्णय प्रभावित होने लगा। जब लाश को नष्ट कर दिया गया, तब वे लगाव से मुक्त हो गये और इस बात को समझ गये कि मर्त्य शरीर के साथ उनका लगाव कितना भ्रम था। उनको उसकी और अधिक ज़रूरत नहीं है। इसलिए वे गुफ़ा में चले जाते हैं, अपनी आँखों को बन्द कर लेते

हैं, अपनी संवेदना के ऊपर काबू पा लेते हैं, अपनी साँसों के ऊपर नियन्त्रण पा लेते हैं और अन्तत: अपने दिमाग को अपने वश में कर लेते हैं। वे योग के देवता बन जाते हैं।

योग शब्द 'युज' धातु से बना है, जिसका अर्थ होता है वश में करना। योग का लक्ष्य होता है दिमाग को इस कदर वश में कर लिया जाये कि वह संसार के रूपान्तरण से सम्मोहित न हो। योग और कुछ नहीं बल्कि मानसिक अनुशासन है जो किसी को इस योग्य बनाता है कि वह सांसारिक जीवन की सुन्दरता और क्रूरता को दिशा दे सके। शिव का योग सहचरी के रूपान्तरण से प्रेरित है। यह एक ऐसे उपकरण में बदल जाता है जो भौतिक यथार्थ से खुद को अलग करने में उनकी मदद करता है। शिव भौतिक संसार का हिस्सा होने से मना कर देते हैं और इसे वे इस तरह अभिव्यक्त करते हैं कि वे जो पवित्र है और जो भ्रष्ट है वे उनके बीच किसी तरह का अन्तर नहीं करते हैं। वे श्मशान घाट में जाकर चिता की रौशनी में नृत्य करते हैं। वे इस बात की कोई कोशिश नहीं करते कि वे सुदर्शन लगें—वे अपने सुन्दर चेहरे के ऊपर राख मल लेते हैं, अपने शरीर को हाथी की छाल से ढँक लेते हैं, अपने बालों को भोज वृक्ष के रस से भर लेते हैं और साँपों को अपने गले के इर्द-गिर्द लिपटने देते हैं। वह कैलाश पर्वत पर बैठते हैं, जो कि हिन्दू ब्रह्मांड का केन्द्र है, जीवन-चक्र का केन्द्र, योग की शक्ति के कारण वे अपने आस-पास के संसार से अप्रभावित ही रहते हैं।

स्त्री का परित्याग

संसार के सम्मोहन से घबरा कर एक ऋषि अपने पार्थिव लगाव की वस्तु से विमुख हो गया—

'बिल्वमंगल की पत्नी अपने माता-पिता से मिलने गयी जो कि नदी की दूसरी तरफ़ रहते थे। एक रात भी उनसे अलग रह पाने में जब वे सफल नहीं हो पाये तो उन्होंने यह तय किया कि वे दिन निकलने से पहले उनसे मिलने के लिए गुप्त रूप से जायेंगे। वे नदी के घाट पर गये लेकिन वहाँ

कोई नाव नहीं थी। इसलिए वह नदी में कूद गये और बहते हुए लकड़ी के एक टुकड़े को पकड़ कर दूसरी तरफ़ पहुँच गये। जब वे एक लता के सहारे अपनी पत्नी के घर की दीवार के ऊपर चढ़ रहे थे तो पड़ोसियों को लगा कि कोई चोर है और उन्होंने शोर मचा दिया। पूरा गाँव 'चोर' को पकड़ने के लिए दौड़ पड़ा। जब उन्होंने पहचाना कि वह बिल्वमंगल था तब उनको यह समझ में आया कि वह क्यों आधी रात को अपनी पत्नी के घर में घुसने की कोशिश कर रहा था, तब वे सब हँसने लगे। बिल्वमंगल की पत्नी को इस घटना से इतनी शर्मिंदगी महसूस हुई कि उसने अपने पति को अन्दर आने से मना कर दिया। ''अगर किसी के प्रति तुम्हारी चाह उसके शरीर को लेकर है तो तुमको अब तक संन्यास ले लेना चाहिए था'', उसने कहा और उसके मुँह पर दरवाज़े को बन्द कर दिया। उसकी बातों से शर्मिंदा होकर बिल्वमंगल घर लौट गये। रास्ते में उनको यह पता चला कि वह जिस लता को पकड़ कर दीवार पर चढ़े थे वह एक साँप था और जिस लकड़ी के सहारे उन्होंने नदी पार की थी वह एक लाश थी। वासना ने उनको अन्धा कर दिया था। ''मुझे अपनी आँखों को और खोलना चाहिए और उस परम सत्य की तलाश करनी चाहिए जो कि शाश्वत हो, न बदलने वाला हो तथा जो बिना किसी शर्त के हो,'' बिल्वमंगल ने कहा। इसलिए उन्होंने सभी कामनाओं का त्याग कर दिया और संन्यासी बन गये।' (बंगाल की लोककथा)

बिल्वमंगल द्वारा अपनी पत्नी का त्याग आवश्यक रूप से सांसारिक जीवन का त्याग है। एक स्त्री सुख देती है, सुख के साथ बच्चा आता है, बच्चों के साथ घर की ज़िम्मेदारियाँ आती हैं, कर्तव्यों का बोझ आता है, शक्ति और सम्पत्ति की आवश्यकता आती है। सत्ता और सम्पत्ति अहम् भाव को बढ़ा देती है, दिमाग को दूषित कर देती है, तब कुछ और बात मायने नहीं रखती है, बल्कि इच्छाओं के वश में आकर इन्सान हमेशा के लिए जन्म के चक्र में उलझ कर रह जाता है। मौत सुख और सत्ता, काम और अर्थ के प्रति चाह को खत्म नहीं कर पाती—मृत्यु लोक से पितरों की जो पुकार होती है वह आवश्यक रूप से उनकी अतृप्त इच्छाएँ होती हैं जिनके कारण वे एक बार और शरीर को पाना चाहते हैं। या यह भी हो सकता है कि यह पितरों की पुकार होती हो कि एक बार फिर से शरीर रूप मिले ताकि वे मोक्ष के लिए

प्रयास करें और खुद को संवेदनों से मुक्त कर लें जिनकी वजह से उनको जीवन-चक्र में बँधे रहना पड़ता है।

सांसारिक जीवन से बाहर निकलने की यात्रा आम तौर पर शुरू होती है किसी स्त्री के ठुकराये जाने से जब उसका सामना सांसारिक जीवन के अँधेरे पहलू से होता है—

'नेमि, जो कि यादव कुल का युवा था, और राजमती के बीच विवाह तय किया गया। शादी के दिन नेमि ने पशुओं और चिड़ियों की चीख-पुकार सुनी जिनको विवाह भोज के लिए काटा जा रहा था।''क्या ऐसी कोई दुनिया है जहाँ इस तरह की चीख-पुकार सुनायी न दे ?'' उसने सोचा। इसका जवाब जानने के लिए नेमि विवाह मंडप से उठकर चला गया और साधू बन गया।' (कल्प सूत्र)

विवाह मंडप को छोड़ कर जाने के बाद नेमि को वह संसार मिला वह जिसकी तलाश में था, एक ऐसी दुनिया जहाँ किसी तरह का दर्द नहीं था, किसी तरह की पीड़ा नहीं थी, केवल शान्ति थी। उस विशेष संसार के लिए निकलने से पहले उसने मुक्ति की राह दिखायी, उनको तीर्थंकर की उपाधि मिली। उनको जिन यानी वह जिसने संसार के ऊपर विजय प्राप्त कर ली हो, भी कहा जाने लगा। जिन के मार्ग को जैन धर्म कहा गया। जिन की मूर्ति आम तौर पर एक नग्न पुरुष की होती है जिसका शिशन शिथिल होता है और जो पहाड़ पर बैठा हुआ होता है चेहरे पर दिव्य मुस्कान लिये, आस-पास की दुनिया की क्रूरता से अप्रभावित, सुन्दरता से अप्रभावित। वह लगभग उसी तरह हैं जिस तरह कैलाश पर्वत पर शिव की ध्यानमग्न तस्वीर है। जैन संसार में हिन्दू मान्यताओं को साझा करते हैं। हालाँकि, वे इस बात में यकीन नहीं करते हैं कि वहाँ कोई देवता है जो कि सभी कुछ के लिए ज़िम्मेदार होता है। जैन जीवन-चक्र का जो सिद्धान्त है वह अन्तर्वैयक्तिक है। इसके भीतर, इन्सान के पास इस बात का विकल्प होता है कि वह बन्धन में रहना चाहता है या मुक्त होना। स्वतन्त्रता तपस्या से आती है—जैसे योग—जिसमें इन्द्रियों से बचकर रहना और दिमाग को नियन्त्रण में रखना आता है। स्वतन्त्रता का अर्थ होता है सुखी आत्मा को भूत के दुःख भरे चंगुल से मुक्त करवाना।

जैनों की तरह बौद्ध भी अवैयक्तिक संसार में विश्वास करते हैं। हालाँकि,

वे जीव में विश्वास नहीं करते हैं। उनका मानना है, संसार में कुछ भी नित्य नहीं होता। उनके लिए, अमरता का पारसमणि महज एक कपोल कल्पना है जो कि उस दिमाग की उपज है जो कि मौत से भयभीत होता है। बौद्ध धर्म के संस्थापक ने भी बिल्वमंगल और नेमि की तरह स्त्री का त्याग किया था—

'शाक्य कुल के राजकुमार सिद्धार्थ गौतम का पालन-पोषण एक शानदार महल में हुआ जो सुन्दर लोगों और सुन्दर चीज़ों से घिरा हुआ था। जब उनकी उम्र हुई तो उनकी शादी एक सुन्दर स्त्री से हुई जिसका नाम यशोधरा था जिससे उनको एक सुन्दर बेटा हुआ। लेकिन एक दिन, वह बाहर शहर में निकले और उन्होंने पाया कि जीवन बिलकुल सुन्दर नहीं था। वहाँ बुढ़ापा था, बीमारी थी और मृत्यु थी। उनको यह विचार आया कि एक दिन यशोधरा भी बूढ़ी हो जायेगी, बीमार पड़ जायेगी और मर जायेगी। ''क्या इस पीड़ा का कोई इलाज है?'' उन्होंने सोचा। इसका जवाब पाने के लिए, वह महल से बाहर निकल पड़े, अपनी पत्नी और बच्चे को छोड़कर, संन्यासी बन गये और आखिरकार ज्ञान भी प्राप्त किया।'

जैन, बौद्ध और हिन्दू धर्म में जो स्त्री रूप हैं उनमें सभी भौतिक चीज़ों के प्रति इच्छा भरी हुई है। उनका यह रूप देवताओं को भी छल सकता था—

'एक बार विष्णु स्वर्ग से भूदेवी को समुद्र के भीतर से निकालने के लिए सूअर के रूप में उतरे। जब वे बाहर की तरफ़ बढ़े तब भूदेवी ने मादा सूअर का रूप ले लिया। उन्होंने आपस में सम्भोग किया और उनके तीन बच्चे पैदा हुए। विष्णु के बेटे साथ-साथ खेलते थे और जहाँ भी जाते थे तूफान मचा देते थे। पिता का प्यार विष्णु को अपने बच्चों को रोकने से रोकता था। अपनी पत्नी के लिए उनकी भावना पहले से बढ़ गयी और उन्होंने स्वर्ग वापस लौटने का कोई संकेत नहीं दिखाया। अन्त में, शिव ने साँड़ का रूप ले लिया और विष्णु के पुत्रों को मार गिराया। उसके बाद उन्होंने विष्णु के ऊपर हमला किया और ईश्वर को सूअर के शरीर से मुक्त करवाया।' (शिव पुराण)

मानुषी शरीर विष्णु को अपनी पत्नी से जोड़ देता है। उनका दिमाग उनको जाने से रोकता है, जब तक कि शिव, महर्षि, आत्मा-शरीर के इस आवरण को अन्दर की आत्मा से मुक्त नहीं कर देते हैं।

अप्सरा का प्रलोभन

मुक्ति की खोज की भी अपनी बाधाएँ हैं। संसार ऐसे आसानी से नहीं जाने देता है। ठीक उससे पहले जब सिद्धार्थ को दु:ख के कारण का पता चला और वे बुद्ध हो गये, उनको मार की पुत्रियों के ऊपर विजय प्राप्त करनी थी, जो इच्छा की दानवी हैं। ये स्त्रियाँ कई बार सुन्दर अप्सराएँ बन जाती हैं और कई बार कुरूपा बन जाती थीं। यह रूपान्तरण इस संसार के प्रलोभन और आतंक को बताता है। उन्होंने सिद्धार्थ को प्रलोभित करने और तप भंग कर देने की कोशिश की। वे असफल साबित हुए।

हिन्दू मार की बेटी अप्सरा, जलपरी, कश्यप पुत्रियाँ, अपने इस बदलाव से वे भी इस तरह भयंकर रूप से भावनाओं को जाग्रत कर सकती हैं जो कि पुरुष को सांसारिक जीवन का हिस्सा बना सकता है—

'राजा दुर्जय उर्वशी के साथ सम्भोग कर रहे थे, जो स्वर्ग की सुन्दरी थी, कि उनको अपनी पत्नी की याद आयी। उन्होंने उर्वशी को छोड़ दिया, और उससे वादा किया कि एक बार वे अपने पति होने की ज़िम्मेदारी को पूरा कर लेंगे तो वापस आयेंगे। वापस जाते हुए दुर्जय की भेंट एक गन्धर्व से हुई जिसने गले में एक बड़ी ही अच्छी माला पहन रखी थी। दुर्जय ने उस गन्धर्व से लड़ाई लड़ी और उसकी माला निकाल ली। जब दुर्जय उर्वशी के पास वापस लौटकर आया तो उसके गले में वही चोरी की माला थी, तब उसने पाया कि उर्वशी और ही तरह की लग रही थी। उसने उसकी मनुहार भरी बातों का कोई जवाब नहीं दिया। जब उसने ज़ोर दिया तो उसने खुद को एक काली और रोयेंदार चुड़ैल में बदल लिया और उसे डरा कर भगा दिया।' (कूर्म पुराण)

जब कोई साधू सांसारिक जीवन से मुक्ति चाहता है तो उसको अप्सराओं के ऊपर जीत हासिल करनी होती है। जो कि दुनियावी सुखों का मूर्त रूप होती हैं—

'ऋषि दधीचि तपस्या कर रहे थे, अपनी इन्द्रियों को वश में किये हुए और अपने दिमाग के ऊपर नियन्त्रण रखते हुए। तप के बल से इन्द्र घबरा

गया तब उसने अप्सरा अलम्बुषा को दधीचि के ध्यान को भंग करने के लिए भेजा। सुबह के समय जब ऋषि सरस्वती नदी में नित्य क्रियाओं से निवृत्त होने में लगे हुए थे कि उसी समय वह अप्सरा नदी में नग्न प्रकट हुई। उस अप्सरा के मादक शरीर ने ऋषि को इतना प्रभावित किया कि वे अपना होशो-हवास खो बैठे और उन्होंने नदी में अपना वीर्य गिरा दिया। जलदेवी के गर्भ में दधीचि का बच्चा आ गया और कुछ समय के बाद उन्होंने ऋषि सारस्वत को जन्म दिया।' (महाभारत)

काम भावनाएँ हमेशा स्त्री के रूप में ही नहीं आती हैं। जब उसको धीरे-धीरे शान्त करने के बजाय ज़बर्दस्ती दबाया जाता है तो वे बड़े विकृत रूप में ही दिखायी दे जाती हैं—

'साधू विभंदका ने अपनी इन्द्रियों को वश में कर लिया, अपने दिमाग को काबू में कर लिया और अपने बीज को इस उम्मीद में बचाये रखा कि वे इस भौतिक दुनिया के पार चले जायेंगे। इन्द्र उनके तप से परेशान हो गया और इसलिए उसने एक सुन्दर अप्सरा को उनको मोहित करने के लिए भेजा। उसको देखते हुए, ऋषि की भावनाएँ इतनी जाग्रत हो गयीं कि उन्होंने वीर्य गिरा दिया। वीर्य को एक हिरनी खा गयी। कुछ समय के बाद हिरनी ने विभंदका के बेटे को जन्म दिया। उसके माथे के बीचोंबीच एक सींग था इसलिए उसका नाम ऋष्यशृंग पड़ा।' (महाभारत)

कई बार कोई बड़ा प्रलोभन किसी ऋषि को संसार में रोक लेता है—

'राजा भरत ने दुनिया का त्याग कर दिया, अपनी इन्द्रियों को वश में कर लिया और अपने दिमाग को अनुशासित कर लिया। जैसे ही वे मोक्ष प्राप्त करने वाले थे कि उन्होंने देखा कि एक बाघ ने एक गर्भवती हिरनी के ऊपर हमला कर दिया है। हिरनी भाग गयी लेकिन बाद में वह अपने जख़म से मर गयी। जब वह आखिरी साँस ले रही थी कि उसके गर्भ से एक भ्रूण बाहर निकल गया। उस बच्चे को असहाय देखते हुए भरत के हृदय में मातृत्व भावना जाग उठी। उन्होंने तपस्या छोड़ दी और उस बच्चे की देखभाल करने लगे। जब वह मर रहे थे तो उनके दिमाग में जो आखिरी बात आयी थी वह अपने उसी पालतू मृग-शावक को लेकर थी। जिसका नतीजा यह हुआ कि

जो इस संसार से मुक्त होने वाला था उसका जन्म इस संसार में एक हिरन के रूप में हुआ।'

सुख की चाह ऐसी होती थी कि पिता अपने बच्चों की खुशियों का भी गला घोंट देते थे—

'ययाति ने अपनी पत्नी देवयानी को धोखा दिया और उसकी कामवाली शर्मिष्ठा को अपनी रखैल के रूप में रख लिया। जब देवयानी को इस बात का पता चला तो उसने इसकी शिकायत अपने पिता से की, ऋषि शुक्र से, जिसने ययाति को यह शाप दिया कि वह बूढ़ा और अशक्त हो जाये। ययाति ने यह विनती की कि उसकी जवानी उसे वापस दे दी जाये क्योंकि उसके अन्दर सांसारिक सुखों की वासना भी बची ही है। ''तुम अपनी खोयी हुई जवानी तभी वापस पा सकते हो जब तुम्हारे पुत्रों में से कोई तुम्हारे बूढ़े और जर्जर शरीर को अपना ले।'' ययाति अपने बेटों के पास गया। सभी पुत्रों ने मना कर दिया। उनका सबसे छोटा पुत्र अपने पिता के लिए बूढ़ा बन जाने के लिए तैयार हो गया। समय गुज़रने के साथ ययाति को यह बात समझ में आयी कि सांसारिक सुखों की उसकी भूख कभी कम होने वाली नहीं है। सांसारिक सुखों के इस अस्थायित्व को समझते हुए उन्होंने संसार को छोड़ देने का फैसला किया। उन्होंने पुरु को उसका यौवन लौटा दिया और संन्यासी का जीवन बिताने तथा आध्यात्मिक सुकून हासिल करने के लिए जंगल का रुख किया।' (महाभारत)

जो सच्चा साधू होता है वह सांसारिक सुख और सांसारिक शक्ति को जानता है, काम और अर्थ को कि वे अल्पकालिक होते हैं। वे उनको सम्मोहित नहीं करते बल्कि वे सम्मोहित करने वाले को ही सम्मोहित कर देते हैं—

ऋषि नर और नारायण एक गुफ़ा में अलग हो गये ताकि तप कर सकें। उनका तप भंग करने के लिए इन्द्र ने अपनी सभी अप्सराओं को भेज दिया। अप्सराओं ने आकर नाच-गान किया लेकिन वे ऋषि अप्रभावित रहे। उन्होंने बस उनकी जंघाओं को थपथपा दिया। तब एक ऐसी अप्सरा आयी जो कि बाकी अप्सराओं से बहुत अधिक सुन्दर थी। उसका नाम उर्वशी था। उसकी सुन्दरता से प्रभावित होकर इन्द्र उसको अमरावती लेकर गये और दोनों साधुओं को अकेले छोड़ दिया।' (भागवत पुराण)

पलायन या नियन्त्रण

जो संन्यास की परम्परा है वह सांसारिक जीवन की खुशियों को खारिज कर देती है और इस तरह स्त्रियों के सुख को भी। वे वेदान्त के इस विचार से प्रभावित होते हैं कि यह संसार माया है जो भावनाओं को भड़का देता है और दिमाग को वश में कर लेता है। एक साधू जो होता है वह प्रकट से भी परे सत्य की तलाश करता है। वह अपने दिमाग को अनुशासित करता है ताकि वह प्रकृति के प्रलोभनों में न आ जाये। वह ब्रह्मांड के रहस्य को समझता है और दुनिया को समझने की सूझ लेता है। जो ज्ञान उसे हासिल होता है वह उसका उपयोग करके समाधि लगाता है और खुद को जीवन-चक्र से मुक्त कर लेता है। वह इसके बल पर सिद्धि भी प्राप्त कर सकता है और आस-पास की दुनिया के कामकाज को संचालित करने लगता है।

जब कोई अप्सरा किसी ऋषि के सामने प्रकट होती है तो उसका दोहरा उद्देश्य रहता है—उसके संकल्प का परीक्षण करना एवं अधिक शक्ति प्राप्त करने की उसकी कोशिशों के ऊपर काबू करना—

'महाराज कौशिक ने शस्त्र के बल पर ऋषि वशिष्ठ की गाय नंदिनी को चुराने की कोशिश की। ऋषि ने सिद्धि के बल पर मुकाबला किया। उसने हवा से सेना उतार दी और राजा को हरा दिया। इस बात को समझते हुए कि उनकी जो सांसारिक शक्ति है वह आध्यात्मिक शक्ति का मुकाबला न कर सके, कौशिक ने ऋषि बनने का फैसला किया और वशिष्ठ से अधिक शक्तिशाली बन गये, उन्होंने राजपाट छोड़ दिया, जंगल की ओर चले गये तपस्या करने लगे। उनका ध्यान भंग करने के लिए अप्सरा मेनका आयी और वह उनके सामने नग्न नाचने लगी और वह उनका ध्यान भंग कर पाने में सफल रही। जब कौशिक को यह बात समझ आयी कि उनको धोखा दिया गया तब उन्होंने मेनका को भगा दिया और फिर से तपस्या शुरू कर दी। तब इन्द्र ने अप्सरा रम्भा को भेजा। कौशिक ने अपनी इन्द्रियों के ऊपर पूरा नियन्त्रण कर लिया था कि वह रम्भा के जादू से दूर रह सकें, लेकिन अपने गुस्से के ऊपर पर्याप्त नियन्त्रण नहीं किया था। जो भी आध्यात्मिक शक्तियाँ

 भारत में देवी

उसने हासिल की थीं उनकी बदौलत उसने रम्भा को पत्थर में बदल जाने का शाप दिया। इस बात से प्रभावित हुए बिना कि वह अपने दिमाग के ऊपर काबू नहीं रख पाया और कौशिक ने अपनी तपस्या फिर शुरू कर दी। इन्द्र ने कुछ और अप्सराओं को भेजा लेकिन इस बार कौशिक उनके प्रभाव में नहीं आया और न ही चिढ़ा। उसने सच्चे अर्थों में अपने दिमाग को जीत लिया और महान ऋषि विश्वामित्र बन गये जो कि अपनी आध्यात्मिक शक्तियों के लिए जाने जाते थे।' (महाभारत)

मेनका ने ऋषि को लुभाने के लिए काम का प्रयोग किया। रम्भा ने उसको हिंसा के लिए उकसाया। बहरहाल, अप्सराएँ उनसे स्वाभाविक भाषा को बुलवा पाने में सफल रहीं और वे इस तरह से जीवन-चक्र से बँधे रह गये। काम और हिंसा संसार की निष्ठा को बनाये रखता है। कोई जीव काम-भावना में इसलिए शामिल होता है क्योंकि वह अपनी सन्तति को बढ़ाना चाहता है और आत्मरक्षा के लिए हिंसा करता है। काम और हिंसा जीवों को देश-काल के चक्र में उलझा देते हैं। जो लोग भी प्रकृति से स्वतन्त्रता चाहते हैं वे इस तरह की भाषा नहीं बोलते हैं; जिनको प्रकृति से फायदा चाहिए होता है वे बोलते हैं। इसलिए ब्रह्मचर्य और अहिंसा आश्रम के जीवन के लिए बुनियाद का काम करती है जबकि काम और रक्त-बलि उर्वरता से आचारों से जुड़ी होती है।

ऋषि और अप्सरा की मुठभेड़ महज़ इन सांसारिक कामनाओं का ही संघर्ष नहीं होती है, बल्कि यह आश्रम-व्यवस्था और गृहस्थ-व्यवस्था का भी संघर्ष होती है। गृहस्थ-व्यवस्था भौतिक आकांक्षाओं को समर्थन देती है—अधिक फसल, गाय, अधिक बच्चे। इसमें काम की बड़ी भूमिका होती है। वर्षा का देवता इन्द्र अपनी उद्दाम काम भावना के लिए जाना जाता है। क्योंकि उर्वरता का देवता होने के कारण उसकी वीरता सूखा और गरीबी को रोकती है। वह अपनी बिजली की कड़क से काले बादल पैदा करता है, वर्षा के साथ धरती की देवी के साथ सम्भोग करता है और उसके कारण हरियाली आती है। प्रकृति के तरीके के विरुद्ध किसी भी तरह की कोशिश इन्द्र को खतरा लगती है। उर्वरता के देवता संन्यास को सहन नहीं कर सकते हैं। वह जिस तरह से ऋषियों के संकल्प को ढीला करने के लिए अप्सराओं का उपयोग करता है

उससे यह बात समझ में आती है कि उर्वरता के पंथ में महिलाओं को कितना महत्त्व दिया गया है।

रचनात्मक ऊर्जा का पात्र होने के कारण प्रकृति की जीवनदायिनी क्षमताओं में वृद्धि के लिए किये जाने वाले सभी अनुष्ठानों में स्त्रियों की भूमिका महत्त्वपूर्ण होती है। ये अनुष्ठान इस तांत्रिक मान्यता से बुरी तरह प्रभावित होते हैं कि जीवन—शक्ति है या सभी शक्तियों का स्रोत होता है।

यन्त्र, मन्त्र और मैथुन का उपयोग करके प्रकृति की रचनात्मक क्षमता को बढ़ाया जाता है जिससे कि मिट्टी अधिक उपजाऊ हो और जानवर अधिक दुधारू हों। हिन्दू घरों में सुहागिनों से यह उम्मीद की जाती है कि वे चमकीले कपड़े पहनें, अपने हाथों, पैरों और सिर को सिन्दूर से रंगें या पाउडर लगायें या गहनों तथा फूलों से सजायें। उनसे यह उम्मीद की जाती थी कि वे सौभाग्य सूचक रंगोली घर के बाहर बनायें जिससे सौभाग्य आये। वे व्रत उपवास आदि करती हैं ताकि घर में खुशी आये, सबका स्वास्थ्य बेहतर रहे। उसे सुहागिन कहा जाता है जो उन चीज़ों को सामने लाती है जो कि संसार में देने के लिए सबसे सुन्दर होती हैं। वह उर्वरता के कर्मकांडों में पुजारिन की पारम्परिक भूमिका का निर्वाह भी करती है—'बचपन से ही ऋष्यशृंग के पिता ने उसे किसी भी स्त्री की तरफ़ देखने से रोका। वह जंगल में संन्यासी का जीवन बिता रहा था, सभी वासनाओं से दूर। समय के साथ, उसे सिद्धि की प्राप्ति हुई। एक दिन, जब वह पानी का घड़ा लेकर चल रहा था, ऐसी मूसलाधार वर्षा हुई कि उसका घड़ा टूट गया। गुस्से में आकर, उसने अपनी आध्यात्मिक शक्तियों का प्रयोग कर इन्द्र को बारह साल तक बादलों से पानी छोड़ने से रोक दिया। धरती पर अकाल पड़ गया। ऋष्यशृंग के शाप को रोकने का एक ही तरीका था कि उसे उसकी आध्यात्मिक शक्तियों से दूर किया जाये। एक स्थानीय राजा ने देवताओं के कहने पर उसके पास अपनी बेटी शान्ता को भेजा ताकि वह उसे अपने जाल में फँसा सके। ऋष्यशृंग ने किसी स्त्री को पहले कभी देखा नहीं था। उसका अजीब-सा शरीर, सुडौल और लुभावने बदन ने उसकी उत्सुकता को जगा दिया। उत्सुकता आकर्षण में बदल गयी। जब उसके पिता बाहर थे तब ऋष्यशृंग ने शान्ता को छूने की इच्छा ज़ाहिर की। उसने

उसे छूने दिया। जल्दी ही वह इच्छा के वश में आ गया। उसने शान्ता के साथ सम्भोग किया, अपना वीर्य गिराया, इससे प्रकृति की शक्तियों के ऊपर उसका नियन्त्रण खत्म हो गया और बारिश होने लगी।' (जातक कथा, महाभारत)

वीर्य गिराना ऐसे है जैसे बीज गिराना या मधुमक्खी जिस तरह कली से फूल बनाकर प्रकृति की उर्वरता को बढ़ा देती है। वीर्य को रोकना जीवन चक्र के विरुद्ध जाता है और जो ऊर्जा को जगाता है जो संन्यासियों को इस संसार के परे ले जाता है। यह ऊर्जा तप कहलाती है।

वीर्य-शक्ति

पारम्परिक हिन्दू शरीरशास्त्र के मुताबिक वीर्य एक जादुई चीज़ होता है, जिसकी हर बूँद खून की सौ बूँदों से बनती है। भोजन में जो रस होता है वह प्लावित में बदल जाता है, फिर शरीर में, फिर, चर्बी में, फिर अस्थि में, फिर मज्जा में, फिर स्नायु में और अन्त में वीर्य में। इस प्रकार से वीर्य जो होता है वह घनीभूत रस होता है, इतना शक्तिशाली होता है कि वह जीव को सँभाल सकता है और उसे गर्भ में पहुँचा देता है। जब वीर्य को बचाया जाता है तो वह बहुत सुन्दर तत्व ओजस में बदल जाता है। ओजस शरीर से होता हुआ शरीर को जीवन्त बना देता है। यह पुरुष को सोचने और महसूस करने में मदद करता है। इसका उपयोग वीर्य को लिप्त करने और सांसारिक उत्तेजनाओं के प्रति प्रतिक्रिया करने में किया जा सकता है। या आस-पास के संसार से सम्पर्क बनाकर इसे बचाया जा सकता है। जो योगी, ऋषि या सिद्ध बनने की आकांक्षा रखते हैं वे अपनी आँखों को बन्द कर लेते हैं, अपनी इन्द्रियों को वश में कर लेते हैं अपने मस्तिष्क को अनुशासित कर लेते हैं और जो संचित ओजस होता है उसे तप में बदल लेते हैं। तप उचित मानसिक और शारीरिक नियन्त्रण का उत्पाद होता है। यह सन्यासियों के इर्द-गिर्द आभामंडल पैदा करता है और उसे शक्तिशाली भी बनाता है। वह इस अग्नि का उपयोग समाधि के लिए कर सकता है, अपने कर्मों को जाग्रत करने में, अपने अहम् के विलयन में और जीवन-चक्र से मुक्ति में। वैकल्पिक रूप से इस शक्ति

के उपयोग के माध्यम से सिद्धि अर्जित की जा सकती है और ब्रह्मांड की शक्तियों को मनोनुकूल बनाया जा सकता है। सिद्धि वह शक्ति प्रदान करती है जिससे शरीर के आकार-प्रकार को बदला जा सकता है, तैरा जा सकता है, उड़ा जा सकता है, अपनी इच्छा से कुछ भी हासिल किया जा सकता है, देश और काल को नियन्त्रित किया जा सकता है, प्रशान्त रहा जा सकता है और ईश्वर जैसी अवस्था को प्राप्त किया जा सकता है।

केवल ऐसे इन्सान जो कि ईश्वर सरीखे नहीं होते हैं वे ही वीर्य गिरा सकते हैं—

'दानव जालंधर ने अप्सराओं को बनाया ताकि शिव के ध्यान को भंग किया जा सके। इस प्रकार जब शिव का ध्यान भंग हुआ तो दानव ने शिव का रूप ले लिया, और शिव के आवास में घुस गया और उसने पार्वती को सम्भोग करने के लिए आमन्त्रित किया। चूँकि शिव ने स्वयं उसे आमन्त्रित किया था इसलिए पार्वती को सन्देह हो गया। उसने अपनी सेविका जाया को यह कहा कि वह उसका रूप लेकर जालंधर के पास जाये। पार्वती का भेष बनाकर जाया ने जालंधर के साथ सम्भोग किया। उसका आवेग खत्म हो गया और उसका वीर्यपात भी हो गया। ''तुम अपने वीर्य को सँभाल कर नहीं रख सकते हो इसलिए तुम भगवान नहीं हो सकते हो, शिव तो बहुत दूर की बात है,'' जाया ने कहा, ''भाग जाओ और मर जाओ''।' (पद्म पुराण)

जो सिद्धि या समाधि चाहता है वह स्त्रियों से संसर्ग से बचता है। जब वह किसी को अपनाता है, तो वह अपने बीज नहीं गिराता, बल्कि वह स्त्री की रचनात्मक ऊर्जा को निकालता है जो कि स्त्री के अस्तित्व का सार होता है—

'शिव को मारने की उम्मीद में दानव आदि ने पार्वती का रूप ले लिया, अपनी योनि में बिजली जैसे तेज़ दाँत रख लिये और शिव से सम्भोग करने के लिए कहा। लेकिन शिव ने इस बात को पहचान लिया कि वह पार्वती नहीं है और बिना बीज गिराये सम्भोग करते रहे। आखिरकार, जब वह शिव के सम्भोग की तीव्रता को उस तरह से नहीं सह पाया जिस तरह से पार्वती सहन कर सकती थी तो आदि की मौत हो गयी।' (मत्स्य पुराण)

 भारत में देवी

पुरुष की अमर आत्मा पिता के बीज से आती है और मर्त्य शरीर माँ के रक्तस्राव से। स्त्री रचनात्मक ऊर्जा विनाशकारी ऊर्जा होती है जो कि पुरुष को जन्म-जन्मान्तर के बन्धन में बाँध लेता है। कोई पुरुष जो कि बिना रजोस्राव के दाग के पैदा होता है वह महामानव होता है और उसका शरीर हमेशा जवान बना रहता है तथा उसका दिमाग बहुत शक्तिशाली होता है जो संसार के बदलाव से अप्रभावित रहता है। इस प्रकार के पुरुष को वीर कहा जाता है।

पौरुष का मूर्त रूप

कोई वीर संन्यासी और योद्धा दोनों हो सकता है। संन्यासी के रूप में वह स्त्री और सांसारिक खुशियों का त्याग करता है। उसका मानसिक नियन्त्रण तप को पैदा करता है जो कि उसे अत्यन्त शारीरिक बल प्रदान करता है। इस तरह, वीर का संन्यास जो होता है वह उसे योद्धा बनाने के लिए जिम्मेदार होता है। वीर को पौरुष का मूर्त रूप माना जाता है क्योंकि अपने पूरे जीवन में उसका स्त्री के साथ किसी तरह का संसर्ग नहीं होता है। वह तो स्त्री के लिए पैदा हुआ ही नहीं होता है—

'भगवान विष्णु ने एक बार अप्सरा मोहिनी का रूप ले लिया। उसके रूप से प्रभावित होकर शिव ने अपना वीर्य गिरा दिया। विष्णु ने वीर्य को जमा किया और उसे एक बच्चे में बदल दिया, जिसका नाम था ऐयानर।' (सबरीमाला स्थल पुराण, केरल) जिनको अय्यप्पा या सस्था के नाम से भी जाना जाता है, ऐयानर दो पुरुष देवताओं शिव और विष्णु के पुत्र हैं इसलिए वे अयोनिज हैं अर्थात् जिनका जन्म योनि से नहीं हुआ है, इसलिए उनके ऊपर रजोस्राव के रक्त का दाग नहीं होता। उनको एक निस्सन्तान राजा ने गोद ले लिया और तब तक राजकुमार की तरह पाला जब तक कि रानी ने एक पुत्र को जन्म नहीं दे दिया और महत्त्वाकांक्षा जाग्रत नहीं हो गयी—

'अपने पुत्र की गद्दी को सुरक्षित रखने के लिए रानी ने बीमारी का बहाना किया और यह दावा किया कि जब कोई कुंवारा वीर पुरुष किसी बाघिन का दूध लेकर आयेगा तब जाकर वे ठीक हो पायेंगी। सस्था तत्काल

जंगल के लिए निकल पड़ा। जब वह बाघिन का दूध दूह रहा था, तब अपनी दैवी आभा के कारण उसका सामना एक जंगली जीव से हुआ जिसका नाम था महिषी, जिसने उसके ऊपर एक भैंस बनकर हमला कर दिया। अय्यपा ने उसे मार दिया और एक बाघिन के ऊपर बैठकर नगर में लौटा, उसके शरीर पर लड़ाई के कारण निशान पड़े हुए थे, और पात्र में उसने बाघिन का दूध लिया हुआ था। लोगों ने उसका उत्साह से स्वागत किया और वे चाहते थे कि वह उनका राजा बने। लेकिन सस्था ने राजा बनने से मना कर दिया और जंगल में वापस लौट गया। वावर नामक योद्धा के साथ उन्होंने कई तरह के रोमांचक काम किये और आखिर में सबरीमाला पहाड़ी पर जाकर बैठ गये।' (सबरीमाला पुराण, केरल)

सस्था की जो छवि है उसमें उसको योगी की मुद्रा में योग-पट्ट डाले दिखाया गया है, जो कि उसकी कमर के इर्द-गिर्द कसकर बाँधा हुआ है जो इस बात का प्रतीक है कि उनकी अपने शरीर और मस्तिष्क पर मज़बूत पकड़ है। सांसारिक जीवन में उनकी कोई रुचि नहीं है। उनकी कोई सहचरी नहीं है। उनके मन्दिर में स्त्रियों को तो जाने भी नहीं दिया जाता है। उनका चिर सहयोगी एक पुरुष है। उनके दुश्मन—महत्त्वाकांक्षी रानी और जंगली दैत्य—दोनों ही स्त्रियाँ हैं। इस तरह उसने सभी भौतिक चीज़ों के ऊपर जीत हासिल कर ली, सांसारिक भावनाओं से ऊपर उठकर उन्होंने वह जीवन जिया जो कि स्त्री भाव से पूरी तरह मुक्त था, जीवन-चक्र से भी मुक्त।

सम्भोग के बिना गर्भाधान

शिव पुराण में शिव ने जो वीर्य गिराया, जो कि मोहिनी की सुन्दरता से निकला था और वायु देवता वायु ने जमा कर लिया और अंजनी के कान में डाल दिया जिससे आखिरकार उसने हनुमान को जन्म दिया, अपने गर्भ से नहीं बल्कि अपने कान से। ऐयानर की तरह हनुमान ब्रह्मचारी वीर हैं। स्त्रियाँ हनुमान की पूजा करने से गुरेज करती हैं क्योंकि वे उनके ब्रह्मचर्य का सम्मान करती हैं और यह नहीं चाहती हैं कि गलती से भी वे उनको लुभाने का कारण बन

जायें। हनुमान पहलवानों के संरक्षक हैं जिनको यह सलाह दी जाती है कि अगर वे चाहते हैं कि उनके भीतर महामानव जैसी शक्तियाँ आ जायें तो उनको ब्रह्मचारी रहना चाहिए।

दिलचस्प बात यह है कि बाली देश के हिन्दू धर्म में हनुमान भारत के ब्रह्मचारी योद्धा देवता की तरह नहीं हैं। वह स्त्रियों के बीच रहने वाले देवता हैं जो कि अपनी काम-भावना का प्रयोग करके महिलाओं को अपने वश में करता है और शारीरिक ताकत के प्रयोग द्वारा पुरुषों को हरा देता है।

भारत में नाथ-जोगी हनुमान की पूजा महान साधक के रूप में करते हैं। सबसे महान, क्योंकि उनके भीतर किसी तरह का अहम् नहीं है और अपनी ताकत के बावजूद वे भगवान् राम की पूजा नि:स्वार्थ भाव से करते रहते हैं। नाथ-जोगी भिक्षु होते हैं जिनके पास सिद्धि होती है। उनको किसी तरह की सांसारिक सम्पत्ति की आकांक्षा नहीं होती है, तो भी उनके अन्दर यह क्षमता होती है कि वे संसार को नियन्त्रण में रखें। वे गाँव-देहातों में घूमते हैं और हनुमान के ब्रह्मचर्य की महानता की कहानियाँ सुनाते रहते हैं जो कि उनको ऐसी ताकत देता है कि वे बिना सम्भोग के ही बच्चे पैदा कर सकें—

'हनुमान को एक बार पाताल लोक जाना पड़ा राम को दानवों के राजा महिरावण के चंगुल से छुड़ाने के लिए। एक बहुत ही शक्तिशाली दरबान जिसका नाम मकरध्वज था, उनके रास्ते में आ खड़ा हुआ। जब वे मकरध्वज को हरा पाने में असमर्थ रहे तो उससे परेशान होकर हनुमान ने सिद्धि का प्रयोग करते हुए मातृ-देवी का आह्वान किया। देवी उन दोनों के सामने आ गयीं और उन्होंने यह खुलासा किया कि मकरध्वज हनुमान का पुत्र था। ''यह कैसे सम्भव है?'' हनुमान ने पूछा। ''मैं कभी किसी स्त्री के पास नहीं गया।'' तब उस देवी ने उनको समझाया कि काफ़ी समय पहले जब हनुमान समुद्र के ऊपर से उड़ रहे थे तब उनके पसीने की एक बूँद आकाश से एक समुद्री हाथी या मकर के मुँह में गिर गयी थी और मकर गर्भवती हो गयी और कुछ समय बाद उसने मकरध्वज को जन्म दिया। ''तुम्हारे शक्तिशाली शरीर के द्रव्य से पैदा होने के कारण मकरध्वज तुम्हारी ही तरह शक्तिशाली है, इसलिए तुम उसे हरा नहीं सकते'', देवी ने इस बात का खुलासा किया। उसके जन्म

का रहस्य सुनकर मकरध्वज ने अपने पिता से इस बात के लिए माफ़ी माँगी कि उसने अपने ही पिता के ऊपर हाथ उठा दिये। उसने महिरावण को मारने में हनुमान की मदद की और राम को मुक्त कर दिया।' (अद्भुत रामायण, उत्तराखंड की लोककथा)

एक और कथा के मुताबिक, हनुमान की आवाज़ स्त्री योद्धाओं के देश में स्त्री की आवाज़ की नकल कर सकती थी—

'मैनावती, जो कि सिंहल की राजकुमारी थी, ने एक बार यह देखा कि स्वर्ग का जीव वासु आकाश मार्ग से उड़ रहा था। हवा के कारण उसके कपड़े उड़ गये और नीचे से मैनावती ने उसके अंगों को देख लिया। उसने उसकी लम्बाई को देखकर कोई टिप्पणी की और हँसने लगी। इससे गुस्से में आकर वासु ने उसको उठाया और उसको वहाँ लाकर पटक दिया जहाँ चारों तरफ़ स्त्रियाँ ही थीं, पुरुषों की वहाँ तक पहुँच नहीं थी। स्त्री-वीरों की उस भूमि को यह अभिशाप मिला हुआ था कि वहाँ कोई पुरुष प्रवेश नहीं कर सकता था और कोई स्त्री वहाँ से जा नहीं सकती थी। काम-पीड़ा से निराश होकर उस धरती की स्त्रियों ने मातृ-देवी का आह्वान किया। मातृ-देवी ने हनुमान को इस बात का आदेश दिया कि वे उस स्त्रियों की धरती के ऊपर जाकर माँ बनने में उन स्त्रियों की मदद करें। ''लेकिन मैं एक ब्रह्मचारी योद्धा हूँ और मैं किस तरह उनको गर्भवती बना सकता हूँ?'' हनुमान ने आश्चर्य के साथ पूछा। समाधान राम ने सुझाया, ''कोई ऐसा हो जिसकी आवाज़ तुम्हारी आवाज़ की तरह हो तो उसको किसी स्त्री को गर्भवती बनाने के लिए शारीरिक सम्बन्ध बनाने की ज़रूरत नहीं पड़ेगी।'' इसके अनुसार, हनुमान उस धरती के सीमान्त तक गये और वहाँ जाकर राम की भक्ति के गीत गाने लगे। जिन स्त्रियों ने भी उन गानों को सुना वे सभी गर्भवती हो गयीं। उन्होंने हनुमान की वाचिक वीरता की तारीफ़ की।' (नव-नाथ-चरित)

वैसे हनुमान मैनावती को एक बच्चा दे पाने में सफल रहे लेकिन उसने किसी पुरुष के साथ शारीरिक सम्बन्ध बनाने की इच्छा प्रकट की। उसकी सन्तुष्टि के लिए, हनुमान ने एक शिष्य को उनके पास भेजा जो कि नाथजोगियों के नेता थे, मत्स्येन्द्रनाथ। केवल मत्स्येन्द्रनाथ के पास वह आध्यात्मिक शक्ति

थी कि वे उस धरती पर रह सकते थे जहाँ किसी भी आदमी को जाने तक की इजाज़त नहीं थी—

'एक गर्भवती मछली के भीतर किसी भ्रूण ने शिव द्वारा बताये गये इस रहस्य को सुन लिया जो कि वे अपनी पत्नी पार्वती को सुना रहे थे। इस सूचना के साथ मछली का वह भ्रूण एक आदमी में बदल गया। शिव ने उस आदमी को आशीर्वाद दिया और उसका नाम रखा मत्स्येन्द्रनाथ, जो कि बाद में पहला नाथजोगी बना। हनुमान ने मत्स्येन्द्रनाथ को उस धरती पर भेजा कि वे वहाँ जाकर मैनावती तथा अन्य स्त्रियों की काम-भावना को सन्तुष्ट करें। मत्स्येन्द्रनाथ ने आदेश का पालन किया। जैसे-जैसे समय गुज़रता गया वे वहाँ के सुखों में इस कदर डूबे कि उसके बाहर की दुनिया के बारे में भूल गये। सालों बाद, मत्स्येन्द्रनाथ के विद्यार्थी गोरक्षनाथ स्त्रियों की धरती पर गये और उन्होंने अपने गुरु को इसके लिए दुत्कारा कि वे अपनी इन्द्रियों के ऊपर वश खो चुके थे। सांसारिक चीज़ों में उनका इतना ध्यान लगा हुआ था कि उससे जब उनका परिचय हुआ तो उन्होंने मैनावती को अलविदा कहा, अपने संन्यास वेश को धारण किया और औरतों की उस धरती को हमेशा के लिए छोड़ दिया।' (नव-नाथ-चरित)

मत्स्येन्द्रनाथ के ब्रह्मचर्य ने उनको इस काबिल बनाया कि वे स्त्रियों की धरती पर प्रवेश करें लेकिन उनके काम-भाव ने उनको वहाँ से जाने नहीं दिया। यह लोक-परम्परा इस शास्त्रीय मान्यता के ऊपर आधारित है कि माया किसी को संसार से बाँध कर रखती है, तप उनको मुक्ति देता है। तप आध्यात्मिक ताकत होती है जिसको अप्सराएँ तोड़ने की कोशिश करती हैं।

परतदार ब्रह्मांड

कहा जाता है कि तप से तेजी पाकर वीर्य ऊपर की तरफ़ बढ़ता है और रीढ़ की हड्डी से होता हुआ दिमाग तक पहुँच जाता है और उसको संसार के उन रहस्यों से अवगत करवाता है, इन्सानी दिमागों की जहाँ तक पहुँच नहीं होती। यह ज्ञान किसी मनुष्य को केवलिन बना देता है। जैन तीर्थंकर केवलिन हैं

जिनको सभी जीवों के अतीत, वर्तमान और भविष्य का ज्ञान होता है। इस ज्ञान से इस बात को समझने में मदद मिलती है कि सभी चीज़ें क्षणभंगुर हैं। वे संसार के बन्धन से मुक्त होकर स्वर्ग की तरफ़ बढ़ जाते हैं जो कि पूर्णता की दुनिया होती है—जो स्वर्ग से भी परे की दुनिया है, जो कि देवताओं का स्वर्ग है। जैनों का ब्रह्मांड अनेक स्तरीय है। नीचे पदार्थ का क्षेत्र है, उसके बाद वह क्षेत्र आता है जिसमें सभी कुछ देश-काल से बँधा हुआ होता है। जहाँ हर विचार सापेक्षिक होता है, जहाँ हर सत्य सापेक्ष होता है, हर सत्य औपबंधिक, हर घटना भ्रम, हर भाव क्षणिक। सबसे ऊपर आध्यात्मिक क्षेत्र होता है—अनन्त सुखों का स्वर्ग—परम सत्य की दुनिया जहाँ हर चीज़ शान्त और निर्मल है। जैन धर्म का यह मानना है कि जो व्यक्ति आध्यात्मिक जीवन से अपने लगाव का त्याग कर देता है, जीवन के ऊँचे स्तर की तरफ़ बढ़ता रहता है और आखिरकार स्वर्ग में जा पहुँचता है। जो सभी लगावों से मुक्त हो जाते हैं, वे संसार से मुक्त हो जाते हैं और अनन्त सुख के स्वर्ग में जाते हैं और तीर्थंकर बन जाते हैं।

जबकि बौद्ध धर्म की पुरानी शाखा हीनयान की ऐसी मान्यता है कि उनका नेता एक पुरुष था और जब धरती पर उसके जीवन का अन्त करीब आया तो उन्होंने निर्वाण ले लिया, बाद में महायान शाखा के बौद्ध बहुस्तरीय ब्रह्मांड की बहुस्तरीय संकल्पना के साथ आये, जो कि जैनों के ही समान था, जिसके अनुसार, बुद्ध केवल प्रबुद्ध जीव ही नहीं थे बल्कि वे ईश्वर समान थे जो कि ऊपरी स्वर्ग में रहते थे।

बौद्ध धर्म का जो स्वर्ग है वह पूरी तरह से खुशियों से भरा हुआ है; उसके नीचे जो परतें हैं वे बढ़ती ऐन्द्रिकता और दु:ख के क्षेत्र हैं। हिन्दू विश्वदृष्टि में लोक खुशियों के क्षेत्र होते हैं जो कि पुरुष के सिर के ऊपर अवस्थित होते हैं जबकि अँधेरी दुनिया के किस्से पाँवों के नीचे होते हैं। कर्म आत्मा को शरीर से जोड़ देता है और पुरुष को धरती से बाँध देता है। कर्मों के विनाश से पुरुष के लिए इस बात की सम्भावना बढ़ जाती है कि उसका पुनर्जन्म ईश्वर जैसे उच्च जगत में हो जहाँ वह अनन्तकाल तक अनन्त खुशियों का आनन्द उठा सके। दूसरी तरफ़ जिस आदमी के पास कर्मों का संचय हो जाता है वह

आदमी मजबूर हो जाता है कि धरती पर उसका जन्म हो या पाताल लोक में, दानव के रूप में जहाँ उसको हर समय नफ़रत, ईर्ष्या, कामना और मृत्यु का सामना करना पड़े—जो कि हिन्दू धर्म के नरक की अवधारणा है—

'एक महिला के साथ विवाहेतर सम्बन्ध, एक गाय की हत्या और उसे खा जाने के तीन अपराधों के जुर्म में राजा सत्यव्रत को उनके गुरु वशिष्ठ ने यह शाप दिया कि वह एक अछूत त्रिशंकु के रूप में सामने आये। एक अछूत होने के कारण त्रिशंकु कभी स्वर्ग में नहीं जा सकता था। उसने तय किया कि इस शाप से मुक्त होने के लिए एक यज्ञ का आयोजन करे। एक अछूत की तरफ़ से आयोजित यज्ञ में पूजा करवाने के लिए सिर्फ़ विश्वामित्र ने ही सहमति दी। यज्ञ की ताकत से त्रिशंकु अमरावती तक पहुँच गया लेकिन देवताओं ने उसको भगा दिया। जब वह नीचे आया विश्वामित्र ने अपने तप का उपयोग किया और उसके गिरने को बीच में रोक दिया। न तो कोई देवता न ही विश्वामित्र ही अपनी बात से टलने को तैयार थे, इसलिए त्रिशंकु सिर नीचे किये पृथ्वी और स्वर्ग के बीच में अड़ा रहा।' (महाभारत, हरिवंश, देवी भागवत)

इस कहानी में काम और हिंसा—दोनों में स्त्रियाँ शामिल होती हैं—ने त्रिशंकु को स्वर्ग में रुकने से रोका। यज्ञ का उपयोग गुण प्राप्त करके देवताओं के शहर में घुसना वैदिक मान्यता है। उत्तर वैदिक काल में कर्मकांड के स्थान पर आश्रम और रहस्यात्मकता का आगमन हुआ, और बड़े पैमाने पर हिन्दू यह मानने लगे कि योग की शक्ति, बल्कि भक्ति योग की बदौलत, कोई व्यक्ति ब्रह्म-लोक में जा सकता है, जहाँ और कुछ नहीं बल्कि परम सत्य होता है तथा पूर्ण सुख, सच्चिदानन्द।

जैन धर्म, बौद्ध धर्म और हिन्दू ब्रह्मांड को चेतना के विभिन्न स्तरों के रूपक के रूप में देखा जा सकता है। जब मस्तिष्क सांसारिक चीज़ों में घुसता जाता है तो पीड़ा के चक्र में उलझता जाता है, जब दिमाग धीरे-धीरे उससे हटता जाता है, तब वह ऐसी बिना शर्त की खुशी की अवस्था में आ जाता है जो कि स्वर्ग होता है।

रक्त का बन्धन

स्वर्ग केवल पुरुषों के लिए ही होता है। हिन्दू देवता अमरावती में रहते हैं और वे सभी पुरुष हैं। हिन्दुओं के स्वर्ग में जो स्त्रियाँ रहती हैं वे सभी अप्सराएँ हैं, स्वर्गिक नर्तकियाँ होती हैं जो देवताओं के मनोरंजन के लिए होती हैं। नेपाल के महायान सम्प्रदाय की पुस्तक 'स्वयंभू पुराण' में आदि बुद्ध की चर्चा है, जो सबसे ऊँचे स्वर्ग में रहते हैं और उनके आस-पास ध्यानी बुद्ध रहते हैं। यहाँ तक कि पाँच बोधिसत्व भी ध्यानी बुद्ध ने मानसिक रूप से बनाये, जो पीड़ा में पड़े मनुष्यों के प्रति सहिष्णु दृष्टि रखते हैं वे भी पुरुष ही हैं।

जैन धर्म के 24 में से 23 तीर्थंकर पुरुष हैं। केवल एक, 19वें तीर्थंकर मल्लिनाथ एक स्त्री हैं। लेकिन उनका स्त्री शरीर अपूर्णता का रूप है—

'सांसारिक कामों को पूरा करने के बाद राजा महाबल और उनके सात दोस्तों ने संसार का त्याग कर दिया और जैन भिक्षु बन गये। उन्होंने यह तय किया कि वे तपस्या के मुताबिक ज़रूरी संख्या में उपवास करेंगे। हालाँकि, खराब स्वास्थ्य के कारण महाबल सभी भोजन नहीं कर पाया। इस तरह उसने अपने मित्रों से अधिक उपवास किया और इतनी योग्यता हासिल कर ली कि अगले जन्म में उसको तीर्थंकर बना दिया जाये। चूँकि ये गुण आपसी सहमति को तोड़कर पाये गये थे इसलिए उनका जन्म एक स्त्री के रूप में हुआ और उनका नाम मल्लि, चमेली का फूल, रखा गया। उनकी सुन्दरता से प्रभावित होकर कई पुरुष आये जिनमें उनको लेकर लड़ाई हो गयी। मल्लि को इस बात से इतनी कोफ़्त हुई कि उसके शरीर को लेकर इतनी लड़ाई हो रही है कि उसने सांसारिक चीज़ों से अपना ध्यान हटा लिया और एक साध्वी बन गयी। अन्त में वह एक केवलिन बन गयी और तीर्थंकरों के स्वर्ग में चली गयी।' (ज्ञात्री-धर्म-कथा-सूत्र)

यह कहानी कि किस तरह मल्लि ने स्त्री का शरीर प्राप्त किया श्वेताम्बर धर्म ग्रन्थ में दर्ज है। अधिक कठोर दिगम्बरों ने मल्लि के स्त्रीत्व को ही नकार दिया। उनके लिए, मल्लि एक पुरुष था। उनका यह मानना है कि कोई स्त्री कभी प्रबुद्ध केवलिन नहीं हो सकती है। स्त्री का शरीर इसकी अनुमति नहीं देता है।

दिगम्बरों का यह मानना है कि एक तीर्थंकर अपनी सभी शारीरिक एवं मानसिक ज़रूरतों के ऊपर अपनी बुद्धि और संकल्प शक्ति से जीत हासिल कर लेता है। वह साधारण ज़रूरतों से ऊपर उठ जाता है और वह ऐसी शक्ति अर्जित कर लेता है कि जन्म और मृत्यु के चक्र से ऊपर उठ जाये। अगर मल्लि का शरीर स्त्री का रहा होता तो वह कभी भी ऐसा नहीं कर पाती। एक स्त्री के रूप में, मल्लि ने ज्ञान प्राप्त किया हो, इच्छाओं के ऊपर विजय प्राप्त की हो, भूख को देखा हो, किसी पुरुष संन्यासी की तरह साँसों के ऊपर नियन्त्रण हासिल किया हो। लेकिन वह मासिक धर्म के चक्र से अपनी इच्छा से नहीं निकल सकती थी। अस्तित्व के पहिये से बच कर निकलना असम्भव हो जाता है। मासिक धर्म स्त्री को धरती से जोड़ता है और उसको जीवन-मरण के चक्र में उलझा देता है। इसलिए पुरुष शरीर का होना स्वर्ग जाने की पूर्व शर्त की तरह है। स्त्री होने के अलावा, मल्लि की पहुँच में वह जादुई चीज़ नहीं थी, सांसारिकता से बच निकलने का रास्ता देता है—वीर्य।

किसी औरत को मुक्ति प्राप्त करने के लिए दिगम्बरों का यह मानना है कि उसको सबसे पहले ब्रह्मचर्य का पालन करके पुरुष का शरीर प्राप्त करना चाहिए। इस तरह, वह आध्यात्मिक सोपानक्रम में पुरुष से एक कदम नीचे है। यद्यपि, हिन्दू धर्म ग्रन्थों में इस तरह की बातों को अभिव्यक्त नहीं किया गया है, यह विचार की स्त्री पुरुष के मुकाबले धरती से अधिक जुड़ी होती है, यह बात हिन्दू विश्वदृष्टि का हिस्सा है।

स्त्री को संसार के आश्चर्यों की कुंजी के रूप में देखा जाता है। संसार के आश्चर्य—खाद्य और खनिज का खज़ाना—धरती के नीचे से आता है। इस प्रकार, स्त्री के लिए आकांक्षा असल में धरती से जुड़ी चीज़ों की आकांक्षा है न कि दूसरे संसार की खुशियों की। अप्सरा को जल से जोड़ कर देखा जाता है जो कि हमेशा पहाड़ों से नीचे की तरफ़ बहती है; ऋषि को आग से जोड़कर देखा जाता है जो कि ऊपर की तरफ़ जाता है। लोक-कथाओं में जब मातृ-देवी किसी बच्चे के रूप में धरती पर आती हैं, एक पंडित या कोई राजा उसे खेत जोतकर निकालता है या उसे दीमक के पहाड़ के पास पाता है या किसी कमल में, जो कि उर्वरता का सार्वभौम प्रतीक है।

वीर पुरुष-देवता दूसरी तरफ़ पहाड़ों या पर्वतों पर प्रकट होते हैं, हाथों में बरछे लिये, उनके सिर आकाश को छूते रहते हैं। दीमक की पहाड़ी के बारे में यह माना जाता है कि वह योनि का प्रतिनिधित्व करती है। इसे लालसा की नगरी भोगवती के प्रवेश द्वार के रूप में देखा जाता है, जहाँ साँप रहते हैं। साँप जो कि धरती पर रेंगते हैं और जिस तरह से स्त्री को मासिक धर्म का खून निकलता है, उसी तरह से साँप केंचुल छोड़ता है और वे धरती के रहस्यों को जानते हैं—किस तरह से बीज अंकुरित होते हैं और रत्न कहाँ होते हैं। इस तरह, उर्वरता के शक्तिशाली प्रतीक हैं। हिन्दू स्वस्थ बच्चों और अच्छी फसल के लिए साँप की दूध चढ़ा कर पूजा करते हैं। इसके अलावा धरती के भीतर हिरण्यपुर भी है, स्वर्ण-नगर, जो कि असुरों का निवास है। ये भूमिगत दानव, देवताओं के दुश्मन अपने स्थापत्य कौशल के लिए जाने जाते हैं। इस प्रकार, पवित्र हिन्दू कथाओं में, जो भूमिगत जीव हैं जो कि ईश्वरीय नहीं हैं, जैसे नाग और असुर, उनको संसार की खुशियों से जोड़कर देखा जाता है—घर, सोना, रत्न, भोजन और योनि। उच्च स्वर्ग की तलाश में जोगी सांसारिक जीवन से जुड़ी धरती पर विद्यमान चीज़ों का त्याग कर देता है—

'पार्वती, संन्यासी शिव की पत्नी, घर चाहती थीं। लेकिन शिव ने घर की चारदीवारियों के भीतर रहने से मना कर दिया। उस घुमंतू साधू ने कहा, ''गर्मी में जब गर्मी से शरीर झुलसने लगता है तो हम पीपल के पेड़ की छाया में आते हैं। सर्दियों में, जब सर्दी असह्य हो जाती है तो हम चिता की आग के पास गर्मी लेते हैं। और जब बारिश होती है तो हम आकाश में उड़ जाते हैं और बादलों के ऊपर जाकर रहते हैं।'' इस तरह शिव ने अपनी पत्नी के घर की माँग को शान्त कर दिया।' (राजस्थान की लोककथा)

स्त्री सन्त

स्त्रियों को सांसारिक चीज़ों से जोड़कर देखने का यह मतलब नहीं है कि हिन्दू धर्म की कहानियों में ऐसी स्त्री नहीं हैं जिन्होंने दूसरे संसार की कामना नहीं की।

वैदिक काल में जब समाज कर्मकांडों के ऊपर आधारित था और पुरुष

को यज्ञ के माध्यम से रस प्राप्त करना होता था, तब एक स्त्री घोषाल ने मन्त्रों की रचना की जिनमें उन्होंने वीर देवताओं, जैसे अश्विनी कुमारों का आह्वान इस उम्मीद में किया था कि वे भविष्य में होने वाले उसके पति के पुंसत्व को सुनिश्चित करें।

उपनिषद् काल में जिसमें बौद्ध धर्म और जैन धर्म का विकास हुआ, जब बौद्धिक दैवी सिद्धान्त की प्रकृति को लेकर बौद्धिक बहस अपने चरम पर पहुँची, स्त्री साध्वी गार्गी के बारे में सुना जाता है जिसके तेज़ दिमाग और जीभ ने अनेक साधुओं को चिढ़ाया था—

'जनक, जो कि विदेह के राजा थे, गूढ़ कर्मकांडों से परेशान हो गये थे, इसलिए उन्होंने धरती के समस्त साधुओं को इसके लिए आमन्त्रित किया और यह कहा कि ऐसे किसी भी साधू को सोने से मढ़ी सींगों वाली गायें उपहार में देंगे जो ब्रह्मांड की प्रकृति को समझने में उनकी मदद करेगा। ऋषियों, साधुओं, योगियों, सभी पुरुषों ने चर्चा में भाग लिया। याज्ञवल्क्य उस बहस में सबसे प्रभावी थे, जिनका यह मत था कि जो दिखायी देता है वह सत्य नहीं होता है और योग वास्तविक यज्ञ है। इस दौरान एक स्त्री जनक के दरबार में नग्न आयी और उसने अपना परिचय गार्गी के रूप में दिया। जबकि सभी पुरुष उसके शरीर की तरफ़ देख रहे थे, उस स्त्री ने अपने दिमाग से वहाँ मौजूद सभी विद्वानों को हैरान कर दिया। उसने याज्ञवल्क्य से पूछा कि जल का आधार क्या है, जो कि जीवन को चलाता है? ''हवा,'' याज्ञवल्क्य ने जवाब दिया। और हवा का? ''आकाश'' और आकाश का? ''गन्धर्व?'' और गन्धर्व का? ''चाँद।'' और देवताओं का? ''इन्द्र''। और इन्द्र का? ''प्रजापति।'' और प्रजापति का? ''ब्राह्मण।'' और ब्राह्मण का? कभी समाप्त न होने वाले ऐसे सवालों से परेशान होकर याज्ञवल्क्य ने गार्गी से कहा कि ऐसे बहुत अधिक सवाल न पूछे जो गूढ़ हों, नहीं तो उसका सिर गिर जायेगा। गार्गी ने मुस्कुराते हुए कहा कि याज्ञवल्क्य उस सभा में सबसे बुद्धिमान सन्त हैं।' (बृहदारण्यक उपनिषद्)

इस समय की कुछ स्त्रियाँ सत्य के ज्ञान को सांसारिक सम्पत्ति से अधिक महत्त्व देती थीं—

'याज्ञवल्क्य सांसारिकता से मुक्त होना चाहते थे और उन्होंने फैसला किया कि वे अपनी सम्पत्ति का बँटवारा अपनी दो पत्नियों मैत्रेयी और कात्यायनी में कर देंगे। मैत्रेयी उनकी सम्पत्ति नहीं चाहती थी; वह चाहती थी कि वे उसे वह ज्ञान दें जो कभी खत्म न हो—ब्रह्मण।' (बृहदारण्यक उपनिषद्)

महाकाव्य के युग में जब 'रामायण' और 'महाभारत' की रचना हो रही थी, गौतमी ने संसार की अनिश्चितता को बड़े आदर के साथ स्वीकार किया—

'गौतमी के पुत्र की मौत साँप के काटने से हो गयी। एक शिकारी ने साँप को पकड़ लिया और उसे गौतमी के पास लेकर आया। ''इसे जाने दो। इसे मारने से मेरे पुत्र की वापसी नहीं होगी। साँप काटते हैं और लोग मर जाते हैं। संसार की यही रीत है,'' उसने कहा।' (महाभारत)

शाण्डिली को यह बात पसन्द नहीं थी कि उसे काम की वस्तु के रूप में देखा जाये—

'शाण्डिली एक पवित्र स्त्री थी जो कि ऋषभ पर्वत पर एक संन्यासी का जीवन बिता रही थी, एक दिन सुपर्णा, जो कि दैवी बाज देवता है, ने उसको देखा और उसको यह विचार आया कि वह उसे वहाँ से ले जाये। तत्काल उसके स्वर्ण-पंख गिर गये। सुपर्णा नीचे की तरफ़ गिरता हुआ आया और उसने शाण्डिली से गिड़गिड़ाते हुए कहा कि वह उसे माफ़ कर दे क्योंकि वह उसे छेड़ना नहीं चाहता था। शाण्डिली ने उसे माफ़ कर दिया और उसके पंख वापस मिल गये।' (महाभारत)

सामान्य काल में, भक्ति काल के दौरान अनेक स्त्री सन्त उभर कर आयीं। तमाम मुश्किलों के बावजूद दैवी सिद्धान्तों के प्रति उनके पूर्ण समर्पण के कारण उनको समाज में मान-सम्मान मिला। मीरा की कहानी मिलती है जो कि उत्तर भारत की राजपूत रानी थी, जिसने अपने पति को अपना स्वामी मानने से इनकार कर दिया था। जब उसके पति का देहान्त हुआ तो उसने उसकी चिता पर सती होने से इनकार कर दिया, जैसा कि उस समय की परम्परा थी। बल्कि वह मथुरा और वृन्दावन की सड़कों पर नाचने लगी और भगवान कृष्ण की भक्ति के गीत गाने लगी। दक्षिण भारत में, एक पंडित की

पुत्री थी जिसका नाम था अन्दाल जिसने इसलिए विवाह नहीं किया क्योंकि वह मन से स्वयं को कृष्ण का मानती थी। किसी स्त्री की आध्यात्मिकता पुरुषों को डराती थी क्योंकि वे स्त्रियों को सांसारिक सुखों की वस्तु के रूप में देखने के आदी थे—

'पुनिदावती करैकल के एक गाँव में अपने पति परमदत्त के साथ रहती थी, जो कि एक समुद्री व्यापारी था। वह शिव की भक्ति में इतनी समर्पित थी कि भगवान ने उसको जादुई शक्तियाँ दी थीं। उसकी इस योग्यता ने उसके पति को डरा दिया कि जब उसे इच्छा होती थी वह मीठे आम अपने आप आ जाते थे, इसलिए उसका पति जब अगली बार समुद्री यात्रा पर गया तो वह लौट कर नहीं आया। बल्कि वह मदुरै नगर गया, वहाँ उसने एक और विवाह किया और उसके साथ परिवार बनाया। जब पुनिदावती को इस बात का पता चला कि उसके पति ने उसको क्यों छोड़ दिया तब उसे यह समझ में आया कि उसके सुन्दर शरीर का उसके लिए कोई अर्थ नहीं है। शिव की कृपा से उसने खुद को एक बदसूरत स्त्री में बदल लिया जिससे कोई आदमी उसकी तरफ़ लालसा भरी निगाहों से न देखे। इस तरह वह अपने ईश्वर के प्रति समर्पित होने के लिए पूरी तरह से मुक्त हो गयी। वह करैकल अम्मैयार के नाम से मशहूर हुई।' (पेरिया पुराण)

करैकल अम्मैयार ने अपने शरीर का त्याग कर दिया क्योंकि वह यह नहीं चाहती थी कि वह आकर्षक दिखे। उसका व्यवहार पुरुष सन्त बिल्वमंगल के स्वभाव के विपरीत था जिसने अपनी आध्यात्मिक तलाश के दौरान अपनी इच्छाओं के ऊपर काबू कर लिया। वह यह नहीं चाहती थी कि वह लुभावनी दिखे; जबकि वह यह नहीं चाहता था कि कोई उसकी तरफ़ आकर्षित हो। सन्तों के बीच भी पुरुष शिकार रहे और स्त्रियाँ लुभाने की वस्तु।

वासना का राक्षस या प्रेम-देवता

स्त्रियाँ अपनी तरफ़ आकर्षित करती हैं जबकि पुरुष आकर्षित होता है। यह वह प्रेरक तत्व है जो कि पुरुष को संसार के बन्धन में बाँधता है। वह लालसा

को जगाती है जिससे कर्म पैदा होता है। इस तरह की मान्यताओं के कारण बौद्ध धर्म के संस्थापक अपनी आश्रम व्यवस्था में स्त्रियों को शामिल करने से हिचक रहे थे। फिर उन्होंने अपने पिता की मौत के बाद अपनी माँ का दुःखी चेहरा देखा और तब अपना दिमाग बदल दिया। अचानक, उनको इस बात का एहसास हुआ कि स्त्रियाँ भी संसार में पीड़िता होती हैं, वह मार का औजार नहीं होती हैं, जो वासना का राक्षस है।

हिन्दू मार को काम के नाम से जानते हैं। काम को देवता के रूप में देखा गया है—

'अपनी पहली पत्नी सती की मौत के बाद शिव ने संसार का हिस्सा बनने से मना कर दिया। उन्होंने खुद को एक बर्फ़ीली गुफ़ा में अलग-थलग कर लिया और ध्यान में लग गये। लेकिन देवता यह चाहते थे कि वे एक पुत्र के पिता बनें जिसको स्वर्ग की सेना का सेनापति बनाया जा सके। इसलिए इस काम में उन्होंने काम, लालसा के देवता को लगाया। काम तोते के भेष में शिव की गुफ़ा में आया। उसकी मौजूदगी से वह बेजान गुफ़ा प्रेम के बगीचे में बदल गयी, वहाँ वसन्त के फूलों की खुशबू फैल गयी। एक हाथ में गन्ने का तीर थामे और दूसरे हाथ से प्रत्यंचा को ताने जो कि मधुमक्खियों से बनी थी, उसने एक फूलों भरा तीर शिव के हृदय पर मारा। जब शिव के अन्दर इच्छा जाग्रत हुई तो वे हैरान नहीं हुए। एक निसंगता के साथ उन्होंने अपनी तीसरी आँख खोली और एक अग्निबाण छोड़ा और काम जीवित जल गया।' (शिव पुराण, देवी भागवत)

शिव वासना को योग की शक्ति से इसलिए खत्म करना चाहते हैं क्योंकि वे संसार से बाहर रहना चाहते हैं। काम के बिना हालाँकि, ब्रह्मांडीय उथल-पुथल रहती है। साँड गाय के ऊपर नहीं चढ़ता; मधुमक्खियाँ फूलों तक नहीं आतीं। सुख-उपवन में किसी तरह की खुशी नहीं रहती है, क्योंकि वसन्त नहीं आता। न प्यार रह जाता है, न ही लालसा। शरीर को कुछ भी जाग्रत नहीं करता। गर्भाधान को कुछ भी प्रेरित नहीं करता। गर्भ नहीं ठहरता, पुनर्जन्म नहीं होता। अस्तित्व का पहिया ठहर जाता है।

यह बात विष्णु को स्वीकार नहीं हुई, जो संसार की व्यवस्था के रक्षक हैं, जिनको हरिवंश में काम के पिता के रूप में बताया गया है। वे इस बात को समझते हैं कि लालसा से किस तरह का दर्द होता है लेकिन वे इस बात को नकार नहीं सकते हैं कि जीवन-चक्र को चलाने में लालसा का कितना महत्त्व है। वे ब्रह्मा की वासना के साथ सहमत नहीं होते हैं लेकिन वे शिव के संन्यास को भी स्वीकार नहीं कर सकते। विष्णु ब्रह्मा और शिव के बीच में आते हैं। वे न तो कुछ बनाते हैं, न ही संहार करते हैं—वे बनाये रखते हैं। और इस संसार को चलाये रखने के लिए वीर्य के माध्यम से जीव का प्रवाह बना रहना चाहिए, और उसका शरीर से संसर्ग होना ज़रूरी है—

'शिव ने इतनी अधिक तपस्या की कि वे आग के स्तम्भ में बदल गये। देवताओं को यह लगा कि उनके भीतर जो ऊर्जा है उसे बाहर निकाला जाना चाहिए नहीं तो वह संसार को बर्बाद कर सकती थी। इस बीच, राक्षस तारका ने देवताओं को अमरावती से बाहर निकाल दिया। उसे सिर्फ़ एक छह दिन का बच्चा ही मार सकता था। उस तरह के बच्चे को सिर्फ़ शिव ही जन्म दे सकते थे। इसलिए देवताओं ने मातृ-देवी का आह्वान किया, जिन्होंने पार्वती का रूप लिया, जो कि पहाड़ों की रानी थी। चूँकि काम शिव को प्रेम में नहीं अभिमुख कर पाया था, इसलिए पार्वती ने यह फैसला किया कि वह तपस्या करेगी और अपनी भक्ति के बल पर वह शिव का प्यार पा लेगी। उसकी तपस्या से शिव खुश हो गये और उन्होंने पार्वती को अपना लिया। उन दोनों के मेल से काम को पुनर्जीवन मिल गया। पार्वती ने शिव को अग्नि का बीज दिया, लेकिन उस बीज की जो आँच थी वह असह्य थी। इसलिए अग्नि-देवता ने उसे गंगा नदी के बर्फ़ीले पानी में डाल दिया। उस बीज के कारण नदी के पानी में उबाल आने लगा। जिससे नदी के किनारे के सरकंडों में आग लग गयी। लपटों के बीच बीज छह सिर वाले बच्चे में बदल गया जिसकी देखभाल छह कृत्तिका कुमारियाँ करने लगीं। उसके पैदा होने के सातवें दिन कार्तिकेय नाम के उस बालक ने युद्ध की घोषणा कर दी, एक बरछी उठायी और तारका को मार गिराया, इस तरह से उसने देवताओं को संसार में फिर से उनकी सत्ता को वापस दिलाया। कार्तिकेय को स्वर्ग का सेनापति घोषित कर दिया गया। ऐसे शक्तिशाली बच्चे को पैदा करने के लिए सभी शिव का

अभिवादन करने लगे।' (शिव पुराण, स्कन्द पुराण)

शिव की अत्यधिक तपस्या के कारण ब्रह्मांड की व्यवस्था के ऊपर खतरा पैदा हो जाता है। शक्ति शिव को घर के अनुकूल बनाती है लेकिन कामुकता से नहीं बल्कि अपनी भक्ति से। वह उनको वीर्य छोड़ने के लिए तैयार करती है ताकि देवता राक्षसों को हरा सकें और अस्तित्व के चक्र के भीतर सामंजस्य बनाये रख सकें।

बाद में, वह उनमें समाहित हो जाती है और बड़े धीरज से उनको इसके लिए तैयार करती है कि वे उनसे उस ज्ञान का खुलासा करें जो कि उन्होंने तप के माध्यम से पाया था। यह ज्ञान प्रेरित करता है वेदों और तन्त्रों के लेखन को, रहस्यात्मक और गुप्त ज्ञान सम्बन्धी पुस्तकों के लेखन को, जिससे मानवता को बहुत अधिक फ़ायदा होता है।

वह उनको इसके लिए भी प्रेरित करती है कि वे संगीत तैयार करें और नृत्य तैयार करें। इस तरह, संन्यासी शिव कलाकार शिव बन जाते हैं। इस रूपान्तरण से संसार चलता है। जबकि पार्वती ने शिव के जोश को ठंडा किया, सरस्वती ने ब्रह्मा की कामुकता को शान्त किया। देवी सरस्वती हिन्दू धर्म में अकेली देवी हैं जिनका सम्बन्ध, काम-भावना, हिंसा या उर्वरता से नहीं है। साधारण सफ़ेद साड़ी पहने यह देवी हाथ में किताब, वाद्य-यन्त्र और माला लिये दिखायी देती हैं। वह प्रशान्त बुद्धि, ज्ञान और प्रकृति की सुन्दरता का प्रतिनिधित्व करती हैं, जो कि प्रचुर उर्वरता से परे है। वह विद्वानों एवं कलाकारों को प्रेरित करती हैं आमोद मनाने के लिए न कि अस्तित्व के आश्चर्यों की चाहना को। वह इसमें मदद करती हैं कि कोई कम नज़र आदमी इच्छाओं के गुंजलक से उभर कर आये। पार्वती को शिव को देने और सरस्वती को ब्रह्मा को देकर विष्णु ने कामुकता और संन्यास के बीच, आध्यात्मिकता और भौतिकता के बीच सामंजस्य बिठाने का काम किया। उन्होंने एक मध्यमार्ग का निर्माण किया जो कि बिना जीवन-चक्र को बाधित किये अस्तित्व के चक्र से मुक्ति प्रदान करता है।

जीवन के चार चरण

इस संसार की ज़रूरतों एवं दूसरे संसार की कामनाओं के बीच सन्तुलन बिठाने के लिए यह ज़रूरी है कि कामुकता और आध्यात्मिकता के बीच सन्तुलन बनाया जाये। इसलिए धर्मशास्त्र में एक आदर्श हिन्दू पुरुष, न कि स्त्री के जीवन को चार चरणों में विभाजित किया गया है। पहले चरण में, ब्रह्मचारी के रूप में वह खुद को समाज के उपयोगी सदस्य के रूप में तैयार करता है। दूसरे चरण में गृहस्थ के रूप में वह बच्चे पैदा करता है और अपने पूर्वजों के प्रति अपने कर्तव्यों को पूरा करता है। तीसरे चरण में, वानप्रस्थी के रूप में वह धीरे-धीरे सांसारिक जीवन को छोड़ने लगता है और अगली पीढ़ी के लिए राह बनाता है। अन्त में, चौथे चरण में संन्यासी के रूप में वह अपनी पत्नी का त्याग कर देता है। किसी साधू की तरह रहने लगता है और जीवन के सबसे बड़े सत्य की तलाश करता है।

विवाह को प्रकृति के साथ पूर्व निश्चित वादे के रूप में देखा जाता है। जैविक ज़िम्मेदारियों को पूरा करने के अवसर के रूप में। एक ऐसे अवसर के रूप में जब संसार की अनित्यता का आभास होता और उसके बाद आगे बढ़ जाने के लिए। जब कोई साधू संन्यास की यात्रा की शुरुआत करता है तो उसे यह सलाह दी जाती है कि वह अपनी सांसारिक ज़िम्मेदारियों को पूरा कर ले—

'कर्दम भौतिक दुनिया को छोड़ना और आध्यात्मिक संसार की तलाश में जाना चाहते थे। जब उन्होंने अपनी पत्नी देवाहुती से अपनी इस इच्छा के बारे में बताया तो उसने उनसे यह आग्रह किया कि वे जाने से पहले उसे एक बच्चा दे जायें। इसलिए उसने बिना किसी भावना के उनके साथ उर्वर दिनों के दौरान सम्भोग किया, एक बच्चे को जन्म दिया जिसका नाम कपिल पड़ा और फिर जंगल की तरफ चल पड़े।' (भागवत पुराण)

जैन तीर्थंकरों ने भी सांसारिकता का त्याग करने से पहले अपनी ज़िम्मेदारियों का निर्वाह किया—

'राजा ऋषभ ने पुरुषों को 72 कलाओं तथा स्त्रियों को 64 कलाओं का ज्ञान करवाया। उन्होंने मानव सभ्यता की स्थापना की जिसमें चार आश्रम थे।

उनकी ऐसी महानता थी कि इन्द्र स्वर्ग से उतरकर आये और उनके दरबार में गये। देवताओं के राजा के सम्मान में ऋषभ ने नर्तकी नीलांजना को अपने दैवी मेहमान के आगे प्रदर्शन करने के लिए बुलाया। उस शानदार नृत्य के बीच में नीलांजना गिर गयी और मर गयी। इन्द्र यह नहीं चाहते थे कि वह प्रदर्शन रुके, इसलिए इन्द्र ने उस लाश को वहाँ से गायब कर दिया और उसकी जगह एक छाया को नृत्य पेश करने के लिए उतार दिया। वह जो छाया थी वह देखने में और नाचने में बिलकुल नीलांजना की तरह थी। किसी इन्सानी आँख को यह नहीं समझ में आया कि हुआ क्या था। सिवाय ऋषभ की आँखों के। ''सच क्या है—नीलांजना की छाया जो दिखायी दे रही है या उसकी लाश जो कि नहीं है?'' ऋषभ ने आश्चर्य से पूछा। इसका जवाब जानने के लिए ऋषभ ने अपना राजपाट छोड़ दिया और संन्यासी बन गये।'

कोई साधू जिसने अपनी सांसारिक ज़िम्मेदारियों को पूरा किये बिना जीवन-चक्र को छोड़ना चाहा, उसे वापस भेज दिया गया—

'ऋषि मंदपाला ने कई सालों तक तपस्या की। उन्होंने अपनी इन्द्रियों पर जीत हासिल कर ली और ब्रह्मचर्य का पालन करते हुए अपने बीज को भी बचाया। जब उन्होंने आखिरकार अपने शरीर को छोड़ा और जब वे अपने पूर्वजों की धरती पर पहुँचे तो उन्होंने पाया कि उनको अपने तप का फल नहीं मिला। पूछने पर उनको यह पता चला कि वह आदमी जो तप करता है लेकिन बच्चा पैदा नहीं करता है उसको अपने तप का फल नहीं मिलता है। इसलिए मंदपाला का पुनर्जन्म एक चिड़िया के रूप में हुआ और एक चिड़िया के रूप में उन्होंने कई बच्चों को जन्म दिया। जब उन्होंने अपने इस जैविक कर्तव्य को पूरा कर लिया तब उनको तप का फल मिला।' (महाभारत)

जादू का देवता

वे साधू जो जीवन चक्र में बाधा डालना चाहते थे उनको सज़ा दी जाती थी—

'प्रजापति दक्ष, जो कि सभ्यता के देवता हैं, ने बेटे पैदा नहीं किये तो

ब्रह्मा ने उनसे कहा कि वे विवाह करें और बच्चे पैदा करें। जब ब्रह्मचारी साधू नारद को संसार के बारे में कहा गया तो उन्होंने बच्चे पैदा करने से मना कर दिया और जीवन-चक्र से बाहर निकल गये। दक्ष ने और बेटे पैदा किये और यहाँ तक कि उन लोगों ने भी नारद की रीत अपनाई। इससे गुस्से में आकर दक्ष ने कहा, ''तुमको यह पता नहीं है कि जो अपने पुरखों का कर्ज चुकाये बिना मुक्ति चाहता है उसको पाप लगता है।'' तब उसने नारद को यह शाप दिया कि वह धरती पर यूँ ही भटकता फिरेगा।' (शिव पुराण)

मानो इसमें सुधार करने के लिए ही ऋषि नारद विष्णु के खास बन गये और इस ब्रह्मांड में जीवन-चक्र की व्यवस्था देखने में लग गये। पवित्र धार्मिक कथाओं में वे हाथ में वीणा थामे कहानी को आगे बढ़ाने के लिए आते हैं, इन्सान के अस्थिर दिमाग में वे अफ़वाह, सन्देह भरने के लिए आते हैं। जिसके कारण कर्म पैदा होता है और कर्म जीवन के चक्र को चलाता है—

'यह भविष्यवाणी हुई थी कि देवकी का आठवाँ बच्चा कंस का हत्यारा होगा। कंस ने देवकी और उसके पति वासुदेव को मार दिया होता अगर उन्होंने उससे यह वादा नहीं किया होता कि वे अपने आठवें बच्चे के पैदा होते ही स्वयं कंस के पास लाकर दे जायेंगे। जब देवकी के पेट में उसका पहला बच्चा था तब नारद कंस के पास आया। ''बधाई हो, आपको मारने वाला पेट में आ गया है'', उसने कहा। कंस को नारद की इस टिप्पणी से उलझन हुई। ''आपको कैसे पता है कि देवकी का इससे पहले सात बार गर्भपात हो गया है और यह आठवाँ बच्चा है? आपको क्या लगता है कि आपके कहने पर कोई पिता स्वयं अपने बच्चे का इसलिए बलिदान कर देगा ताकि आप जीवित रहें?'' नारद के इस सवाल ने कंस की चिन्ता को और भी बढ़ा दिया। उसने यह तय किया कि वह देवकी और वासुदेव के सभी बच्चों को मार डालेगा। उसने उन दोनों को कारागार में डाल दिया और जब भी किसी बच्चे का जन्म होता था वह नवजात बच्चे को पत्थर की दीवार पर दे मारता था। इस तरह से कंस ने देवकी के छह बच्चों को मार डाला। जब सातवाँ बच्चा पेट में आया तब देवी योगमाया विष्णु के दिल से निकलीं। उन्होंने देवकी की कोख का बच्चा रोहिणी की कोख में डाल दिया, जो वासुदेव की दूसरी पत्नी थी,

जो अपने भाई नन्द के साथ नदी की दूसरी तरफ़ एक गाँव में रहती थी। जब एक तूफ़ान भरी रात में देवकी ने आठवें बच्चे को जन्म दिया तो योगमाया ने अपने जादू से पूरे मथुरा नगर को नींद में सुला दिया और कारागार के दरवाज़े खोल दिये। देवी के निर्देशानुसार वासुदेव ने कंस के भावी हत्यारे को एक टोकरी में डाला और उसे लेकर नदी की दूसरी तरफ़ एक घर में ले गया, जो कि उनके बहनोई और मित्र नन्द का था। नन्द की पत्नी यशोदा ने उसी रात एक लड़की को जन्म दिया था। वासुदेव ने दोनों बच्चों की अदला-बदली की और कारागार में यशोदा की बेटी के साथ लौट आया। अगले दिन जब कंस ने उस छोटी लड़की को पकड़ा, वह उसके हाथ से निकल गयी, योगमाया का रूप लेकर आकाश में उड़ते हुए उसने यह चिल्लाकर कहा, ''कंस तुमको मारने वाला, तुम्हारी खूनी आँखों से बहुत दूर है।'' (हरिवंश पुराण, भागवत पुराण, पद्म पुराण, देवी भागवत)

योगमाया सांसारिक भ्रम की देवी हैं। नारद के साथ उसने सफलतापूर्वक कंस को धमकाया और उसे मौत के मुँह में पहुँचाया। बजाय इसके कि वह हाथ में सूचना के होने के कारण एक सार्थक जीवन जिये, कंस हर पल बेवकूफों की तरह भविष्य के बारे में सोचता रहता था और जो अवश्यम्भावी था उसे टालने की कोशिश करता रहता था। संसार का इन्सानी दिमाग के ऊपर ऐसा प्रभाव होता है।

योगमाया विष्णु से पैदा हुई थी जो भ्रान्ति के देवता हैं। विष्णु माया की शक्ति का सहारा लेते हैं ताकि लोग सांसारिक गतिविधियों में हिस्सा ले सकें। माया का उपयोग करते हुए उन्होंने मोहिनी नामक एक अप्सरा का रूप ले लिया, जो कि सांसारिक जीवन विषयों में माहिर थी। इस तरह मोहिनी ने मोहक मुस्कान से दैत्यों का ध्यान बँटाते हुए देवताओं के गले में अमृत डाल दिया। इस तरह विष्णु ने आकाशमंडल में रहने वाले जीवों को दो ध्रुवों में बाँट दिया, देवताओं को रस के ईर्ष्यालु अभिभावक में बदल दिया और असुरों को जीवन के सुखों के अनन्त खोजी के रूप में। जिसका नतीजा यह होता है कि पक्ष-विपक्ष का द्वन्द्व बना हुआ है जिससे कि जीवन का चक्र चलता रहता है। देवताओं की जीत के कारण सुबह से शाम होती है, ज्वार उठता है,

बारिश होती है, चन्द्रमा पिघलता है। जब दैत्यों के हाथों उनकी हार हो जाती है तो रात हो जाती है, ज्वार उतरता है, सूखा पड़ता है और अमावस्या आती है। मोहिनी की तरह उन्होंने भी उन दैत्यों का वध किया जिन्होंने ब्रह्मांड में हलचल पैदा करने की कोशिश की—

'शिव ने अपने भोलेपन में दैत्य वृका को यह अधिकार दे दिया कि उसके छूते ही कोई भी जीव जल जायेगा। वृका ने यह तय पाया कि इस शक्ति को शिव के ऊपर ही आजमाया जाये। जब उसने अपने हाथ फैलाए, शिव बचने के लिए भागे। वृका उनके पीछे-पीछे भागा। तब विष्णु शिव को बचाने के लिए आये और उन्होंने एक सुन्दरी मोहिनी का रूप धर लिया। मोहिनी के रूप पर मुग्ध होकर वृका पीछा करना भूल गया। ''क्या मैं तुमको अपनी बाँहों में भर सकता हूँ?'' उसने मोहिनी से पूछा। मोहिनी ने मोहक मुस्कान छोड़ी और कहा, ''अगर तुम मेरे साथ नृत्य करो।'' ''लेकिन मुझे यह नहीं पता कि नृत्य होता कैसे है?'' वृका ने कहा। ''जैसे मैं करती हूँ वैसे करो,'' कहते हुए मोहिनी ने नृत्य करना शुरू कर दिया। वृका उसकी नकल करते हुए नृत्य करने लगा। नाचते-नाचते मोहिनी ने अपने ही सिर पर हाथ रखा। वृका मोहिनी के रूप से इतना मन्त्रमुग्ध था कि उसे किसी तरह का सन्देह भी नहीं हुआ, उसने भी अपने सिर को छू लिया। तुरन्त ही वह जलकर भस्म हो गया। इस तरह, विष्णु ने माया का प्रयोग करते हुए शिव को दैत्य वृका से बचाया।' (भागवत पुराण)

मोहिनी की तरह विष्णु ने शिव को मोहित किया, जो कि सबसे बड़े संन्यासी थे, और इस बात को पक्का किया कि जीवनदायिनी वीर्य ब्रह्मांड में बहता रहे। दो बेटे पैदा हुए—हनुमान और सस्था—जिनमें विष्णु का दुनिया में प्रसिद्ध योद्धा वाला गुण भी था, साथ ही शिव का दुनिया छोड़कर संन्यासी बनने वाला गुण भी था।

लालसा, कर्तव्य और अनासक्ति

विष्णु वशीभूत करते हैं। वे ही मुक्त भी करते हैं। लेकिन विष्णु का योग शिव

के योग से भिन्न है। शिव का योग वैराग्य पर आधारित है। जबकि विष्णु का योग भक्ति पर आधारित है। शिव का योग अपनी इन्द्रियों को वश में करने और सांसारिक सुखों से मस्तिष्क को दूर करने को लेकर है, जबकि विष्णु का योग मस्तिष्क को इसके लिए अनुशासित करता है कि वह कर्म का फल न ले। शिव का योग संन्यासियों के लायक है। विष्णु का योग सांसारिक आदमी के लिए है। वह मनुष्य को इसकी अनुमति देता है कि वह मुक्ति की दिशा में काम करते हुए भी संसार का हिस्सा बना रहे। भक्ति लालसा को फिर से जीवन की दिशा में मोड़ देती है और मनुष्य के भौतिक जगत से सम्बन्ध में स्वयं के पराजय के भाव को बाहर कर देती है। संसार के पुरुष के सम्बन्ध में धर्म या कर्तव्य नहीं बल्कि लालसा प्रेरक पहलू बन जाती है। पुरुष सांसारिक जीवन में भाग लेता है अपनी इन्द्रियों को शामिल करने के लिए तथा कर्तव्य की भावना से जीवन-चक्र से जुड़ता है। उसके कार्य जीवन के चक्र तो चलाते रहते हैं लेकिन वैसा कर्म नहीं पैदा करते हैं जो कि शरीर को बन्धन में बाँध सके। इस तरह संसार की व्यवस्था बनी रहती है और मुक्ति पक्की हो जाती है। इस मार्ग को कर्म-योग कहा जाता है।

शिव जब कैलाश पर्वत पर नृत्य करते हैं तो वे अकेले नृत्य करते हैं, जीवन-चक्र से अनासक्त जो कि उनके इर्द-गिर्द घूमता है। जब विष्णु कृष्ण के रूप में नृत्य करते हैं, तो वे सभी जीवों की आत्मा से मिलते हैं, बाँसुरी बजाते हुए, उनको उस संगीत की तान पर नृत्य करने के लिए प्रेरित करते हैं। यह तान धर्म की तान है—

'जिद्दी कृष्ण ने संग की चाह की। तत्काल गोरी राधा उनके शरीर के बायीं तरफ़ से अस्तित्व में आ गयी। जब उन्होंने सम्भोग किया तो उनकी खुशी से यह रंग-बिरंगा संसार अस्तित्व में आया। जब राधा अपने स्वामी के आलिंगन में पसीने-पसीने हो रही थी तब उनके पोरों से असंख्य गोपियाँ और ग्वाले अस्तित्व में आये। हर कृष्ण ने अलग-अलग गोपियों के साथ नृत्य किया। प्रत्येक गोपी ने यही सोचा कि स्वामी बस उसी के हैं। उनको सबक सिखाने के लिए कृष्ण गायब हो गये, तब वे व्याकुल हो गयीं और वे घने जंगल में दुःख से बिलखती हुई दौड़ने लगीं। ''कहाँ हैं मेरे कृष्ण,''

वे चिल्लाती थीं, ''हमारे कृष्ण कहाँ हैं?'' इसके जवाब में कृष्ण फिर से प्रकट हो गये और गोपियाँ फिर से आनन्दित हो गयीं। वे घेरा बनाकर कृष्ण के चारों तरफ़ नाचने लगीं। कृष्ण ने अपनी बाँसुरी उठायी और उसको बजाने लगे जिससे सभी खुश हो गयीं।' (ब्रह्मवैवर्त पुराण)

राधा इस कारण अस्तित्व में आयीं क्योंकि कृष्ण ने ऐसा चाहा। वह गोरी हैं, कृष्ण काले। उनमें सभी रंग हैं; वह रंगों के परे हैं। राधा के बिना कृष्ण उदास हो जाते हैं। कृष्ण के बिना राधा दिशाहीन हो जाती हैं। कृष्ण आध्यात्मिक यथार्थ के मूर्त रूप हैं, वे देश की अवधारणा को गलत साबित करते हैं और इस कारण कई स्थानों पर एक समय में मौजूद रह सकते हैं। वे काल की अवधारणा को भी तोड़ देते हैं और उनका रूपान्तरण नहीं होता। राधा पदार्थ का व्यक्त रूप है। समय के साथ, उसकी ऊर्जा अनेक रूपों में प्रकट होती है—गोपियों के रूप में। हालाँकि सभी का जन्म एक ही राधा से हुआ है, लेकिन अहम् के कारण हर गोपी को ऐसा लगता है जैसे कि वह दूसरी गोपी से अलग है। अहम् के कारण उनको ऐसा भी लगने लगता है कि कृष्ण सिर्फ़ उनके ही हैं। चूँकि सभी अपना विशेष ध्यान चाहती हैं जिसकी वजह से मतभेद और निराशा छा जाती है। कृष्ण अन्तर्धान हो जाते हैं। गोपियाँ खो जाती हैं। संसार में अव्यवस्था फैल जाती है। जब भक्ति, यानी कृष्ण के प्रति निःस्वार्थ प्रेम सतह पर आता है तो कृष्ण पुनः प्रकट हो जाते हैं, सामंजस्य लौट आता है, और खुशी के नगाड़े फिर से सुनायी देने लगते हैं। कृष्ण के आने से रस बहने लगता है। जब वे चले जाते हैं तो रस का बहाव रुक जाता है। रस बढ़ता है और गिरता है, प्रकृति में ऋतु-चक्र आ जाता है। ऋतु प्रकृति को एक ऐसे जीव में बदल देती है जो कई रूपों में जीवित रहता है, एक ब्रह्मांडीय स्त्री जिसके कई चेहरे हैं, सभी भावनाओं से भरे, अपनी प्रेमिका को सम्मोहित करते हुए जो तब तक अकेली रहती है जब तक कि वह उसकी बाँहों में नहीं आ जाती है। कृष्ण केन्द्रीय शक्ति हैं जो स्त्रियों को अपने संगीत से बाँधते हैं। जिससे सभी जीव धर्म का आदर करें और घेरे में रहें, सांसारिक खुशियाँ और दूसरे संसार का आनन्द साथ-साथ चलता है।

वृत्त के मध्य में कृष्ण परमात्मा हैं, जबकि सभी गोपियाँ जीवात्मा हैं।

दोनों तब एक हो जाते हैं जब गोपियाँ अपने अहम् का त्याग करके राधा के साथ एक हो जाती हैं। कृष्ण जिस तरह से गोपियों के बीच में नृत्य करते हैं उसको रासलीला कहा गया है, जीवन का खेल।

कृष्ण की पूजा करने वाले स्वयं को राधा के लघु रूप में देखते हैं, जो उनकी ही तरह अपने भगवान से एक होना चाहता है। बेकरारी को स्त्री के गुण के रूप में देखा जाता था। भक्ति की कुछ उप-संस्कृतियों में पुरुष स्त्री की तरह से तैयार भी होते हैं ताकि उनके भीतर स्त्री के जैसा महसूस हो सके। वे कृष्ण की अनन्त कृपा पाने की लालसा में अपने पुरुषत्व को भी दबा देते हैं। कृष्ण के रूप में विष्णु प्रेम के ईश्वर काम के सभी सकारात्मक गुणों से सम्पन्न होते हैं, जबकि वे नकारात्मक गुणों को छोड़ देते हैं। काम की ही तरह कृष्ण आकर्षक और प्रसन्नचित्त रहते हैं। उनकी बाँसुरी का संगीत काम के बाण की तरह होता है जो कि प्रेम और बेकरारी को बढ़ाने वाला होता है। कृष्ण को चाँदनी रातों और बारिश के दिनों का आनन्द आता है। लेकिन काम अबाधित आनन्द को प्रेरित करते हैं, कृष्ण चरम-भक्ति के केन्द्र बन जाते हैं। कामुक इच्छा को आध्यात्मिक बेकरारी के स्तर पर उठा दिया जाता है। लगाव को अलगाव में बदल दिया जाता है—

'बच्चे के रूप में कृष्ण अपनी माँ के साथ शरारतें किया करते थे। वे गोपालकों के यहाँ जाकर ग्वालिनों से मक्खन चुरा लिया करते थे। युवा होने पर, कृष्ण ने बाँसुरी बजायी, स्त्रियों को सम्मोहित किया और यमुना नदी के किनारे मधुवन के फूलों भरे मैदान में क्रीड़ा करते थे। फिर एक समय आया जब कृष्ण को अपने ग्रामीण माहौल को पीछे छोड़ नागरी राजनीति में पड़ना पड़ा। बिना एक पल भी झिझके उन्होंने अपनी बाँसुरी और अपनी प्रिया राधा को छोड़ दिया और जीवन के अगले चरण की तरफ़ बढ़ गये जिसमें उनको योद्धा और कूटनीतिज्ञ की भूमिका निभानी थी। उन्होंने राजकुमारी रुक्मिणी से विवाह किया और वे पांडव कुमारों के गुरु बन गये, उनको उन्होंने कुरुक्षेत्र की लड़ाई में अपनी चालों और ताकत से जीत दिलाई।' (महाभारत, हरिवंश पुराण, भागवत पुराण)

कृष्ण राधा को प्यार करते हैं लेकिन जब उनका कर्तव्य पुकारता है

तब वे चले जाते हैं। वे लड़ते हैं, प्यार करते हैं, वे जीत जाते हैं, हार जाते हैं, बिना किसी तरह की भावना में पड़े। शिव के विपरीत, जो इस संसार का पूरी तरह त्याग कर देते हैं, विष्णु अनासक्त भाव से उसमें हिस्सा लेते हैं। वे न तो प्रेमी हैं न ही संन्यासी हैं, वे प्रेमी होते हुए भी व्यावहारिक हैं, आकर्षक होते हुए भी प्रशान्त।

अप्सरा से दूती

अनेक लोगों के लिए महर्षि ठंडे, संवेदनशून्य और अलग-थलग रहने वाले होते हैं जो कि सांसारिक जीवन को पार कर जाते हैं और संसार से दूर खड़े रहते हैं।

अनेक बौद्धों को बुद्ध का वह रूप नहीं पचता है कि वे अपने परिवार को तड़पता हुआ छोड़कर स्वर्ग में जाते हैं, अपनी शान्ति के लिए, उनके लिए यह रूप स्वार्थ से भरा हुआ है। संसार से परे का सिद्धान्त लगता है कि संसार से बहुत अधिक अनासक्त है और वह इसमें समर्थ है कि मनुष्य के दुःख के कारण को जान सके। किस तरह वह आदमी जो कि सांसारिक सुखों को लेकर संवेदनशील रहता है उसकी मौजूदगी में सुकून पाता है जिसने कि अपने दिमाग पर जीत हासिल कर ली होती है? अनेक लोगों ने इसका अधिक सहिष्णु और भावनात्मक विकल्प देखा और यह स्त्री रूप में दिखायी देता है—

'जब वह निर्वाण की प्राप्ति करने ही वाला था, कि अवलोकितेश्वर ने धरती पर पीड़ा में पड़े लाखों लोगों की आवाज़ें सुनीं। उनके गालों पर आँसू लुढ़क पड़े और वे देवी तारा के रूप में बन गये, जो चीत्कारों को सहिष्णुतापूर्वक सुनती हैं। अवलोकितेश्वर ने तब तक संसार से जाने से मना कर दिया जब तक कि धरती के सभी जीवों को मुक्ति न मिल जाये। इस तरह उन्होंने बोधिसत्व के रूप में रहना चुना और तारा उनके बगल में रहने लगी।'

तारा के दिल ने बौद्ध धर्म की ठंडी तार्किकता को उष्म बना दिया। वह अप्सरा से दूती के रूप में ऊपरी दर्जे में आ गयी। सांसारिक पुरुष तारा से मिल सकते थे, बिना किसी मध्यस्थ के। उनकी बाँहों में वह बिना किसी तरह

की बाधा के रो सकता था, उसे इस बात का विश्वास होता था कि वह उसे हमेशा ही सांत्वना देंगी। उनका प्यार सशर्त था, उनकी चिन्ता किसी पूर्व मत के ऊपर आधारित नहीं होती थी। जब वह संसार में आयीं तो वह मुश्किलों को समझ गयीं।

जैन धर्म में भी हर तीर्थंकर के साथ एक देवी रहती हैं जो पुरुषों की इसमें मदद करती हैं कि वे आकाशीय सन्तों से अपने भयों और असुरक्षाओं के बारे में बतायें। स्त्री सिद्धान्त का स्वरूपीकरण पुरुष से अधिक तात्कालिक था बजाय अशरीरी पुरुष सिद्धान्त के। प्रकृति में, पुरुष दैवी आनन्द से अधिक अवगत रहता है। शरीर और मन के माध्यम से पुरुष को दिव्यत्व का अनुभव होता है। पदार्थ वह माध्यम था जिसके द्वारा आत्मा तक पहुँचा जा सकता था। संसार से परे जाने के भाव से आत्मा जीवन-चक्र से दैवीयता को पा सकते थे। इसलिए संन्यासी-देवता अक्सर सुन्दरी देवियों को अपनाते हैं, उनकी शक्ति को, जबकि वे आश्रम जीवन को निर्देशित करने वाले निर्देशक सिद्धान्तों की तलाश में रहते हैं—

'देवता और दैत्य योगी दत्तात्रेय के पास ब्रह्मांड के रहस्यों को सीखने के लिए गये तो उन्होंने पाया कि वे लक्ष्मी के साथ आलिंगनबद्ध थे जबकि वह उनके गले में मदिरा डाल रही थी। देवताओं को इस बात की समझ हो गयी कि लक्ष्मी दत्तात्रेय की शक्ति का स्रोत थी, उनकी शक्ति और वह दैवीयता थी जो वह उनको दे रही थी। दैत्यों ने यह तय किया कि लक्ष्मी का अपहरण करके पाताल लोक में ले जाया जाये। हालाँकि, बिना दत्तात्रेय के लक्ष्मी की सुन्दरता और उसकी उदारता दैत्यों के ऊपर छा गयी और इससे दैत्य कमज़ोर हो गये।' (मार्कंडेय पुराण)

लक्ष्मी जब अपने आप में होती हैं तो वह अहम् को भड़का देती हैं और दिमाग को लालसा, काम और अर्थ की कामना से भर देती हैं। लेकिन जब दत्तात्रेय तस्वीर में आते हैं तो उनकी शक्ति को दिशा मिल जाती है और वह कृपालु बन जाती हैं। देवी की उँगलियों के इर्द-गिर्द जीवन का चक्र भक्त के लिए कम अनिष्टकारी बन जाता है। देवी देवता की पूरक बन जाती हैं, उनकी विरोधी नहीं। वह भक्त को देवता तक ले जाती हैं।

विष्णु के भक्त उनकी सहचरी लक्ष्मी को वैदिक काल की भाग्य की चंचला देवी के रूप में नहीं देखते हैं, बल्कि ब्रह्मांड की माँ के रूप में देखते हैं जो कि उदार पुत्र और उसके दैवी पिता के बीच शान्ति स्थापित करने का काम करती हैं। भक्तों के लिए, अपने अहम् और इन्द्रियों के सामने झुक जाने के कारण शर्म की वजह से विष्णु, जो कि ब्रह्मांड के पालक हैं, तक पहुँचना अधिक मुश्किल और कठोर दिखायी देता है। वे अधिक मिलनसार लक्ष्मी की मातृ छवि की शरण में जाते हैं। वह दिल थी, प्यार थी, वह सहिष्णुता थी। उसके माध्यम से भक्त सर्वशक्तिमान से निवेदन करते हैं और मोक्ष के लिए प्रार्थना करते हैं कि वे उनको जीवन-चक्र से मुक्त कर दें।

भक्ति सभी कामनाओं को ईश्वर की दिशा में कर देती है। हर कार्य महज़ सांसारिक ज़िम्मेदारियों की पूर्ति बनकर रह जाता है। धर्म को अगर भावहीन ढंग से निभाया जाये तो वह कर्म को नहीं पैदा करता है। देवियाँ शरीर को संसार के सुखों के साथ नहीं लुभा सकती हैं। अप्सरा दैवी प्रकाश की अभिव्यक्ति बन जाती है, एक सुन्दर स्वप्न, जिसके माध्यम से पुरुष जीवन-चक्र से बाहर निकलने का रास्ता पा लेता है।

अध्याय 4

सतीत्व का पंथ
'वृत्त के इर्द-गिर्द घूमते हुए'

सभ्यता का नियम

संसार में काम और हिंसा निरंकुश होती है। जो उसके माकूल होते हैं वही बच पाते हैं। प्रकृति व्यक्तित्वविहीन जाल है जिसमें सभी जीव जीवित रहने के लिए कभी न खत्म होने वाले संघर्ष में बँधे रहते हैं। भूखा लकड़बग्घा गर्भवती हिरनी को खा जायेगा। भेड़ों को अगर घास चरनी है तो वह रास्ते में पौधों को कुचल देंगी। कोई सहिष्णुता नहीं, कोई नफ़रत नहीं है। जीवन का चक्र चलता रहता है और केवल निर्माण और विनाश होता रहता है।

समाज एक कृत्रिम निर्मिति है। यह वह स्थान है जहाँ पुरुष जीने के संघर्ष से खुद को मुक्त कर लेता है। वह आदिम इच्छाओं से परे निकल सकता है, कला की तलाश कर सकता है, अपने होने का मतलब तलाश कर सकता था। समाज विकल्प पेश करता है जो कि पुरुषों को मानवीय बना देता है। यह उस नियम पर आधारित होता है जिसमें कमज़ोरों के लिए छूट है। यह नियम प्रकृति के मुक्त पहलू को खारिज कर देता है, काम और हिंसा की प्रवृत्तियों के ऊपर अंकुश लगाता है, प्रकृति की उर्वरता को घरेलू बनाता है और सभ्यता की स्थापना करता है।

हिन्दू इस नियम को सभ्यता-धर्म कहते हैं। धर्म समाज को स्थिर बनाता है।

हिन्दू धर्म ग्रन्थों में धर्म का आदर करने वालों को आर्य कहा गया है, कुलीन; जिनकी तुलना जंगल के जीवों के साथ नहीं की जा सकती है जिनको राक्षस के नाम से जाना जाता है। राक्षसों को तिरस्कृत रखा जाता है क्योंकि वे मत्स्य न्याय को मानते हैं, जो कि आर्यों के तरीके से भिन्न होते हैं, खासकर उनका बहुत ही पावन आयोजन जिसको यज्ञ के नाम से जाना जाता है जिसमें प्रकृति की पालक शक्तियों का आह्वान किया जाता है और सामाजिक आदान-प्रदान को बढ़ावा दिया जाता है।

महाकाव्य 'रामायण' में एक कथा है जिसमें आर्यों और राक्षसों के संघर्ष की कथा है—'जब भी ऋषि विश्वामित्र ने जंगल में यज्ञ करने की कोशिश की तो ताड़का के नेतृत्व में राक्षसियों ने आक्रमण करके सब कुछ तहस-नहस कर दिया और यज्ञ में बाधा पहुँचाई। उत्तेजित होकर विश्वामित्र ने राम की मदद माँगी, जो अयोध्या के राजकुमार थे, जो विष्णु के अवतार थे, सभ्यता के पालनहार थे और धर्म के रक्षक थे। राम ने अपना धनुष उठाया और राक्षसों को भगा दिया। हालाँकि वे ताड़का का वध करना नहीं चाहते थे क्योंकि वह एक स्त्री थी। ''किसी कमज़ोर को बचाने के लिए किसी स्त्री का वध करने में कुछ भी गलत नहीं है,'' ऋषि ने कहा। तब राम ने अपना धनुष उठाया और ताड़का का वध कर दिया।' (रामायण)

बाद में, महल की अन्दरूनी राजनीति के कारण राम को शहर छोड़ना पड़ा और 14 साल तक जंगल में एक संन्यासी का जीवन बिताना पड़ा। उनकी कर्तव्यनिष्ठ पत्नी सीता और भाई लक्ष्मण उनके साथ जंगल में गये और जहाँ उनको एक बार फिर राक्षसों का सामना करना पड़ा—

'एक राक्षस स्त्री शूर्पनखा ने राम को दंडकारण्य में गोदावरी नदी के किनारे देखा। उनकी सुन्दरता के वशीभूत होकर उसने उनसे प्रणय-निवेदन किया। राम ने उसकी बात को मानने से इनकार कर दिया। ''मेरी एक पत्नी है,'' उन्होंने कहा। ''लक्ष्मण के पास जाओ, मेरा भाई है, जिसकी पत्नी नहीं है।'' लक्ष्मण जो कि अपने भाई की सेवा करना चाहते थे उन्होंने भी शूर्पनखा के प्रस्ताव को ठुकरा दिया। गुस्से में आकर उसने सीता को मारने का फैसला किया और ज़बरदस्ती उनकी जगह लेने का भी। लक्ष्मण ने उस जंगली स्त्री

को रोका, उसकी नाक काट कर उसको भगा दिया।' (रामायण)

एक राक्षस-स्त्री होने के नाते शूर्पनखा जंगल के कानून को मानती थी जिसमें शादी को मान्यता नहीं दी जाती है। फूल की तरह, वह मधुमक्खियों को आकर्षित करती है। जंगल की धरती की तरह वह सभी तरह के बीजों को अंगीकार करती है। उसकी उम्मीद यह है कि पुरुष उसके उकसावे का जवाब दें। लेकिन धर्म उसके मुक्त रास्तों को मान्यता नहीं देता है। राम की दुनिया में, शादी एक पवित्र बन्धन है और बेवफाई अपराध है। जंगल में राम की जो झोपड़ी है वह सभ्यता के द्वीप की तरह है। उसकी दूसरी तरफ़ जंगली प्रकृति है जिसमें जो कमजोर हैं उनकी रक्षा करनेवाला कोई नहीं है, जैसे सीता को अपने खौफ़ का पता चलता है—'राक्षस-राज रावण शूर्पनखा का भाई था। उसने यह तय किया कि राम और लक्ष्मण ने जो दुर्व्यवहार किया था उसका बदला सीता का अपहरण करके लेंगे। सीता की सुन्दरता का जो वर्णन शूर्पनखा ने किया था उसके इस निर्णय के पीछे इसकी भी कम भूमिका नहीं थी। रावण ने एक स्वर्ण मृग भेजा और राम को लुभाकर झोपड़ी से बाहर निकाला। कई घंटे गुज़र गये और शिकार से राम के वापस आने के कोई संकेत नहीं मिले। किसी बुरे की आशंका में सीता ने अपने देवर लक्ष्मण से यह विनती की कि वह जायें और उनको देखें। ''राम ने मुझे रुकने और ध्यान रखने के लिए कहा था। लेकिन आप ज़िद कर रही हैं जाने के लिए तो मैं अपने तीर से इस झोपड़ी के चारों तरफ़ एक रेखा खींच देता हूँ। इसके बारे में किसी को बताइयेगा नहीं। इसको पार मत कीजियेगा। आपको तब तक किसी तरह का नुकसान नहीं होगा जब तक कि आप उसके भीतर रहेंगी,'' लक्ष्मण ने जाने से पहले कहा। जब दोनों भाई चले गये तो रावण ने राम की झोपड़ी में घुसने का प्रयास किया लेकिन उसने पाया कि वह लक्ष्मण द्वारा खींची गयी रेखा को पार नहीं कर सकता था। इसलिए उसने एक साधू का भेष बनाया, उसने सीता को बाहर बुलाया और उससे कुछ भोजन लाने के लिए कहा। एक कुलीन की पत्नी होने के कारण सीता का यह कर्तव्य था कि वह भूखे को भोजन दे। लेकिन रावण ने यह माँग की कि वह उसे राम के उस झोपड़े से बाहर आकर भोजन दे। ''आपके पति नहीं हैं, ऐसे में मैं आपके घर में नहीं आ सकता हूँ। यह उचित नहीं होगा। आतिथ्य के नियमों का पालन करते हुए

आप बाहर आकर मुझे भोजन दे सकती हैं।'' सीता अपने भोलेपन में बाहर आने के लिए तैयार हो गयीं। जैसे ही वह बाहर निकलीं रावण ने सीता को पकड़ लिया और अपने राज्य में लेकर चला गया।' (रामायण)

लक्ष्मण रेखा को पार करते ही सीता उस संसार में चली गयीं जहाँ जिसकी लाठी उसकी भैंस का सिद्धान्त चलता है। उन्होंने धर्म द्वारा दी गयी सुरक्षा को खोया और उसकी कीमत चुकाई। हिन्दू लक्ष्मण रेखा को उचित व्यवहार की रेखा मानते हैं। समाज के हर सदस्य से यह आशा की जाती है कि वह उसकी मर्यादा में रहे। राम ने उसकी मर्यादा का पालन करने के लिए अपनी खुशी को कुर्बान कर दिया इसलिए उनको मर्यादा पुरुषोत्तम कहा जाता है।

धरती को अनुकूल बनाना

तांत्रिक कला में, समाज को एक वृत्त के भीतर के चौकोर की तरह देखा गया है। वृत्त संसार का प्रतीक है जिसमें इस बात का स्वीकार है कि प्रकृति में किसी तरह के तेज़ किनारे नहीं होते हैं। प्रकृति ऋतु के मुताबिक चलती है, अलग-अलग रस के प्रवाह के माध्यम से। तेज़ किनारे उसमें मनुष्य के हस्तक्षेप की तरफ़ संकेत करते हैं, वह धारा के साथ जाने में अनिच्छुक होता है, उसकी यह इच्छा कि वह जीवन की शक्ति को पकड़ कर रखे और प्रकृति के अपूर्ण पक्ष को वह बाहर रखे। तेज़ किनारों का अर्थ धर्म है जो कि सामाजिक व्यवस्था को कायम करता है। धर्म इस बात का फैसला करता है कि समाज में क्या स्वीकार्य है और क्या नहीं। धर्म ने जंगल के कानून को समाप्त करके सभ्यता की व्यवस्था को लागू किया। अनुकूल बनाने की प्रक्रिया हिंसक है—

'नेत्रहीन राजा धृतराष्ट्र ने यह फैसला किया कि वह अपने राज्य का बँटवारा करेंगे ताकि उनके सौ बेटे, कौरव, और अपने पाँच भतीजों, पांडवों, में शान्ति बनी रहे। जो कम विकसित इलाका था, खांडव वन, उसे पांडव भाइयों को दे दिया गया, जो कि अपनी गायों के साथ वहाँ अपने राज्य को बसाने के लिए चल पड़े। कृष्ण, उनके दोस्त और मार्गदर्शक थे, ने इस अभियान में उनका साथ दिया। अग्नि-देवता खांडव वन को खाना चाहते थे।

लेकिन वे जब भी कोशिश करते थे वर्षा के देवता इन्द्र जंगल के जीवों को बचाने के लिए भागते थे, ऊपर से बारिश करके आग को बुझा देते थे। कृष्ण और पांडव अर्जुन ने यह फैसला किया कि वे अग्नि-देवता की मदद करेंगे। उन्होंने वरुण का आह्वान किया, जो कि समुद्र के देवता थे, और उनके पास एक दैवी बाण था जिसे चलाने से जंगल के ऊपर बाणों का छाता-सा तन गया और बारिश का उसके ऊपर कोई असर नहीं हुआ। अग्नि इस तरह से आग की दीवार से जंगल को घेर पाने में सफल रहा। लपटों में फँसकर, धुएँ से अन्धे होकर जंगल के जीव-जन्तु इधर-उधर भागने लगे, वे तब तक मदद की गुहार लगाते रहे जब तक कि वे गर्मी के मारे मर नहीं गये। जिन्होंने उस आग से निकलने की कोशिश की अर्जुन और कृष्ण ने उनका शिकार कर दिया। जब आग खत्म हो गयी तब पांडवों ने जंगल में आग से तपती धरती पर नगर बसाया। जंगली जानवरों से बचाव के लिए आस-पास ऊँची दीवार खड़ी करके पांडव वहाँ शान्ति से रहने लगे।' (महाभारत)

एक और कहानी में यह पता चलता है कि सिंचाई के लिए नहर बनाने के उद्देश्य से कृषि के देवता बलराम अपनी सनक को शान्त करने के लिए एक नदी-देवी को बाल खींचकर ले आये—

'काफ़ी अधिक मदिरा पीकर बलराम यह चाहते थे कि वे यमुना में किसी स्त्री के साथ खेलें। वे इतने नशे में थे कि नदी में जा नहीं पा रहे थे। उन्होंने नदी-देवी से कहा कि वे बाहर उनके पास आयें। देवी ने किनारे को तोड़ने से मना कर दिया। इसलिए बलराम ने अपना हल उठा लिया, उसकी नोक से नदी-देवी को उठा लिया और उसे खींचकर बगीचे में उस स्थान पर ले आये जहाँ वे थे। पीड़ा में देवी विकृत हो गयी और नदी में कई मोड़ आ गये। आखिरकार, उसके पास और कोई रास्ता नहीं था कि वह बलराम की इच्छा के सामने समर्पण कर दे।' (भागवत पुराण)

कृषि-देवता बलराम जंगली नदी को एक नहर में बदल देते हैं, यादवराज कृष्ण एक जंगल को चारागाह में बदल देते हैं। दोनों ही विष्णु के अवतार थे, जो कि संसार की व्यवस्था को बनाये रखने के लिए उत्तरदायी हैं। इसलिए राम राक्षसों का नाश करने वाले हैं। विष्णु के अलावा, लक्ष्मी केवल सौभाग्य की

एक चंचला देवी नहीं हैं बल्कि एक शालीन और अधीन भाव से रहने वाली सहचरी हैं, जो उसके पाँव दबाती हैं और प्यार के साथ उसकी सेवा करती हैं।

धर्म के साथ, विष्णु सभ्यता का एक दायरा बनाते हैं, जो कि प्रकृति के वृत्त के अन्दर ही होता है। ताड़का और शूर्पनखा इस चतुर्भुज से बाहर हैं। उन्होंने सभ्यता के बन्धन को तोड़ा था, ताड़का ने हिंसा से जबकि शूर्पनखा ने काम-भावना से। सीता की जो अन्दरूनी करुणा है उसकी वजह से वह लक्ष्मण की चेतावनी की अनदेखी कर देती हैं और उस बन्धन को पार कर जाती हैं जो समाज को प्रकृति से अलग करता है। यमुना अपनी मर्ज़ी से बलराम की सनक के आगे झुकने से मना कर देती है। ये कहानियाँ इस हिन्दू मान्यता को सामने लाती हैं कि समाज एक पुरुषवादी व्यवस्था है जिसको पुरुष कहते हैं जबकि प्रकृति एक जिद्दी स्त्री की व्यवस्था का नाम है। पुरुष के लिए धर्म के आधार पर प्रकृति को अनुकूल बनाये जाने की ज़रूरत होती है। इस तरह पुरुष-सत्ता अपने औचित्य को सिद्ध करती है।

बेटे पैदा करना

पितृसत्तात्मक समाज में एक बच्चा पैदा करना ही अपने पूर्वजों के ऋण को उतारना नहीं होता था। बच्चे को पुरुष होना चाहिए होता था। पुत्र नरक से आता है। वह घर के चूल्हे को चलाये रखता है और अपने पूर्वजों का कर्मकांड करता है। वह परिवार की वंश-परम्परा का रखवाला होता है, और परिवार की आध्यात्मिक विरासत को वही हासिल करता है।

कोई पुरुष किसी और पुरुष की पिता बनने में मदद करता है तो उसको बहुत पुण्य मिलता है। कोई पिता अपने पुण्य के लिए बेटे पाने के लिए अपनी बेटी से भी वेश्यावृत्ति करवा सकता था—

'ऋषि गालव ययाति के पास इस अनुरोध के साथ आये कि उनको अपने गुरु को दक्षिणा देने के लिए आठ सौ घोड़े चाहिए, जो ऋषि विश्वामित्र थे। ययाति के पास देने के लिए कोई घोड़ा नहीं था। लेकिन वे उस साधू को खाली

हाथ नहीं जाने देते थे, इसलिए उन्होंने ऋषि को अपनी बेटी माधवी का हाथ दे दिया, ''ज्योतिषियों ने इस बात की भविष्यवाणी की थी कि मेरी बेटी चार पुत्रों को जन्म देगी जो प्रतापी राजा होंगे। इसे किसी राजा के लिए बेटा पैदा करने दीजिये, वह राजा आपको दो सौ घोड़े दे देगा। जब इसके चार बच्चे हो जायेंगे तो आपके पास आठ सौ गाय हो जायेंगी, जिसकी आपको ज़रूरत है,'' उसने ऋषि से कहा। गालव माधवी को भारत भर में लेकर गया और उसने तीन राजाओं से उसके लिए तीन बेटे पैदा किये, जिनमें से हरेक ने गालव को दो सौ घोड़े दे दिये। किसी और राजा के पास दो सौ अतिरिक्त घोड़े नहीं थे। उसके बाद अपने गुरु को छह सौ घोड़े देने के बाद गालव ने उनसे कहा कि वे भी माधवी के एक बच्चे के बेटे के पिता बन जायें, एक बेटा बाकी दो सौ घोड़ों के बराबर होगा।'' बाद में, ययाति ने माधवी के लिए एक लड़का तलाश करने का फैसला किया लेकिन माधवी ने सारे प्रस्तावों को ठुकरा दिया और उसने साध्वी बनना बेहतर समझा।' (महाभारत)

पारम्परिक धर्म ग्रन्थों में यह कहा गया है कि बेटा तभी गर्भ में आता है जब वीर्य मासिक धर्म के बहाव से अधिक मजबूत होता है। नहीं तो बेटी होती है। अगर पुरुष का बीज मासिक धर्म के बहाव जैसा ही मज़बूत होता है तो जो बच्चा पैदा होता है उसमें स्त्री और पुरुष दोनों के गुण होते हैं—वह समलैंगिक भी हो सकता है। वीर्य को मज़बूत बनाने के लिए आयुर्वेद में ब्रह्मचर्य का पालन, साँसों पर नियन्त्रण या प्राणायाम, आसन और दूध तथा दूध के उत्पाद खाना बताया गया है।

पुत्र ही पैदा हो इसके लिए एक अनुष्ठान किया जाता है जिसे पुत्रकामेष्टि यज्ञ कहते हैं, जो कि गर्भाधान से पहले किया जाता है ताकि ब्रह्मांड की शक्तियों को अपने पक्ष में किया जा सके। गर्भवती होने के तीसरे महीने में एक संस्कार किया जाता है जिसको पुंसवन कहा जाता है जिसको इसलिए किया जाता है ताकि भ्रूण का पुरुषीकरण हो। अब यह संस्कार पुराना पड़ चुका है, इसमें पीपल के पेड़ का रस एक कुँवारी लड़की निकालती है, जिसे रात में गर्भवती महिला की नाक से गुज़ारा जाता है, ताकि उसका पिंगल मज़बूत हो सके जो कि मासिक धर्म के बहाव की शक्ति को कम करता है। एक पति फिर अपनी

पत्नी की हथेली में जौ और चने रख देता है जो कि उसके गुप्तांगों का प्रतीक है, वह फिर जौ के दाने निकाल लेता है, वीर्य, और उसे अपनी पत्नी को इस उम्मीद में दे देता है कि इससे उसके गर्भ में वीर्य मज़बूत होगा।

इन सब के बावजूद, अगर कोई आदमी केवल बेटियाँ पैदा करता है तो परम्परा से उसे यह अधिकार मिला हुआ है कि वह अपनी बेटी को बेटे की तरह पाले।

मणिपुर के राजा चित्रवाहन की बेटी थी जिसका नाम चित्रांगदा था। चित्रवाहन ने चित्रांगदा को बेटे की तरह पाला। वह घोड़ों पर चढ़ती हुई, साँडों से लड़ती हुई और बाघों का शिकार करती हुई बड़ी हुई। एक दिन, उसने पांडव अर्जुन को देखा और प्यार में पड़ गयी। इस बात से डरकर कि वह कहीं उसके पुरुषों जैसे तौर-तरीके को पसन्द न करे उसने देवताओं से यह प्रार्थना की कि वे उसे एक सुन्दरी बना दें। देवताओं ने उसकी इच्छा को पूरा कर दिया। लेकिन अर्जुन को सुन्दर स्त्रियों द्वारा ध्यान दिये जाने की आदत थी, इसलिए उसने ध्यान नहीं दिया। जब उसने सुना कि अर्जुन मणिपुर इसलिए आया है क्योंकि वह उस राजकुमारी से मिलना चाहता था जो लड़कों की तरह लगती थी, उसने एक बार फिर से देवताओं का आह्वान किया और उनसे यह विनती की कि वे उसे एक बार फिर से अपने रूप में वापस ला दें। उसकी इच्छ पूरी कर दी गयी और अर्जुन से मिलने के लिए भागी जो तत्काल उसके हट्टे-कट्टे पन के प्यार में पड़ गया। उसने चित्रवाहन से चित्रांगदा का हाथ माँग लिया। ''आप उससे विवाह कर सकते हैं लेकिन एक ही शर्त है कि उसके होने वाले बेटे पर आपको अपना दावा छोड़ना पड़ेगा। मेरी बेटी के बेटे को मेरे वंश को अपना समझना चाहिए,'' मणिपुर के राजा ने कहा। अर्जुन ने इस बात को मान लिया और चित्रांगदा से विवाह कर लिया। समय के साथ, उनका एक बेटा हुआ। उसका नाम बभ्रूवाहन रखा गया और उसको मणिपुर का उत्तराधिकारी घोषित किया गया।' (बंगाल राज्य में महाभारत के आधार पर प्रचलित एक लोककथा)

बेटे के माध्यम से पुरुष को यह उम्मीद रहती है कि उसके सपने पूरे हो जायेंगे। एक पिता बेटा पाने के लिए इतना बेचैन था कि उसने अपने बच्चे

की स्त्रैणता को स्वीकार करने से इनकार कर दिया—

'द्रुपद इतनी शिद्दत से बेटे की कामना रखते थे कि जब उनकी पत्नी ने शिखंडी को जन्म दिया तो उसने इस बात को मानने से इनकार कर दिया कि वह लड़की थी। उसने उसका ध्यान एक बेटे की तरह रखा, राजकुमार की तरह बड़ा किया और यहाँ तक कि उसकी शादी करके उसके लिए पत्नी भी लाया। शादी की रात शिखंडी की पत्नी ने बड़ा हो-हल्ला मचाया और उसने दशार्ण के राजा और अपने पिता हिरण्यवर्मा को यह सूचित किया कि उसका पति तो पुरुष नहीं है। क्रोधित हिरण्यवर्मा ने द्रुपद को इस बात की धमकी दी कि वह अपनी शक्तिशाली सेना लेकर उनके राज्य के ऊपर हमला बोल देगा। द्रुपद यही बोलता रहा कि शिखंडी एक पुरुष था लेकिन शिखंडी ने उस दिन पहली बार जीवन में सच का सामना किया, और खुद को मारने के लिए जंगल में गया ताकि वह अपने लोगों को बचा सके। जंगल में उसका सामना एक यक्ष से हुआ। उसने उसे कहा कि वह एक रात के लिए उसका पुरुषत्व दे देगा। शिखंडी ने उसके प्रस्ताव को मान लिया, वह शहर वापस गया और हिरण्यवर्मा ने जो स्त्री उसके लिए भेजी थी उसके साथ सम्भोग करके उसने अपने पुरुषत्व को सिद्ध किया। इस बीच, यक्षों के राजा कुबेर ने उस यक्ष को शाप दिया कि वह हमेशा के लिए हिजड़ा रह जायेगा क्योंकि उसने अपनी जादुई शक्तियों का गलत इस्तेमाल किया और अपने पुरुषत्व को छोड़ा है। इसकी वजह से शिखंडी अपने बाकी जीवन में एक पुरुष की ही तरह रह गया।' (महाभारत)

जब लड़के और लड़की में से चुनने का विकल्प दिया गया तो एक राजा ने लड़के को चुना—

'राजा उपरिचर जब शिकार पर गये थे, तो जंगल में लेटे-लेटे उन्होंने वीर्य गिरा दिया। उसे उन्होंने एक पत्ते में लपेट लिया और अपने तोते को दे दिया, उसे यह निर्देश दिया कि वह उस वीर्य को लेकर उसकी रानी के पास जाये। जब तोता आकाश में उड़ा तो उसके ऊपर एक चील ने हमला कर दिया और वह वीर्य की पोटली समुद्र में गिर गयी जहाँ उसे एक मछली ने खा लिया। वह कोई साधारण मछली नहीं थी, बल्कि आद्रिका नाम की एक अप्सरा

थी। उसके शरीर में वीर्य मनुष्य के एक बच्चे में बदल गया। जब मछुआरे ने उस मछली को पकड़ा, तो उनको इस बात से बड़ी हैरानी हुई कि उसके पेट में एक लड़का और एक लड़की थे। वे उन बच्चों को लेकर राजा उपरिचर के पास गया जिसने सिर्फ़ लड़के को अपनाया। जो लड़की थी उसको मत्स्य के नाम से जाना जाता था वह मछुआरे के पास ही रह गयी।' (महाभारत)

उपरिचर की वह ठुकराई हुई अवैध बच्ची—जिसको सत्यवती के नाम से भी जाना जाता है—की भी एक राजा से शादी हुई जबकि बचपन में उसको एक राजा द्वारा ठुकरा दिया गया था और उसने इस बात को पक्का किया कि राजगद्दी उसके बच्चे को ही मिले—

राजा शान्तनु को सत्यवती से प्यार हो गया और उसने उसका हाथ विवाह के लिए माँगा।

''केवल उसी हालत में जब आप उसके बच्चे को अपना उत्तराधिकारी बनायेंगे,'' उसके सौतेले पिता ने कहा। राजा ने इस बात को मान लिया और पहले की शादी से उत्पन्न अपने पुत्र देवव्रत से कहा कि वह राजगद्दी के ऊपर अपना दावा छोड़ दे। इस बात से सत्यवती सन्तुष्ट नहीं हुई। ''आप इस बात को कैसे सुनिश्चित कर सकते हैं कि देवव्रत गद्दी के लिए लड़ाई नहीं लड़ेगा ?'' उसने पूछा। उसकी सन्तुष्टि के लिए, देवव्रत ने यह शपथ ली, ''मैं कभी किसी स्त्री के संसर्ग में नहीं आऊँगा और इसलिए कभी किसी बच्चे का पिता नहीं बनूँगा।'' तब जाकर सत्यवती ने शान्तनु से विवाह किया।' (महाभारत)

पिता की खुशी के लिए सन्तानहीन रहने की शपथ लेकर देवव्रत नरक के भागी बने। इस तरह से उनको भीष्म के नाम से जाना जाने लगा। अपने बेटे की मृत्यु को टालने के लिए शान्तनु ने भीष्म को यह शक्ति दी कि वह जिस समय मरना चाहें उसी समय उनकी मौत होगी।

भाग्य का अजीब खेल हुआ, भीष्म की मृत्यु उन्हीं परिस्थितियों में हुई जो कि उनके शपथ लेने के कारण पैदा हुई—

'सत्यवती के बेटे कमज़ोर थे। एक शादी से पहले ही मर गया और दूसरा बेटा अपने लिए पत्नी ही नहीं ला पाया। इसलिए यह भीष्म के ज़िम्मे

आया कि वह विचित्रवीर्य, जो सत्यवती का दूसरा बेटा था, के लिए लड़की लाये। उन्होंने काशी की तीन राजकुमारियों अम्बा, अम्बिका और अम्बालिका का अपहरण कर लिया—और उनको लेकर विचित्रवीर्य को दे दिया। उनमें से जो सबसे बड़ी अम्बा थी जिसने इस बात का खुलासा किया कि उनका हृदय राजा सल्वा के लिए है, भीष्म ने उसे जाने दिया। हालाँकि, सल्वा ने अम्बा से विवाह करने से मना कर दिया। ''मैं ऐसी किसी स्त्री से कैसे विवाह कर सकता हूँ जिसके ऊपर भीष्म पहले ही दावा कर चुका हो?'' उसने पूछा। कोई स्त्री जो कि किसी और पुरुष के द्वारा घर से भगाई जा चुकी हो, इसलिए अम्बा के पास इस बात का कोई विकल्प नहीं था कि वह विचित्रवीर्य के पास लौट जाये। विचित्रवीर्य अम्बा और अम्बालिका को वापस लेने के लिए तैयार नहीं हुआ जिसने उसे पहले ठुकरा दिया हो। दुःखी होकर, अम्बा ने भीष्म से यह विनती की कि वह उसके सम्मान को वापस दिलाने के लिए उनसे विवाह कर ले। भीष्म ने चूँकि ब्रह्मचर्य का व्रत लिया था इसलिए उसने ऐसा करने से इनकार कर दिया। ''अगर आप तीन लड़कियों का अपहरण कर सकते हैं तो आप एक से विवाह भी नहीं कर सकते। अगर आपने ब्रह्मचर्य का व्रत लिया है तो आप जंगल में साधू बनकर क्यों नहीं रहते?'' अम्बा रोने लगी। अपने दुर्भाग्य के लिए भीष्म को ज़िम्मेदार ठहराते हुए अम्बा संसार भर में किसी ऐसे वीर पुरुष की खोज करने लगी जो कि भीष्म से उसके अपमान का बदला ले सके। कोई नहीं, यहाँ तक कि योद्धा राजकुमार परशुराम भी भीष्म को नहीं हरा सकते थे। आखिर में, अम्बा ने स्वयं यह प्रण लिया कि वह स्वयं भीष्म को मारेगी। उसने शिव का आह्वान किया, जो कि विनाश के देवता थे, तो उन्होंने उसे यह कहा कि वह अगले जन्म में भीष्म की मौत का कारण बनेगी। वह मौत तक रुकने के लिए तैयार नहीं थी, इसलिए अम्बा ने खुद को मार लिया और वह शिखंडी के रूप में दोबारा पैदा हुई, जो कि पाँचाल के राजा द्रुपद की बेटी थी। सालों बाद, शिखंडी एक पुरुष का शरीर ले पाने में कामयाब रही, युद्ध में वह भीष्म से मिली और उसकी मौत का कारण बनी।' (महाभारत)

बुरी तरह घायल होने के बाद भीष्म ने यह फैसला किया कि वे उस शक्ति का उपयोग करें जो कि उनके पिता ने उनको दी थी और उन्होंने अपनी

मौत को सूर्य के उत्तरायण होने तक के लिए टाल लिया जो शरद ऋतु के बाद होता है। भीष्म ने मरने के लिए जिस समय का चुनाव किया था वह मायने रखता था। हिन्दू पंचांग के अनुसार गर्मियों के बाद जब सूर्य दक्षिण की तरफ़ जाता है तो पूर्वज मृतकों की भूमि से अपने परिवार के पुरुष सदस्यों से तर्पण लेने के लिए आते हैं। भीष्म ने मरने का समय वह चुना जब उनके पूर्वज मृतकों की भूमि तक लौट चुके हों। शायद वे अपने ऋणियों का सामना करना नहीं चाहते थे। भीष्म निस्सन्तान मर गये इसलिए धार्मिक हिन्दू उस दिन उनके सम्मान में श्राद्ध का आयोजन करते हैं जिस दिन उनकी मृत्यु हुई थी, उनके सम्भावित पुरुष वंशजों की तरफ़ से। इसलिए क्योंकि उन्होंने अमूल्य बलिदान किया था।

समाज में जन्म

हिन्दू धर्म अनुशासन के सिद्धान्त के ऊपर आधारित है। सभी इच्छाओं को समाज की माँग के मुताबिक अनुशासित किया जाना चाहिए। प्राचीन भारतीय समाज में स्त्री-पुरुषों से यह उम्मीद की जाती थी कि वे अपनी सामाजिक भूमिका का निर्वाह बिना किसी तरह के प्रश्न के करें। बच्चे पैदा करने वाली और एक घर बनाने वाली के रूप में स्त्री की भूमिका उसकी जैविकी से तय हुई। किसी पुरुष की पहचान उसके जन्म से परिभाषित होती है। एक पुरुष हिन्दू धर्म के चार वर्णों में से किसी भी एक वर्ण में पैदा हो सकता था। ब्राह्मणों के परिवार में पैदा होने से वह सबसे ऊँची जाति में का सदस्य हो गया और उसे समाज की आध्यात्मिक ज़रूरतों का ध्यान रखना होता था। क्षत्रिय के रूप में उसे राजनीतिक ज़रूरतों का ध्यान रखना होता था, जबकि वैश्य के रूप में वह आर्थिक ज़रूरतों के लिए ज़िम्मेदार रहता था। अगर वह किसी शूद्र के परिवार में पैदा हुआ हो तो वह समाज के निचले तबके या मज़दूर वर्ग का हिस्सा बन जाता था। 'ऋग्वेद' के मुताबिक, ब्राह्मण या पुजारी और दार्शनिक समाज के सिर होते हैं, क्षत्रिय या कुलीन वर्ग और योद्धा समाज की बाँहें होती हैं, वैश्य और किसान समाज की जड़ होते हैं जबकि शूद्र, नौकर और मज़दूर वर्ग के लोग समाज के पैर होते हैं। ये चारों जातियाँ मिलकर

समाज को चलाये रखती हैं।

समाज के बिना जो संसार होता है उसमें पिता होना कोई मायने नहीं रखता है। जो बात सबसे अधिक मायने रखती है, वह है पुरुष और स्त्री की जैविक ज़रूरतों का सुनिश्चित किया जाना, जीवन का चक्र चलता रहे। यह किस तरह होता है, किन हालात में इससे कोई खास फर्क नहीं पड़ता—

'सत्यकाम गौतम के आश्रम में सत्य का धर्म पढ़ना चाहता था। वहाँ नामांकन के लिए उसको अपने पिता का नाम चाहिए था। ''मैं किस बीज का फल हूँ?'' उसने अपनी माँ जाबाला से पूछा। जाबाला का जवाब था, ''अपने जीवन में मैंने कई पुरुषों को जाना। जाओ और अपने शिक्षक को बता दो कि तुमको यह नहीं पता कि तुम्हारे पिता कौन हैं। लेकिन तुम्हारी माँ का नाम जाबाला है।'' सत्यकाम ने इसी तरह से अपना परिचय दिया। इस बात से शिक्षक प्रभावित हुए कि लड़के ने इस तरह से सत्य को जानने की दिशा में पहला कदम बढ़ाया।' (छान्दोग्य उपनिषद्)

जबकि प्राचीन हिन्दू समाज के अन्तर्गत पितृत्व का मतलब होता है। किसी पुरुष की भूमिका जन्म से तय की जाती है। यह ज़रूरी होता है कि किसी पुरुष को इस बात का पता होना चाहिए कि वह किस बीज का फल है। जिस पुरुष को अपने पिता के बारे में नहीं पता होता उसे हरामी माना जाता है, उसे जीवन में अपनी भूमिका के बारे में पता नहीं होता। यही 'महाभारत' के कर्ण की पीड़ा है—

'कुन्ती जो कि राजा कुन्तीभोज की बेटी थी, ने जब ऋषि दुर्वासा उसके घर आये तो उनकी सेवा पूरी लगन के साथ की। कृतज्ञ होकर ऋषि ने कुन्ती को एक जादुई सूत्र दिया जिससे कि वह किसी भी देवता का आह्वान करके उससे बच्चा पैदा करने में समर्थ हो गयी। यौवन की उत्सुकता में आकर कुन्ती ने यह फैसला किया कि वह उस मन्त्र का परीक्षण करेगी। उसने सूर्य देवता का आह्वान किया और वे तत्काल आ गये और उन्होंने उसके साथ प्यार किया। उनके संयोग से जो पुत्र पैदा हुआ उसके कानों में दैवी कुंडल थे और वक्ष पर सोने का एक कवच। बदनामी के भय से कुन्ती ने उस बच्चे को एक टोकरी में डालकर पानी में बहा दिया। एक निस्सन्तान सारथि को वह टोकरी में पड़ा

हुआ बच्चा मिला और उसने उस बच्चे को अपने बच्चे की तरह पाला। वैसे उसे पाला तो एक सारथि के रूप में गया था लेकिन सूर्यपुत्र कर्ण में सभी लक्षण एक योद्धा के थे। उसकी मित्रता हस्तिनापुर के राजकुमार दुर्योधन से हो गयी और वह उसकी धनुर्विद्या से इतना प्रभावित हुआ कि उसने कर्ण को अंग देश का राजा बना दिया। अपनी उपलब्धियों के बावजूद, हमेशा यह कहकर उसका उपहास उड़ाया जाता था कि वह एक सारथि का पुत्र था। पूरे जीवन उसके दिल पर यह छाया पड़ी रही—उसे यह नहीं पता था कि वह कौन था, एक शूद्र सारथि या एक क्षत्रिय राजा।' (महाभारत)

ऋषि मातंग की कहानी से यह पता चलता है कि यह लगभग असम्भव होता है कि कोई आदमी अपने उस भाग्य को बदल पाये जो कि उसके जन्म से निर्धारित हो जाता है—

'मातंग ने एक बार एक गधे को मारा। उस पशु की माँ ने उसे सांत्वना देने की कोशिश करते हुए यह कहा कि एक चंडाल से इससे बेहतर और कुछ उम्मीद नहीं कर सकते थे। मातंग एक ब्राह्मण परिवार से आते थे इसलिए उन्होंने गधे की माँ से इस बात का कारण बताने के लिए कहा। तब गधे की माँ ने इस बात का खुलासा किया कि मातंग की माँ ने एक बार नशे की हालत में एक शूद्र नाई के साथ सम्भोग किया था और उसकी पैदाइश उसी अवैध मेल से हुई थी। इस बात से दुःखी होकर मातंग ने इस बात के लिए तपस्या शुरू कर दी कि उनको ब्राह्मण वर्ण में डाल दिया जाये। उनकी तपस्याओं का यह फल निकला कि इन्द्र ने उनकी प्रशंसा की और उसने उनको बहुत सारे अन्य वरदान दिये लेकिन यह कहा कि वे उसकी जाति को नहीं बदल सकते।' (रामायण)

असमानों का मेल

जाति-आधारित समाज में किसी स्त्री का अपने से नीची जाति के पुरुष के साथ मेल की सभी द्वारा निन्दा की गयी है। इस तरह का प्रतिलोम विवाह किसी उच्च जाति के गर्भ में नीची जाति के बीज द्वारा दूषित हो जाने से होता है। आदर्श रूप से स्त्रियों से यह आशा की जाती है कि वे अपनी जाति के

पुरुष से ही विवाह करें। नीची जाति की स्त्री का उच्च जाति के पुरुष के साथ विवाह को अनुलोम विवाह कहा जाता है, जिसको सहन कर लिया जाता था—

'जब सूखा पड़ता है तो केवल एक आदमी की कमाई अच्छी रहती है जो चांडाल होता है और जो श्मशान में अन्तिम संस्कार करता है। एक बार जब सूखा पड़ा हुआ था तब ऋषियों का एक भूखा समूह भोजन के लिए एक चांडाल के घर गया। लेकिन चांडाल ने उन्हें भोजन देने से मना कर दिया, इस भय से कि उच्च जाति के पुरुष को अपने घर में खाना खिलाकर वह धर्म के आचार का खंडन नहीं करेगा। वह आखिर में इस बात पर राज़ी हुआ कि साधुओं के प्रमुख वशिष्ठ उसकी बेटी अक्षमाला से विवाह करें। एक ससुर के रूप में उसका यह कर्तव्य हो जायेगा कि वह अपने दामाद और उसके मित्रों को खिलाये, चाहे उसकी जाति कुछ भी हो। वशिष्ठ अक्षमाला से विवाह करने के लिए तैयार हो गये और उन्होंने किया भी। अक्षमाला की सुन्दरता सूरज की चमक को फीकी कर देने वाली थी और इसलिए वशिष्ठ ने उसका नाम अरुंधति रखा। समय के साथ यह बात प्रसिद्ध हो गयी कि उसमें पत्नी होने के सारे गुण थे।' (स्कन्द पुराण)

उच्च जाति के पुरुषों की अक्सर कई जातियों से पत्नियाँ होती थीं। हालाँकि, उत्तराधिकार हमेशा उस व्यक्ति को जाता था जिसकी माँ अपने पति की जाति की ही होती थी—

'भाग्य के किसी कारण से गान्धारी दो साल तक गर्भवती रह गयी। इस दौरान उनके पति धृतराष्ट्र ने अपने सुख के लिए एक रखैल रखी और उसने एक स्वस्थ और बुद्धिमान बच्चे युयुत्सु को जन्म दिया। वैसे वह हर तरह से सक्षम था लेकिन वह कभी राजकुमार नहीं हो सकता था। वह स्थान गान्धारी के सबसे बड़े पुत्र दुर्योधन के लिए सुरक्षित रखा गया था।' (महाभारत)

नीची जाति की स्त्रियों की स्थिति अक्सर बुरी होती है। ऐतरेय अनुलोम विवाह से पैदा हुआ था और उसे पिता सम्बन्धी भेदभाव का सामना करना पड़ा था—

'इतारा ऋषि विशाल की शूद्र पत्नी थी। एक आयोजन के दौरान ऋषि ने

अपनी उच्च जाति की पत्नी पिंगा से अपने बेटों के लिए सन्देश भेजे लेकिन उन्होंने इतारा के पुत्र ऐतरेय की उपेक्षा की। दु:खी होकर, इतारा ने ऐतरेय से यह कहा कि वह मही से निर्देश ले जो कि सभी जातियों का समान रूप से ध्यान रखती है। पृथ्वी-देवी ने उसे 12 साल तक शिक्षा दी और वे महिदासा बन गये। वह एक सौ साल से अधिक समय तक जीवित रहे और इस दौरान उन्होंने अपने धार्मिक ग्रन्थों की रचना की।' (ऐतरेय ब्राह्मण, स्कन्द पुराण)

संसार में जीवन के चक्र को चलाने के लिए बच्चे पैदा करना बहुत ज़रूरी होता है। समाज में बच्चे पैदा करने के कई सामाजिक आशय होते हैं, पिता बनना पुरुष की उत्तरजीविता के लिए ज़रूरी होता था।

स्त्री से पत्नी

जब किसी पुरुष को इस बात का पता चल जाता है, कोई स्त्री काम के मामले में उसके प्रति विश्वासी है तब क्या वह इस बात के ऊपर विश्वास कर सकता है कि उससे जो बच्चा पैदा हुआ है वह उसके ही बीज का फल है। प्राचीन हिन्दू समाज में पितृत्व का महत्त्व इतना अधिक था कि कोई स्त्री तब तक इस बात का दावा नहीं कर सकती थी कि कोई आदमी उसके पुत्र का पिता है जब तक कि उसके पास इस बात के पर्याप्त सबूत नहीं होते थे—

'एक बार शिकार के दौरान राजा दुष्यंत ने यह देखा कि अपने सौतेले पिता ऋषि कण्व के आश्रम में शकुन्तला अकेली थी। उसकी भावना जाग गयी, दुष्यंत ने उसको यह सुझाव दिया कि वे दोनों गन्धर्व विवाह कर लेते हैं, बिना सामाजिक सहमति के। शकुन्तला उस वीर राजा से आकर्षित थी और उसने अपनी सहमति दे दी। कण्व की सहमति का इन्तज़ार किये बिना समाज की मान्यताओं के बाहर। उसकी लालसा पूरी हो गयी, दुष्यंत नगर चला गया, उसने शकुन्तला से यह वादा किया कि वह जल्दी ही उसे बुलवा लेगा। कई साल गुज़र गये। दुष्यंत लौटकर नहीं आया। इस बीच, शकुन्तला ने एक बेटे को जन्म दिया जिसका नाम भरत था। जब उस बेटे की उम्र हुई तो उसने अपने पिता से मिलने की माँग की। इसलिए शकुन्तला उसको दुष्यंत

के दरबार में लेकर गयी। दुष्यंत को तब बहुत गुस्सा आया जब उसने उसको अपने बेटे के पिता के रूप में पहचान लिया। ''यह कहने की तुम्हारी हिम्मत कैसे हुई, घटिया कुल की लड़की,'' उसने कहा।

उसे आदेश दिया गया कि वह महल को छोड़ दे या रखैल के रूप में रह जाये क्योंकि वह रानी बनने के लायक नहीं है। दु:खी और अपमानित होकर शकुन्तला पीछे मुड़ी और महल से वापस जाने लगी। अचानक, आकाशवाणी हुई और राजदरबार को उसने यह बताया कि शकुन्तला कोई झूठी नहीं थी और यह कि उसने जो बच्चा जना था वह दुष्यंत का ही था। इन शब्दों को सुनकर दुष्यंत बेहद खुश हो गया। ''इस दैवी साक्ष्य ने मुझे इस लायक बना दिया है कि मैं सार्वजनिक रूप से इस बात को स्वीकार कर लूँ कि भरत मेरा पुत्र है। अब मेरी प्रजा न तो तुम्हारे ऊपर कोई दाग लगा पायेगी न ही भरत के पितृत्व के ऊपर किसी तरह का सवाल कर पायेगी।' (महाभारत)

समाज में, इस बात के लिए साक्ष्य की ज़रूरत होती है जो पुरुष और पत्नी के बीच के सम्बन्ध को प्रमाणित कर सके। इस वजह से विवाह आवश्यक हो जाता है। संसार में, स्त्रियों को माँ के रूप में पूजा जाता है जो जीवन को आगे बढ़ाती हैं। समाज में जब वे पत्नी होती हैं तभी उनका सम्मान होता है। बिना विवाह के मातृत्व को स्वीकार नहीं किया जाता है। विवाह स्त्री की उर्वरता को बढ़ावा देता है। स्त्रियाँ बच्चे अपने पति के लिए पैदा करती हैं न कि प्रकृति के लिए।

अप्सरा से पत्नी के रूप में रूपान्तरण, या जंगल के खेत के रूप में रूपान्तरण की कथा को मारिषा की कहानी में बताया गया है—

'ऋषि कंदु ने जीवन-चक्र से बचने के लिए अपनी इन्द्रियों को काबू किया और शरीर के द्रव्यों को बचाकर रखा। उसका तप से ध्यान बँटाने के लिए इन्द्र ने अप्सरा प्रमलोचा को भेजा जो ऋषि को सम्मोहित करने में सफल रही। लेकिन उसकी बाँहों में कंदु को इतना आनन्द आया कि ऐसा लगा जैसे एक रात में एक सौ साल गुज़र गये हों। जब कंदु अपने कामोन्माद से उठे तो वे गुस्से में आ गये और उन्होंने प्रमलोचा से जाने के लिए कहा। जब वह आकाश की तरफ़ बढ़ी पेड़ों ने उसके पसीने को हटा दिया। प्रमलोचा उस

समय कंदु के बीज से गर्भवती थी, और भ्रूण उसकी कोख से पसीने के साथ निकलकर पेड़ में आ गया। हवा उस भ्रूण को पेड़ के पत्तों से उड़ा कर ले गयी और चाँदनी ने उसे एक सुन्दर लड़की मारिषा में बदल दिया। वह प्रकृति की बेटी थी। इस बीच, दस प्रचेता भाई समुद्र के नीचे तपस्या कर रहे थे। तपस्या ने उनको चमत्कारिक शक्तियाँ दीं। वे जब दस हज़ार साल बाद आये तो उन्होंने पाया कि धरती रहने लायक नहीं रह गयी थी, बड़े-बड़े पेड़ थे। इसलिए उन्होंने आग जलाई और जंगल में आग लगा दी और ज़मीन को साफ़ कर दिया। शान्ति स्थापित करने के लिए, प्रकृति ने उन भाइयों को मारिषा का हाथ दे दिया। मारिषा, दस प्रचेता कुमारों की पत्नी, ने दक्ष प्रजापति को जन्म दिया, जो कि सभ्यता के देवता हैं।' (विष्णु पुराण)

कई पतियों वाली स्त्री

मारिषा का दस पुरुषों से विवाह इस बात का सुझाव देता है कि प्राचीन भारत में हिन्दू समाज में बहु-विवाह की प्रथा थी। मारिषा महज एक ही स्त्री थी जिसके एक समय में एक से अधिक पति थे। जटिला के सात पति थे और वर्कशी थी जिसके दस पति थे। पवित्र हिन्दू कथाओं में बहु-विवाह की सबसे बड़ी कहानी द्रौपदी की है, जो कि 'महाभारत' की नायिका है, जो कि पाँच पांडवों की पत्नी थी—

'पांडव अर्जुन ने पाँचाल राजकुमारी द्रौपदी से धनुष-प्रतियोगिता जीतकर विवाह किया। ''यह देखिये मैं पुरस्कार जीत कर लाया हूँ,'' जब वह घर पहुँचा तो चिल्लाते हुए उसने कहा। उसकी माँ रसोई में व्यस्त थीं, उन्होंने बिना पीछे देखे ही कह दिया, ''जो भी है उसे अपने भाइयों के साथ साझा कर लो।'' अर्जुन ने हमेशा अपनी माँ की आज्ञा का पालन किया था। इसलिए उसको मजबूर होकर अपनी पत्नी को अपने चार भाइयों के साथ साझा करना पड़ा।' (महाभारत)

कवि और विद्वान् लोग लगातार द्रौपदी के बहुपतित्व को समझाने की कोशिश करते रहे हैं। स्त्री के बहुपतित्व को अलग से बताने की जरूरत पड़ती

है पुरुषों की नहीं, यह पितृसत्तात्मक समाज का एक लक्षण है—

'अपने पिछले जीवन में द्रौपदी ने शिव को अपनी भक्ति से खुश कर दिया जिससे वह खुश हो गये और उन्होंने उसे वरदान दिया। उन्होंने कहा कि उनको एक ऐसा पति दिया जाये जो कि कुलीन हो, मज़बूत हो, बहादुर हो, सुन्दर हो और बुद्धिमान भी। ''तथास्तु'', शिव ने कहा। उसने सोचा था कि उसे एक ऐसा पति मिलेगा जिसमें ये पाँच गुण होंगे। जबकि शिव ने, जो छल-कपट से दूर रहने वाले हैं, अपनी मासूमियत में उसे पाँच पतियों का वरदान दिया, एक कुलीन, एक मज़बूत, एक बहादुर, एक सुन्दर और एक बुद्धिमान।' (देवी भागवत)

कई पुराणों में यह कहा गया है, द्रौपदी असल में पृथ्वी देवी का अवतार हैं जबकि उसके पाँच पतियों में इन्द्र के पाँच अलग-अलग पहलू थे। एक और कहानी में यह कहा गया है कि द्रौपदी के बहुपतित्व की बात वरदान नहीं बल्कि एक अभिशाप थी—

'नालायनी का विवाह एक बूढ़े और जर्जर साधू से कर दिया गया जिनका नाम था मौद्गल्य। उस ऋषि की दिलचस्पी सिर्फ़ तपस्या में थी और उन्होंने उसके ऊपर कभी ध्यान नहीं दिया। तब भी वह एक कर्तव्यनिष्ठ पत्नी के रूप में सेवा करती रही। समय के साथ, ऋषि को कोढ़ हो गया, लेकिन नालायनी उसकी सेवा करती रही। उसकी भक्ति से प्रसन्न होकर ऋषि ने उससे वर माँगने के लिए कहा। ''अपना यह तपस्वी का रूप छोड़ो और मुझसे प्यार करो,'' उसने कहा। वह ऋषि तत्काल एक नौजवान में बदल गया और उसने उसे गले से लगा लिया। कई साल के बाद, ऋषि को यह लगा कि अब सांसारिक सुखों को छोड़ने का समय आ गया है। नालायनी ने विरोध किया, तब उस ऋषि ने यह शाप दिया कि अपने अगले जीवन में वह द्रौपदी के रूप में जन्म लेगी और उसकी वासना को सन्तुष्ट करने के लिए पाँच पुरुष होंगे।' (दक्षिण भारत की लोककथा)

एक ही स्त्री को साझा करने से भाइयों के बीच खतरनाक किस्म की प्रतिद्वन्द्विता हो सकती थी, ऋषि नारद ने अपनी इस बात को सिद्ध करने के

लिए यह कहानी सुनायी जिससे कि वे अपनी बात रख सकें—

'असुर भाई सूंड और उपसूंड को एक साथ हरा पाना बहुत मुश्किल था। उन दोनों के बीच फूट डालने के लिए देवताओं के राजा इन्द्र ने अप्सरा तिलोत्तमा की मदद ली।

दोनों ही असुरों को अप्सरा से प्यार हो गया। उसके आकर्षण के नशे में आकर दोनों ही उसे एक-दूसरे के साथ साझा करने के लिए तैयार नहीं थे, इसलिए वे दोनों आपस में उसको लेकर लड़ने लगे। दोनों की लड़ाई टक्कर की थी और दोनों ने एक-दूसरे को मार डाला, जिससे देवताओं को बड़ी खुशी हुई।' (महाभारत)

सूंड और उपसूंड की कहानी से पांडवों को यह बात समझ में आयी कि किस तरह एक सामान्य पत्नी या तो उनको आपस में बाँध कर रख सकती थी या उनको अलग कर सकती थी। इससे उन्होंने सोने के कमरे में द्रौपदी के साथ सोने के लिए अलग-अलग इन्तज़ाम किये—

'पाँचों भाइयों ने यह तय किया, वे द्रौपदी के साथ बारी-बारी से सोयेंगे। वह एक भाई के साथ एक साल तक लगातार रहेगी। इस दौरान, बाकी भाई न तो उसके कमरे में प्रवेश करेंगे न ही उसके साथ की माँग करेंगे। हर साल के अन्त में जब वह दूसरे भाई के साथ रहने के लिए जाती थी तो द्रौपदी आग के ऊपर से चलती थी जिससे कि उसका कौमार्य वापस आ जाता था। इसलिए हर भाई को उसका कौमार्य भंग करने का अवसर मिल जाता था और उससे पुत्र पैदा करने का अवसर भी। एक बार अर्जुन, तीसरे पांडव, द्रौपदी के कमरे में धनुष खोजने के लिए गये जबकि उस दौरान वह युधिष्ठिर के साथ थी, जो सबसे बड़े पांडव थे। इस अतिक्रमण के लिए उनको 12 साल के लिए राज्य से निकाला दिया गया।' (महाभारत)

द्रौपदी के सोने के कमरे का इन्तज़ाम इस तरह से किया जाता था कि भाइयों के बीच काम सम्बन्धी झगड़े न हो पायें। इस बात को सुनिश्चित किया गया कि पितृत्व को लेकर पाँचों भाइयों में उसके पाँच बेटों को लेकर किसी तरह का झगड़ा न हो।

सामाजिक और जैविक पिता

जैविक पितृत्व को हिन्दू समाज में हमेशा से महत्त्व नहीं दिया गया। एक समय ऐसा था जब पितृत्व सामाजिक मुद्दा अधिक था। पुरुष अपनी पत्नी के बच्चों का पिता होता था, चाहे वे उसके बीज का फल हों या नहीं हों। इस समय की स्मृतियाँ कई लोक-कथाओं में दर्ज हुई हैं—

'जब एक व्यापारी मर गया तो उसके रिश्तेदारों ने उसकी विधवा को इस बात की अनुमति नहीं दी कि वह उसकी सम्पत्ति का उत्तराधिकार ले। दु:खी होकर उस वैश्य स्त्री ने अपनी बेटी के साथ शहर को छोड़ दिया। जब वह अपनी युवा बेटी के साथ जंगल से होकर गुज़र रही थी तो उसका सामना एक डाकू से हुआ जिसे एक स्थानीय राजा ने सूली पर चढ़ाया हुआ था। वह डाकू मरने ही वाला था जब उसने उस विधवा से कहा, ''मुझे अपनी बेटी का हाथ दे दो तो मैं तुमको यह बता दूँगा कि मैंने लूट का सोना कहाँ छिपा कर रखा है। इसका पति होने के कारण मैं इसके सभी बच्चों का पिता बनूँगा और इस तरह से मैं अपने पूर्वजों का कर्ज़ उतार पाऊँगा।'' उस कंगाल विधवा ने डाकू के प्रस्ताव को स्वीकार कर लिया। शादी के तुरन्त बाद डाकू मर गया। विधवा को सोना मिल गया और वह पास के ही गाँव में बस गयी और जहाँ उसकी बेटी एक पुजारी के प्रेम में पड़ गयी। कुछ समय के बाद, उसने एक बेटे को जन्म दिया जिसके बारे में ज्योतिषियों ने कहा कि वह बड़ा होकर राजा बनेगा। इस प्रक्रिया को आगे बढ़ाने के लिए उस विधवा ने बच्चे को महल के दरवाज़े पर छोड़ दिया जहाँ कि एक सन्तानहीन राजा रहता था। राजा ने उस मिले हुए बच्चे को अपने बच्चे की तरह पाला। वर्षों बाद, उस विधवा के नाती ने अपने पूर्वजों के सम्मान में श्राद्ध का आयोजन किया। जब वह पानी में तर्पण करने ही वाला था, उसे लेने के लिए तीन हाथ आगे बढ़े—एक हाथ उस डाकू का था जिसने उसकी माँ से विवाह किया था, एक हाथ उस पुजारी का था जो कि उसका पिता था और तीसरा हाथ उस राजा का था जिसने उसे पाला था। पुजारियों ने राजा को यह सलाह दी कि वे तर्पण उस डाकू को अर्पित करें जिसने उसकी माँ से विवाह किया था।' (वेतालपंचविंशती)

विवाह ने उस आदमी को अपनी पत्नी की कोख का मालिक बना दिया।

खेत के मालिक की तरह पति का फसल के ऊपर पूरी तरह अधिकार रहता था, चाहे बीज किसी ने भी डाले हों। कोख के ऊपर यह दावा मृत्यु के साथ खत्म नहीं हो जाता था—

'विचित्रवीर्य की मौत अपनी दो पत्नियों अम्बिका और अम्बालिका को गर्भवती किये बिना ही हो गयी। इसलिए उसकी माँ सत्यवती ने अपने सौतेले बेटे भीष्म से उन दोनों विधवाओं को गर्भवती बनाने के लिए कहा। उसने मना कर दिया क्योंकि उसने ब्रह्मचर्य का व्रत लिया था। इसलिए सत्यवती ने ऋषि व्यास को बुलवाया, जो कि उनका बेटा था जिसका जन्म उनके विवाह से पूर्व हुआ था, और उनसे वह काम करने के लिए कहा। समय के साथ, अम्बिका ने एक अन्धे बच्चे को जन्म दिया जिसका नाम धृतराष्ट्र रखा गया। अम्बालिका ने दुबले कमज़ोर बच्चे को जन्म दिया जिसका नाम पांडु रखा गया। एक स्वस्थ बच्चे को जन्म देने के लिए सत्यवती ने अम्बिका को मजबूर किया कि वह व्यास के साथ एक बार फिर से सोये। अम्बिका व्यास के साथ सोना नहीं चाहती थी इसलिए उसने अपनी दासी से, जो कि महल की उपपत्नी थी, कहा कि वह बिस्तर पर जाकर सो जाये। उस उपपत्नी ने एक स्वस्थ बच्चे को जन्म दिया जिसका नाम विदुर रखा गया। वैसे तो वह अपने भाइयों के मुकाबले बुद्धिमान और मज़बूत था, विदुर राजा नहीं बन सकता था क्योंकि वह उपपत्नी का पुत्र था, किसी रानी का नहीं।' (महाभारत)

समाज न तो विवाह के आयोजन को, न ही गर्भधारण करने के आयोजन को देख सकता था। जिसका नतीजा यह हुआ, समाज केवल उसी पुरुष को मान्यता देता था जो स्त्री से विवाह करता था और उसके बच्चे का पिता बनता था। यहाँ तक कि ईश्वर भी सामाजिक पितृत्व को जैविक पितृत्व से अधिक महत्त्व देते थे—

'तारों की देवी तारा का विवाह बृहस्पति से किया गया, जो कि बुद्धिमान ग्रह बृहस्पति के स्वामी थे। लेकिन वह सुन्दर चन्द्र देवता के साथ भाग गयी। बृहस्पति जो कि देवताओं के भी गुरु थे, ने देवताओं के लिए तब तक बलि देने से मना कर दिया जब तक कि वे उसकी पत्नी को वापस लेकर नहीं आते। कुछ देवताओं ने कानूनी रूप से ब्याहता पति का साथ दिया, कई ने

प्रेमी का। बड़ी लड़ाई हुई और उसके बाद आखिरकार तारा को बृहस्पति के पास वापस लाया गया। उसके पेट में बच्चा था और बृहस्पति और चन्द्र दोनों ने ही उस बच्चे के ऊपर अपना दावा जताया। केवल तारा ही सत्य को जानती थी, लेकिन उसने बताने से मना कर दिया। लेकिन जब अजन्मे बुध ने, जो कि बुध गृह के स्वामी थे, उसके मूल को जानने की माँग की तो उसने खुलासा किया कि वह बच्चा चन्द्र के बीज का फल था। बहरहाल, देवताओं ने चन्द्र को नहीं बल्कि बृहस्पति को उस बच्चे का वास्तविक पिता घोषित किया।' (भागवत पुराण)

शायद देवताओं को एक स्त्री की बातों के ऊपर विश्वास नहीं था। शायद देवताओं ने नियम को प्रेम के ऊपर तरजीह दी। चाहे जो भी मामला रहा हो। काम-सम्बन्धी एकनिष्ठता का सम्बन्ध विवाह से तब तक नहीं था जब तक कि ऋषि श्वेतकेतु ने स्त्रियों के ऊपर एक विवाह को लागू नहीं कर दिया—

'एक विशाल यज्ञ के दौरान अनेक साधू ऋषि उद्दालक के आश्रम में पहुँचे। उद्दालक के पुत्र श्वेतकेतु ने इस बात के ऊपर ध्यान दिया कि उसकी माँ किसी मेहमान की बाँहों में थी और उसके पिता इस व्यवहार से खास परेशान नहीं दिखायी दे रहे थे। ''स्त्रियाँ भी पुरुष की भाँति स्वतन्त्र पैदा होती हैं,'' उसके पिता ने उसे समझाया। लेकिन उद्दालक के शब्दों से श्वेतकेतु का गुस्सा शान्त नहीं हुआ। उसने उसके बाद यह घोषणा कर दी, ''अब से स्त्रियों को अपने पति के प्रति विश्वासपात्र रहना होगा और वही करना होगा जो उनका पति उनसे कहे। पुरुषों को अक्षत कन्याओं का सम्मान करना होगा, जो ऐसा कर पाने में असमर्थ हुए तो उनको गर्भपात के पाप का भागी बनना होगा,'' उसके बाद से स्त्रियों से इस बात की अपेक्षा की जाने लगी कि वे अपने पतियों की विश्वासी रहें।' (महाभारत)

श्वेतकेतु द्वारा बनाये गये इस नियम से स्त्रियों की उर्वरता के ऊपर उसके पति का अधिकार हो गया। वह उस किसान की तरह हो गया जो खेत में बाड़ लगाता है, उसकी सफ़ाई करता है और इस बात को तय करता है कि उसे किस तरह का बीज डालना चाहिए। इस प्रकार, सामाजिक पितृत्व जैविक पितृत्व बन गया।

कई पत्नियों वाला पुरुष

श्वेतकेतु का नियम बड़ी आसानी से एक विवाह वाले घर-परिवार के ऊपर लागू हो सकता था। बहु विवाह वाले परिवारों में हालात बड़े जटिल थे। जिस स्त्री के कई पति होते थे, जैसे द्रौपदी, तो उसे इस बात के पूरे इन्तज़ाम करने होते थे कि यह बात पक्की हो सके कि उसके उर्वर दिनों के दौरान केवल एक ही पति उसके साथ बिस्तर साझा करे। अगर वह ऐसा नहीं करता था तो वह मुश्किल में पड़ जाता था—

'चन्द्र ने 27 तारा-कुंवारियों से विवाह किया था, जो प्रजापति दक्ष की पुत्रियाँ थीं, लेकिन उसने केवल रोहिणी का साथ चुना। वह अपना सारा समय उसके साथ बिताता था। जिसका नतीजा यह हुआ कि हर रात पूरे चाँद की रात होती थी। जिससे उपेक्षित पत्नियों ने अपने पिताओं से इस बात की शिकायत की और उसके बाद उन्होंने चन्द्र को यह चेतावनी दी कि वह अपने तौर-तरीके बदल ले। जब चन्द्र ने नहीं बदला, दक्ष ने उसे शाप दिया कि उसे क्षय रोग हो जाये। जैसे-जैसे दिन बीतते गये उसकी रौशनी फीकी पड़ती गयी। खुद को बचाने के लिए चन्द्र-देवता ने शिव के सिर पर जाकर शरण ली और पिघलने लगा। आखिर में, इस तरह के इन्तज़ाम किये गये कि चन्द्र हर महीने अपनी एक पत्नी के पास जाये। यह कहा जाता है कि जब चन्द्र देवता रोहिणी के पास गये तो वह पिघलने लगे, जब उससे दूर गये तो उनकी चमक फीकी पड़ने लगी। जब वे बिना किसी पत्नी के होते हैं तो वह नये चाँद की रात होती है।' (स्कन्द पुराण, सोमनाथ स्थल पुराण, गुजरात)

जिस पुरुष की कई पत्नियाँ होती थीं वह अपनी हर पत्नी को हर वक्त खुश नहीं रख सकता था। जिस घर में कई पत्नियाँ रहती थीं वहाँ कई बार हालात बहुत खराब हो जाते थे—

'द्वारका के राजा कृष्ण की आठ पत्नियाँ थीं। जब उन्होंने नरकासुर को हराया तब उन्होंने पाया कि नरकासुर के हरम में 16 हजार 100 स्त्रियाँ बन्दी थीं। उन औरतों को बदनामी से बचाने के लिए कृष्ण ने उनको अपनी उपपत्नी के रूप में स्वीकार कर लिया और उनको अपने महल में ले गये। कृष्ण ने

अपनी शक्ति का प्रयोग किया और अपने शरीर को 16,108 भागों में बाँट लिया ताकि सभी पत्नियों के साथ एक ही समय में रह सकें और सबको समान रूप से खुश कर सकें। इसके बावजूद, कृष्ण की कुछ उपपत्नियों की कामुक नज़र साम्बा के ऊपर पड़ी, जो कृष्ण के कई पुत्रों में एक था और अपने पिता की ही तरह सुन्दर था। एक स्त्री जिसका नाम नंदिनी था, ने साम्बा की पत्नी का रूप ले लिया और उससे आलिंगनबद्ध हो गयी। जब कृष्ण को इस सम-परिवारी घटना के बारे में पता चला तो उन्होंने साम्बा को यह शाप दिया कि उसको त्वचा रोग हो जाये। साम्बा को सूर्य देवता को शान्त करना पड़ा तब जाकर वह उस अवस्था से ठीक हो पाया।' (वराह पुराण, स्कन्द पुराण, भविष्य पुराण)

काम-आतिथ्य

श्वेतकेतु के नियम ने स्त्रियों को इस बात से रोक दिया कि वे उस बीज का चुनाव करें जो वे चाहती थीं कि अपनी कोख में जाने दें। वे महज़ अपने पति का चुनाव कर सकती थीं जो कि बीज का चुनाव करता था। अगर कोई पत्नी बाँझ होती थी तो उसको बदला भी जा सकता था। लेकिन अगर कोई पति नपुंसक हो तो श्वेतकेतु के नियम से उसको यह अधिकार मिलता था कि वह किसी और पुरुष के पास जाये और उससे बच्चे पैदा करे। खेत के मालिक की तरह उसका अपनी फसल के ऊपर अधिकार रहता था क्योंकि वह बीज का चुनाव करता था। अनेक जो सन्तानहीन राजा थे, उन्होंने इसका फ़ायदा उठाते हुए कानूनी रूप से नियोग को मान्यता दे दी थी—

'पांडु की दो पत्नियाँ थीं, कुन्ती और माद्री। लेकिन एक शाप के कारण वे दोनों में से किसी के भी साथ सम्भोग नहीं कर पा रहे थे। अगर वे कोशिश करते तो मर जाते। पांडु ने अपनी पत्नियों को यह आदेश दिया कि वे उसके लिए दूसरे पुरुषों से बच्चे पैदा करें। कुन्ती के पास एक जादुई मन्त्र था जिसका उपयोग करके वह भगवान का आह्वान कर सकती थी और बच्चे पैदा कर सकती थी। उसने इसका उपयोग तीन बार किया, उसने तीन

अलग-अलग देवताओं का आह्वान किया और तीन बच्चे पैदा किये। उसने उस मन्त्र का एक बार और उपयोग करने से मना कर दिया क्योंकि यह कहा जाता था कि अगर कोई स्त्री चार से अधिक पुरुषों के साथ सम्भोग करती थी, वह वेश्या होती थी। पांडु चाहते थे कि उनके और बच्चे पैदा हों इसलिए उन्होंने कुन्ती से कहा कि वह इस बार माद्री का नाम लेकर मन्त्र का प्रयोग करें। कुन्ती ने अपने पति की आज्ञा का पालन किया और वह मन्त्र माद्री को दे दिया जिससे कि वह उसका एक बार उपयोग कर ले। माद्री ने बड़ी चालाकी से स्वर्ग के अश्विन कुमारों का आह्वान किया और उससे उनको दो बेटे हुए। कुन्ती ने माद्री को मन्त्र का एक बार और उपयोग करने से मना कर दिया क्योंकि उनको यह डर था कि माद्री इस मन्त्र का उपयोग एक बार फिर जुड़वाँ देवताओं के आह्वान के लिए करेगी और इस तरह उसके उससे अधिक बेटे हो जायेंगे।' (महाभारत)

पांडु की पत्नी कुन्ती ने तीन से अधिक देवताओं का आह्वान करने से मना कर दिया क्योंकि उसके अनुसार चार से अधिक पुरुषों के साथ संसर्ग बनाने से कोई स्त्री वेश्या हो जाती थी। इस मान्यता से शायद इस बात का स्पष्टीकरण मिलता है कि क्यों आधुनिक विवाह समारोह में बहू को सबसे पहले विवाह में वनस्पति देव सोम को दिया जाता है, फिर गन्धर्व विश्वावसु को और अन्त में अग्नि-देव को और उसके बाद उसको उसके दूल्हे को सौंपा जाता है। सोम को उस स्त्री का आनन्द आता था जिसके गुप्तांग पर बाल आ गये हों, विश्वावसु को तब किसी स्त्री से आनन्द आता था जब उसके वक्ष दिखायी देने लगते थे और अग्नि उसको तब अपनाता है जब उसको पहली बार मासिक धर्म होता है। तीन देवताओं के इस रूपक और उसके बाद एक पुरुष से विवाह करके कोई स्त्री चार पतियों की अपनी सीमा को पा लेती है, और इस तरह उसके बाद उसको विवाह करने की इजाज़त नहीं होती है।

श्वेतकेतु के नियम ने स्त्रियों को इस बात की अनुमति दे रखी थी कि वे अन्य पुरुषों के साथ काम-क्रीड़ा कर सकें, बशर्ते कि उसमें उसके पति की इच्छा हो। इसने पतियों को इस योग्य बनाया कि वे अपनी पत्नियों को दूसरे पुरुषों के साथ साझा करें—

'सुदर्शन ने अपनी पत्नी ओघावती से कहा कि उसे उसके मेहमानों की हर ज़रूरत का ध्यान रखना चाहिए। एक बार, जब वह कहीं गया हुआ था, सामाजिक सद्गुण के देवता धर्म ने यह तय किया कि वे ओघावती की परीक्षा लें। वह उसके घर एक साधू के भेष में आया और ओघावती ने उसका स्वागत किया। ''मैं आपकी क्या सेवा कर सकती हूँ?'' उसने पूछा। ''अपने आपको मुझे सौंपकर,'' साधू ने जवाब दिया। अपने पति की इच्छाओं का ध्यान रखते हुए ओघावती ने स्वयं को साधू को सौंप दिया। जब वह उसके साथ सम्भोग कर रहा था, तभी सुदर्शन घर में आ गया। उसने अपनी पत्नी को आवाज़ दी। ''वह तुम्हारे मेहमान के साथ सम्भोग करने में व्यस्त है'' अन्दर सोने के कमरे से साधू ने आवाज़ लगाई। ''अच्छ ठीक है करते रहिये। बाधा डालने के लिए मुझे माफ़ कीजिये,'' सुदर्शन ने कहा। धर्म ने दोनों को आशीर्वाद दिया और सुदर्शन की मेहमाननवाज़ी एवं ओघावती की निष्ठा से बेहद खुश हुआ।' (महाभारत)

ऊपर की कहानी में सामाजिक सद्गुणों के देवता धर्म ने काम-आतिथ्य की प्रथा को मान्यता दी।

ओघावती का सतीत्व भंग नहीं हुआ क्योंकि उसने वही किया था जो कि उसके पति ने उससे कहा था। अपनी पत्नी को किसी और पुरुष के साथ साझा करने को सबसे बड़ी निःस्वार्थता के रूप में देखा जाता था जिसकी देवता बड़ी तारीफ़ किया करते थे—

'एक साधू के भेष में शिव ने जंगल के बीचोंबीच एक शिकारी के घर में पनाह माँगी। लेकिन उस झोपड़ी में केवल दो लोगों के लिए ही जगह थी। उस शिकारी ने शिव को अपनी झोपड़ी में अपनी पत्नी के साथ सोने के लिए छोड़ दिया और खुद बाहर जाकर सो गया। रात में जंगली जानवर आये और उन्होंने शिकारी को मार दिया जबकि शिव झोपड़ी में शिकारी की पत्नी की बाँहों में सोते रहे, सवेरे के समय शिकारी की पत्नी अपने पति की मौत का मातम मना रही थी लेकिन वह इस बात से खुश भी हुई कि उसके पति की मृत्यु तब हुई जब वह आतिथ्य-धर्म का पालन कर रहा था।' (शिव पुराण)

सभी स्त्रियों को यह अच्छा नहीं लगता कि उनको वस्तु की तरह से देखा जाये। ऐसी भी स्त्रियाँ थीं जिन्होंने पत्नी के शरीर के ऊपर पति के अधिकार

पर सवाल उठाया था—

'युधिष्ठिर, जो पाँच पांडवों में सबसे बड़े थे, को उनके चचेरे भाइयों कौरवों ने जुए के खेल के लिए बुलाया। शकुनी, जो कौरवों के मामा थे, अपने भांजों की तरफ़ से खेल रहे थे और बड़े कौशल से उन्होंने खेल इस तरह खेला कि युधिष्ठिर हर दाँव हार गये। जब युधिष्ठिर एक के बाद दूसरा दाँव हारने लगे तब उन्होंने अपने राज को दाँव पर लगा दिया, अपने चार भाइयों को लगा दिया और यहाँ तक कि खुद को भी लगा दिया। आखिर में उन्होंने पांडवों की पत्नी द्रौपदी को भी दाँव पर लगा दिया।

द्रौपदी को राजमहल से बाल खींचकर दरबार में लाया गया। जिस रानी को कभी बाहर देखा नहीं गया था उसके साथ सामान्य गुलाम की तरह व्यवहार किया जा रहा था। गुस्से में आकर, द्रौपदी ने पूछा, ''क्या वह आदमी जो खुद को हार गया हो अपनी पत्नी के ऊपर दाँव लगा सकता है ?'' इस सवाल का जवाब एक आदमी ने दिया, ''जब युधिष्ठिर ने खुद को दाँव पर लगाया था, एक तरह से उसने अपना सब कुछ दाँव पर लगा दिया, जिसमें आप भी शामिल थीं।'' (महाभारत)

आज्ञाकारिता का गुण

आदर्श पत्नी, धर्म ग्रन्थों के अनुसार वह होती है जो घर के कामकाज किसी नौकर की तरह करती है, मन्त्री की तरह सलाह देती है, देवी लक्ष्मी की तरह सुन्दर और आकर्षक होती है, पृथ्वी-देवी की तरह से धीरज वाली होती है, माँ की तरह प्यार और दुलार देने वाली होती है और किसी गणिका की तरह से आनन्द देने वाली होती है। वह खुद को अपने पति के व्यक्तित्व में घुला-मिला देती है। वह अच्छे दिनों में किसी तरह माँग करने वाली नहीं होती है और बुरे समय में साथ देने वाली होती है—

'राजा हरिश्चन्द्र ने एक बार महर्षि विश्वामित्र की तपस्या भंग की थी। इसे ठीक करने के लिए उसने महर्षि को राज उपहार में दिया। महर्षि ने दान में मिले उस राज्य को स्वीकार कर लिया। अपना राज्य खो देने के कारण

हरिश्चन्द्र को मजबूर होकर अपना नगर छोड़ना पड़ा और जंगल में जाकर रहना पड़ा। जब वे गये, उनकी कर्तव्यनिष्ठ पत्नी चन्द्रावती भी अपने बेटे के साथ उनके साथ चल पड़ी। वे अधिक दूर नहीं गये थे कि राजा विश्वामित्र उनके पीछे दक्षिणा माँगने के लिए आये, मुद्रा में दिया गया उपहार जो किसी भी दान के साथ ज़रूर दिया जाना चाहिए। राजा के पास अपना राज छोड़ देने के बाद कोई पैसा नहीं बचा था। उन्होंने यह फैसला किया कि वे खुद को बेचकर पैसे जुटाएँगे। ''मुझे भी बेच दीजिये'', उनकी गुणसम्पन्न पत्नी ने कहा। इसलिए हरिश्चन्द्र ने दास बाज़ार में खुद को और अपनी पत्नी को बेच दिया तथा इतना सोना जमा कर लिया कि विश्वामित्र की दक्षिणा दे सकें। इस तरह की निष्ठा दिखाने के कारण हरिश्चन्द्र को काफ़ी सम्मान मिला। उनकी पत्नी पति के प्रति अपने समर्पण के लिए काफ़ी मशहूर हुई।'
(देवी भागवत)

जब पति किसी वेश्या के साथ समय बिताता है तो एक अच्छी पत्नी विरोध नहीं करती है, केवल उसके आने की धीरज के साथ प्रतीक्षा करती है—

'व्यापारी कोवलन ने अपना सारा समय गणिका माधवी के साथ बिताया। उसकी पत्नी कन्नगी घर पर उसका इन्तज़ार कर रही थी, आँखों में आँसू भरे, उपवास करके देवताओं से यह प्रार्थना कर रही थी कि वह शायद लौट आये। जब वह लौटकर आया, तो वह अपनी सारी सम्पत्ति माधवी के ऊपर लुटा चुका था, इसलिए उसने उसका हाथ खोलकर स्वागत किया। कोवलन उस शहर में रहने का खर्च नहीं उठा सकता था जहाँ उसने अपने पैसे और अपना सम्मान खोया था। उसने यह फैसला किया कि वह मदुरै जायेगा और वहाँ नये सिरे से आरम्भ करेगा। कन्नगी ने उसके इस फैसले को स्वीकार कर लिया और चुपचाप घने जंगलों से होती हुई उसके पीछे चल पड़ी, उसको विश्वासी और गुणसम्पन्न पत्नी का दर्जा मिला।' (शिलप्पदिकारम)

पति की जो भी गलती रही हो पत्नी को उसे बिना किसी तरह के कारण के स्वीकार कर लेना चाहिए—

'सुरासेना, जो प्रतिष्ठान के राजा थे, का लड़का था जिसका नाम था नागेश्वर जिसका शरीर साँप का था। राजा ने इस बात को छिपा लिया और

भोगावती को बुद्धू बना दिया, जो कि अंग राज्य की राजकुमारी थी, और उससे विवाह कर लिया। जब भोगावती को इस बात का पता चला तो उसने अपने भाग्य को स्वीकार कर लिया और अपने साँप-पति की पूरी निष्ठा के साथ सेवा की। बाद में, नागेश्वर को इस बात का पता चला कि उसको इसका शाप मिला था कि उसका शरीर साँप का हो जाये क्योंकि उसने शिव और पार्वती के बीच की एक बातचीत को सुन लिया था। उसका शरीर फिर से इन्सान का हो सकता था अगर उसकी गुणवती पत्नी उसे लेकर एक पवित्र झील तक ले जाये और उसे वहाँ स्नान करवाए। अपने पति के अनुरोध पर भोगावती ने ऐसा ही किया और नागेश्वर ने अपना मानव का शरीर वापस पा लिया।' (ब्रह्म पुराण)

चतुर व्यभिचारिणियाँ

पत्नी को इस बात का आदेश देना कि वह ब्रह्मचारिणी रहे इस बात को सुनिश्चित नहीं कर सकता था क्योंकि स्त्रियों को स्वभाव से कामबाला माना जाता है। जिनको कामक्रीड़ा करने में पुरुषों से अधिक आनन्द आता था और उनमें इसलिए उसकी अधिक भूख भी रहती थी—

'भंगस्वान कई बेटों के पिता बने। एक बार इन्द्र ने उनको यह अभिशाप दिया कि वह औरत हो जायें। औरत बन जाने के बाद उन्होंने और कई बेटे पैदा किये। इस तरह, उनके पास दो तरह के बेटे थे—एक वे जो उनको पिता कहते थे, दूसरे वे जो उनको माँ कहते थे। इन्द्र ने दोनों तरह के बच्चों को आपस में लड़ मरने के लिए उकसा दिया। जब भंगस्वान ने दया की भीख माँगी तो इन्द्र ने पूछा कि तुमको कौन से वाले बेटे वापस चाहिए। ''जो मुझे माँ कहते थे'' भंगस्वान ने कहा।

जब उससे यह पूछा गया कि वह पुरुष शरीर चाहता था या स्त्री शरीर तो उसका जवाब था, ''स्त्री शरीर ताकि मैं अधिक आनन्द उठा सकूँ।'' (महाभारत)

यह विचार कि महिलाएँ अधिक कामक्रीड़ा करती हैं क्योंकि उनको रति

क्रिया में पुरुषों के मुकाबले अधिक आनन्द आता है। कई भारतीय जनजातियों में प्रचलित रहा है—

'प्रथम पुरुष और प्रथम स्त्री कौटुम्बिक व्यभिचार के पाप के कारण एक दूसरे से दूर रहे। छोटी चेचक की देवी ने उसके चेहरे को खराब कर दिया। एक दूसरे को पहचान पाने में असमर्थ उन्होंने विवाह कर लिया। हालाँकि उनको यह नहीं पता था, किस तरह बच्चे पैदा करते हैं। तब देवता ने उनको प्रेमाकर्षण दिया; स्त्री ने पुरुष के मुकाबले अधिक प्रेमाकर्षण लिया और इसलिए स्त्रियों में वासना अधिक होती है।' (मध्य भारत की आदिवासी कहानी)

'कोकशास्त्र' की रचना ही इसलिए हुई थी ताकि पतियों को इसमें सक्षम बनाया जा सके कि वे अपनी पत्नियों को अच्छी तरह सन्तुष्ट कर सकें जिससे कि वे किसी और पुरुष के साथ उसकी कामना न करें—

'एक स्त्री राजा के दरबार में बिना किसी कपड़े के प्रवेश कर गयी। उससे जब यह पूछा गया कि उसने ऐसा अभद्र व्यवहार क्यों किया तो उसने दरबार में नज़र घुमाते हुए तिरस्कार से यह कहा कि इस बात से कोई फर्क नहीं पड़ता क्योंकि वहाँ कोई पुरुष नहीं था। ''हे राजा, आपके राज्य में एक भी पुरुष ऐसा नहीं है जो मुझे सन्तुष्ट कर पाया हो, काम-वासना के मारे मेरा शरीर जल रहा है और गर्मी अब बर्दाश्त नहीं हो रही। अगर मैं नंगी घूम रही हूँ तो यह आपकी अक्षमता है। मैं आपको यह चुनौती देती हूँ कि आप मुझे एक ऐसा प्रेमी दिलायें जो मुझे अच्छी तरह सन्तुष्ट कर पाये।'' राजा ने शर्म के मारे अपना सिर झुका लिया तब उनका एक दरबारी ब्राह्मण जिसका नाम था कोक शास्त्री, वह उठा और उसने राजा से आज्ञा माँगी कि वह उस अत्यधिक कामुक स्त्री को अपने घर ले जाना चाहता है। ''मुझे पता है कि इसको कैसे सन्तुष्ट और चुप कराना है,'' उसने कहा। कोक उस स्त्री को लेकर गये और वह रात उन्होंने उसके साथ इतना जमकर सम्भोग किया कि भोर होने से पहले ही वह स्त्री थकान के मारे और बार-बार चरम सुख के कारण बेहोश होने को हो आयी। उसने ब्राह्मण से यह विनती की कि वह रुक जाये। अगले दिन, कोक उस स्त्री को राजा के दरबार में लेकर गया और उसने उसे मजबूर किया कि वह राजा को बताये कि राजा के एक प्रजाजन से

उसे रति-क्रिया का सुख मिला। तब उसने उसकी मौजूदगी में अपने शरीर को ढँक लिया। राजा यह जानने को बेचैन था कि किस तरह कोक ने नग्न स्त्री को हराया, इसलिए राजा ने कोक को इस बात का हुक्म सुनाया कि वह एक शास्त्र इस सम्बन्ध में लिखे जिससे कि सभी पुरुषों को इस बात की शिक्षा मिले कि अपनी-अपनी पत्नियों को किस तरह से सन्तुष्ट किया जाये ताकि उनको नग्न होकर इधर-उधर न घूमना पड़े।' (उत्तर भारत की लोककथा)

गरुड़ पुराण में यह सीखने को मिलता है, 'एक स्त्री की इच्छा एक पुरुष की भोजन की इच्छा के मुकाबले दोगुनी होती है, पुरुष की चालाकी से और कामक्रीड़ा की उसकी भूख के मुकाबले स्त्री की इच्छा आठ गुनी होती है।' इस बात से वह प्रचलित मान्यता ध्यान आती है कि ज्यादातर स्त्रियाँ परपुरुष गमन करती हैं लेकिन इतनी चालाक होती हैं कि पकड़ी नहीं जाती हैं। चालाकी भरी बदचलनी भारतीय लोककथाओं का लोकप्रिय चरित्र रहा है। नीचे जो कहानी दी गयी है वह पंचतन्त्र में आती है, जो उस पंडित द्वारा लिखी गयी थी जो कि यह चाहता था कि अपने राजकुमार विद्यार्थियों को वह सांसारिक ज्ञान दे सके—

'एक रथ बनाने वाला घर आया तो उसने पाया कि बिस्तर पर उसकी पत्नी का प्रेमी लेटा हुआ है। वह बिस्तर के नीचे चला गया और उसे यह उम्मीद थी कि वह अपनी पत्नी को रंगे हाथ पकड़ लेगा। जब उसकी पत्नी कमरे में आयी, तो उसने देख लिया कि उसका पति बिस्तर के नीचे छिपा हुआ है। इस बात से घबराने के बजाय वह यह सोचने लगी कि किस तरह से इससे बचा जाये। वह रोने लगी और जब उसके प्रेमी ने उसको शान्त करवाने की कोशिश की, तो उसने कहा, ''मुझे पता है कि मैंने आपको घर में बुलाया था। आपको यह लगा होगा कि मैं चरित्रहीन स्त्री हूँ। लेकिन क्या बताऊँ, मेरे पास और कोई उपाय नहीं था। देवी मेरे सपने में आयी और उन्होंने मुझे सूचित किया कि अगर मैं किसी और पुरुष के साथ बिस्तर पर नहीं गयी तो मेरा पति छह महीने में मर जायेगा। यही वह कारण है कि मैंने आपको यहाँ बुलाया था। मुझे यह पता है कि यह उचित नहीं है और इसके लिए मुझे नरक का भागी बनना होगा, लेकिन वह पीड़ा पति के खोने की पीड़ा के मुकाबले

कुछ भी नहीं है। क्या आप मेरे प्यारे पति को बचाने में मेरी मदद करेंगे ?''
उसका प्रेमी समझ गया कि कुछ गड़बड़ थी और उसके चेहरे पर गुप्त मुस्कान
आ गयी, ''हाँ कुलीन स्त्री, आप जो कहेंगी मैं वह करने के लिए तैयार हूँ
और अपने ऊपर यह पाप लेने के लिए भी कि मैंने एक ब्रह्मचारिणी स्त्री को
छुआ, जिससे कि आप विधवा न हो पायें।'' वह बेवकूफ पति अपनी पत्नी
से इतना खुश हुआ जब उसका प्रेमी उसके साथ सम्भोग कर चुका तो वह
बाहर आया, उसने दोनों को कन्धे पर बिठाया और उनको अपने रिश्तेदारों के
घर लेकर गया यह चिल्लाते हुए, ''मेरी पत्नी वैसी अविश्वासी स्त्री नहीं है
जैसा कि आप लोग दावा कर रहे थे। यह एक पतिव्रता स्त्री है, जिसने विवाह
की विश्वसनीयता को इसलिए तोड़ा क्योंकि वह मुझे मौत से बचाना चाहती
थी।'' (पंचतन्त्र)

एक और कहानी संग्रह बनाया गया पाठकों को चालाक व्यभिचारिणियों
के बारे में बताने के लिए—

'एक व्यापारी 69 दिनों की समुद्र यात्रा पर जा रहा था अपनी युवा और
सुन्दर पत्नी को अकेला छोड़कर। उसे इस बात का डर था कि जब वह बाहर
रहेगा तो उस दौरान उसकी पत्नी उसके विश्वास को तोड़ सकती थी, इसलिए
व्यापारी ने अपने तोते और अपनी मैना को यह कहा कि वे उसके ऊपर नज़र
रखें और उसे कुछ ऐसा-वैसा करने से रोकें। पहली ही रात वह अपने प्रेमी के
पास जाने के लिए तैयारी कर रही थी तब मैना ने उसको एक नैतिक प्रवचन
दिया। चिढ़कर पत्नी ने मैना की गर्दन तोड़ डाली। फिर, बुद्धिमान बूढ़े तोते
ने पत्नी से कहा कि क्या उसे उस तरीके के बारे में पता है कि किस तरह से
समझौते की हालत से बाहर निकलते हैं जो कि सभी व्यभिचार करने वालियों
को पता होता है। पत्नी को उसके बारे में नहीं पता था और उसने तोते से यह
प्रार्थना की कि वह इस बारे में उसका ज्ञानवर्धन करे। हर रात, जब पत्नी जाने
ही वाली होती थी कि वह एक और व्यभिचारी स्त्री की कहानी सुनाने लगता
था और पूरी तरह उस कहानी में उसको ऐसा उलझा कर रखता था कि रात
गुज़र जाती थी। इस तरह से उसने उसे 69 कहानियाँ सुनायीं, 69 रातों तक।
इन कहानियों को सुनकर उस स्त्री ने यही सोचा कि व्यभिचार करने के लिए

कौशल की ज़रूरत होती है जो कि उसमें नहीं है। उसने अपने प्रेमी के पास न जाने का फ़ैसला किया। सौभाग्य से उसी रात उसका पति लौट कर आ गया और विवाह के बन्धन के मुताबिक उन्होंने सम्भोग किया।' (शुक्सप्तपदी)

यह कहा जाता है कि अनेक पुरुष व्यभिचारिणी स्त्रियों की काम की भूख की वजह से साधू बन गये—

'एक साधू ने राजा भर्तृहरि को संसार का सबसे मीठा आम दिया। भर्तृहरि ने उसे खाया नहीं बल्कि उसे उस स्त्री को दे दिया जिसे वह सबसे अधिक प्यार करता था—पत्नी को। रानी ने उसे अस्तबल के लड़के को दे दिया जिससे उसका सम्बन्ध था। अस्तबल के उस लड़के ने उस आम को किसान की उस लड़की को दे दिया जो उसके दिल में बसी हुई थी। किसान की उस लड़की ने यह सोचा कि वह उस फल के लायक नहीं है; इसलिए उसने वह फल भर्तृहरि को दे दिया जिससे उनको यह पता चल गया कि उनकी पत्नी बेवफ़ा थी। दु:खी होकर उन्होंने राजपाट छोड़ दिया और साधू बन गये।' (वेतालपंचविंशती)

इस तरह की कहानियों के कारण स्त्री के गुणों को लेकर एक तरह की भ्रान्ति की स्थिति पैदा हो गयी। यह आवश्यक माना जाने लगा कि इस तरह के तरीके ढूँढे जायें जिससे कामुक स्त्री की कामुकता के ऊपर रोक लगाई जा सके।

खतरनाक सुन्दरियाँ

स्त्री की कामुकता की ही तरह उसकी सुन्दरता भी सामाजिक व्यवस्था के लिए एक तरह का खतरा माना जाता था। इसकी वजह से किसी के अन्दर बेतरह लालसा जग सकती थी और जिसका नतीजा यह होता कि काम-भावना पैदा हो जाती जो कि किसी आदमी को धर्म से अलग कर सकती थी।

प्राचीन भारतीय समाज में सुन्दरता को मूल अननुशासित इच्छाओं के लिए खतरनाक उद्दीपक के रूप में देखा जाता था। वे सारी स्त्रियाँ जिनको अपनी सुन्दरता का एहसास होता था उनको चालबाज़ माना जाता था, जो कि

सामाजिक व्यवस्था के लिए खतरा होती थीं—

'अयोध्या के राजा, दशरथ की तीन पत्नियाँ थीं। उनकी दूसरी पत्नी कैकेयी उनको सबसे प्यारी थी; वह सुन्दर थी, बुद्धिमान और बहादुर भी। वह अपने पति के साथ शिकार पर जा सकती थी और यहाँ तक कि युद्ध में भी उसके साथ जा सकती थी। एक बार बीच युद्ध में जब दशरथ का रथ दुश्मन की सेना के बीच था तो रथ का पहिया ढीला हो गया। जब कैकेयी का ध्यान उस तरफ़ गया कि पहिया खुलने वाला है तो उसने जहाँ से पहिये का नट खुला था वहाँ अपना अंगूठा लगा दिया, जिससे रथ और उसका पहिया दोनों अपनी जगह कायम रहे। कैकेयी की बहादुरी के बारे में जब दशरथ को पता चला तो उन्होंने उससे दो वरदान माँगने के लिए कहा। ''मैं ये वरदान कभी भविष्य में माँग लूँगी।'' वर्षों बाद, दशरथ ने यह फैसला किया कि वह संन्यास ले लेंगे और अपना राज राम को सौंप देंगे, जो कि उनकी सबसे बड़ी पत्नी कौशल्या से पैदा हुआ उनका बड़ा बेटा था। अपने बेटे के लिए राजगद्दी सुरक्षित रखने के लिए कैकेयी ने उन दो वरदानों का उपयोग किया जो कि उनको उनके पति ने वर्षों पहले दिये थे। ''मैं यह चाहती हूँ कि मेरे बेटे भरत को राजा बनाया जाये और राम को यह आदेश दिया जाये कि वह चौदह साल के लिए वनवास पर जाये और वहाँ साधू का जीवन बिताये।'' दशरथ अपने वचन से बँधे हुए थे और अपनी सुन्दर पत्नी को किसी भी चीज़ के लिए मना नहीं कर सकते थे, इसलिए उनको मजबूर होकर मानना पड़ा। उनको इस बात का बड़ा अफ़सोस हुआ कि उन्होंने अपना दिल इस सुन्दर स्त्री को दिया जिसका दिल बुरा है।' (रामायण, ब्रह्म पुराण)

राजा के सलाहकार राजा को इस बात के लिए रोकते थे कि वे बहुत सुन्दर स्त्री से विवाह न करें क्योंकि इससे उनको इस बात का डर रहता था कि इससे राजा का ध्यान राजकाज से हट जायेगा—

'एक व्यापारी यह चाहता था कि राजा यशोधन उनकी बेटी उन्मादिनी से विवाह कर लें। राजा के सलाहकारों को सम्भावित वधू को जाँचने-परखने के लिए भेजा गया। उसकी असाधारण सुन्दरता से हैरान होकर सलाहकारों को इस बात का डर लग गया कि वह राजा को भ्रष्ट कर देगी और उनको धर्म

के मार्ग से विमुख कर देगी। इसलिए लौटकर उन्होंने राजा को यह बताया कि वह बहुत बदसूरत है। बजाय प्रस्ताव को ठुकराने के राजा ने उस व्यापारी को यह आदेश दिया कि वह अपनी लड़की का विवाह उसकी सेना के सेनापति से कर दे। उन्मादिनी ने इस बात के लिए राजा को कभी माफ़ नहीं किया कि उसने उसको ठुकराया था और वह उस मौके का इन्तज़ार करने लगी जब वह अपने अपमान का बदला ले सके। वसन्तोत्सव के दौरान जब राजा हाथी पर सवार होकर सड़कों से गुज़र रहा था, तो उन्मादिनी अपने घर की छत पर नंगी खड़ी हो गयी और उसने खुद को राजा को दिखा दिया। उसकी सुन्दरता से मोहित होकर यशोधन ने अपने जासूसों को उसके बारे में और अधिक पता लगाने के लिए भेजा। जब उसे यह पता चला कि वह व्यापारी की बेटी थी। वह गुस्से में आ गया और उसने अपने सलाहकारों को राज से बाहर निकाल दिया। जब सेनापति को यह पता चला कि उसकी पत्नी के ऊपर राजा का दिल आया हुआ है तो उसने उनसे कहा कि वह अपनी पत्नी को उनको देने के लिए तैयार है, लेकिन चूँकि यह धर्म के विरुद्ध था इसलिए यशोधन ने इस प्रस्ताव को मानने से इनकार कर दिया। सेनापति ने यह प्रस्ताव भी दिया कि वह अपनी पत्नी को तलाक देकर उसे गणिका बना देगा जिससे कि वह सभी के लिए उपलब्ध हो जायेगी जिसमें राजा भी होंगे और इससे सामाजिक नियम भी नहीं टूटेगा। लेकिन राजा ने मना कर दिया। अपनी भावनाओं को वश में नहीं रख पाने के कारण, इस बात को समझते हुए कि काम का कितना बुरा असर होता है राजा ने अपनी गद्दी छोड़ दी और साधू बन गया।' (कथासरित्सागर)

जब कोई स्त्री बहुत सुन्दर होती थी तो यह बात मान ली जाती थी कि वह भरोसे के लायक नहीं हो सकती थी। प्राचीन भारत में, ऐसी औरतों को गणिका बन जाने का आदेश दिया जाता था और सार्वजनिक पत्नियों के रूप में उनको सेवा देने के लिए कहा जाता था। जिन अविश्वासी स्त्रियों को पतियों द्वारा पकड़ लिया जाता था और जिनको समाज द्वारा भी ठुकरा दिया जाता था वे वेश्यालयों में शरण लेती थीं। उनसे सम्मानजनक व्यवहार नहीं किया जाता था। उनको पुरुषों की अनियन्त्रित काम-इच्छा के लिए सुरक्षा कवच के रूप में देखा जाता था जो सामाजिक व्यवस्था को भंग कर सकती थी। गणिकाएँ अपने चंचल स्वभाव के लिए विख्यात थीं—

'विक्रम सिंह जो प्रतिष्ठान के राजा थे, को घुसपैठियों ने उनके नगर से निकाल बाहर किया। उन्होंने भेष बदल लिया और उज्जैन नगर में गणिका कुमुदिका के घर में उन्होंने शरण ली। गणिका ने राजा की प्यार और निष्ठा से सेवा की। राजा उसकी सेवाओं से प्रभावित हुआ लेकिन राजा के सहयोगियों ने उनको सुन्दर औरत के जाल से बचने की चेतावनी दी। कुमुदिका की परीक्षा लेने के लिए राजा ने मरने का नाटक किया। उनके सहयोगी उनको शमशान घाट लेकर गये। जब वे चिता में अग्नि देने वाले थे कुमुदिका ने कहा कि वह भी राजा के साथ मरना चाहती थी क्योंकि उसने उनको पति की तरह से प्यार किया था। उसके इस फैसले से राजा विक्रम सिंह को इस बात का यकीन हो गया कि उसके लिए उसका प्यार सच्चा था। जब उसने अपनी सच्ची पहचान ज़ाहिर की तो कुमुदिका ने अपनी सारी सम्पत्ति देने की पेशकश की जिससे कि विक्रम सिंह सेना खड़ी कर सके और अपना राज्य वापस ले सके। ''तुम ऐसा क्यों कर रही हो?'' राजा ने पूछा। ''इस उम्मीद में कि आप उज्जैन के ऊपर भी हमला करेंगे और जीत लेंगे और मेरे प्रेमी को बचा लेंगे जो कि वहाँ कारागार में बन्द है।'' उस गणिका ने फीकी मुस्कान के साथ जवाब दिया। राजा को तब समझ में आया कि किसी गणिका के दिल को समझ पाना बहुत मुश्किल काम है।' (कथासरित्सागर)

सामाजिक व्यवस्था के खयाल से एक स्त्री की काम-भावना को उसके पति से बाँध कर देखा जाता था, उसकी सुन्दरता का खुलासा सिर्फ़ उर्वर दिनों के दौरान ही होता था। बाकी दिनों के दौरान वह घर के अन्दर के हिस्सों में बन्द रहती थी, यहाँ तक कि उसका पति भी उसको नहीं देख पाता था।

सुन्दरी का निषेध

पुरुषों को सबसे अधिक इस बात का डर सताता था कि उनकी पत्नी कहीं कुलटा न हो जाये। अगली कहानी जो कि 'रामायण' के थाईलैंड के थाई भाषा संस्करण से ली गयी है इसमें पुरुष का सबसे बड़ा दु:स्वप्न सत्य हो जाता है—

'जब अहिल्या के पति ऋषि गौतम बाहर गये हुए थे उस दौरान उसका

सम्बन्ध सूर्य देव और वर्षा के देवता से हो गया। दोनों से उसको एक-एक बेटा हुआ और उसने उनको गौतम ऋषि के बेटे के रूप में पाला। गौतम से अहिल्या की पुत्री अंजनी थी जिसने अपने पिता को भाइयों के जन्म का सत्य बता दिया। गुस्से में गौतम ने अपने बेटों को आश्रम से भगा दिया और उनको यह शाप भी दिया कि वे बन्दर बन जायें। अहिल्या ने अंजनी को भी यह शाप दिया कि उसे भी एक बन्दर पैदा होगा। अंजनी ने पहाड़ के ऊपर खड़ी होकर वायु-देवता का आह्वान किया। वायु ने उनके साथ सम्भोग किया। इस संयोग से हनुमान का जन्म हुआ।' (रामकीं - थाईलैंड का रामायण संस्करण)

अहिल्या ने किस तरह गौतम के साथ दगा किया था इसको लेकर कई कहानियाँ भारतीय लोककथाओं में पायी जाती हैं।

एक अधिक लोकप्रिय कहानी हालाँकि यह है कि गौतम ने अहिल्या को विवाह से बाहर काम-क्रीड़ा करने के लिए सज़ा दी थी—

'जब ऋषि गौतम ने देवताओं के राजा इन्द्र को अपनी पत्नी अहिल्या के साथ अपने बिस्तर में देखा तो उन्होंने इन्द्र का बधिया कर दिया और अपनी पत्नी को यह शाप दिया कि वह पत्थर बन जाये और सभी जीव उसको पैरों तले रौंदेंगे। वर्षों बाद, राम—अयोध्या के कुलीन राजकुमार—ने अपना पैर उस पत्थर के ऊपर रख दिया और उनकी पवित्रता से अहिल्या के पाप धुल गये।' (रामायण)

एक ऋषि ने अपनी पत्नी का गला सिर्फ़ इसलिए काट दिया क्योंकि उसकी सोच में व्यभिचार था—

'रेणुका, ऐसी ब्रह्मचारिणी थी कि वह अनपके घड़े में पानी जमा कर सकती थी। लेकिन एक दिन उसने एक सुदर्शन राजा को देखा जो अपनी पत्नियों के साथ नदी में क्रीड़ा कर रहा था। उसके मन में व्यभिचार के विचार थे, जिसकी वजह से उसको अपनी विशेष शक्ति को खोना पड़ा। गुस्से में, उसके पति ने अपने बेटे परशुराम से कहा कि वह अपनी माँ की गर्दन काट दे।'

स्त्री की काम-भावनाओं को शान्त करने के लिए साम, दाम, दंड, भेद (गाजर और डंडा) की नीति अपनाई जाती थी। ऊपर की कहानी में छल को सामाजिक अपमान और क्रूर सज़ा के तौर पर देखा जाता है। गाजर में जादुई

शक्तियाँ होती हैं जो कि शुचिता से पैदा होती है। अनपके घड़े में पानी इकट्ठा करने की रेणुका की योग्यता सत से पैदा होती है, जो कि शुचिता की शक्ति है और एक घरेलू गर्भ का उत्पाद है जो समाज को चलाता है। जब कोई स्त्री अपने पति के प्रति शरीर, मन और आत्मा से निष्ठा रखती है तो वह सती में बदल जाती है।

पत्नी जैसे सद्गुण की शक्ति

सती शब्द हिन्दुओं में बहुत सम्मान जगाता था। एक सती स्त्री को एक ब्रह्मचारी पुरुष की तरह पवित्र माना जाता है। वह मानव समाज का आधार होती है, ऐसी स्त्री जिसने अपनी आदिम इच्छाओं के ऊपर विजय पा ली हो और इस कारण जो कि सम्मान के काबिल है—

'शिव के नग्न रहने से जंगल में रहने वाले साधुओं की पत्नियाँ उत्तेजित हो जाया करती थीं। जब जंगल में रहने वाले साधुओं को इस बात का पता चला तो उन्होंने शिव के ऊपर डंडे और पत्थरों से हमला कर दिया। पिट कर घायल अवस्था में शिव ने वशिष्ठ के घर में शरण ली। वशिष्ठ वहाँ नहीं थे लेकिन उनकी पत्नी ने उनकी देखभाल की और वे ठीक हो गये। वशिष्ठ की पत्नी ने उनके नग्न शरीर को माँ की भावना से देखा जिसकी वजह से कई स्त्रियाँ उत्तेजित हो गयी थीं। उनके सती भाव से खुश होकर शिव ने अरुंधति को आशीर्वाद दिया।' (शिव पुराण)

किसी सती स्त्री का सत किसी ब्रह्मचारी पुरुष के तप के समान होता है, जो प्राकृतिक इच्छाओं के ऊपर मानसिक अनुशासन द्वारा काबू पाकर पाया जाता है। जिस तरह कामिनियाँ किसी ऋषि की तपस्या की परीक्षा लेती हैं उसी तरह से देवता किसी सती के सतीत्व की परीक्षा लेते हैं—

'एक सुन्दर राजकुमारी सुकन्या, जो कि राजा सर्यती की पुत्री थी, ने एक तिनका एक दीमक के पहाड़ के नीचे सरका दिया, उनको इस बात का पता नहीं था कि उस दीमक-पहाड़ के नीचे एक बूढ़े ऋषि च्यवन बैठे थे।

उस तिनके से च्यवन अन्धे हो गये और उनका तप भंग हो गया। उन्होंने सर्याती को शाप दे दिया। उनको शान्त करने के लिए राजा ने अपनी बेटी का हाथ उस बूढ़े और अन्धे साधू के हाथ में दे दिया। एक दिन अश्विन कुमार, जो दोनों भाई अपनी सुन्दरता और वीरता के लिए जाने जाते थे, ने सुकन्या से सम्पर्क किया और उससे कहा कि वह अपने पति को छोड़ दे और उससे प्यार करे। उसने इस प्रस्ताव को ठुकरा दिया और अपने पति के प्रति सच्ची बनी रही। तब देवता च्यवन को एक तालाब में लेकर गये जहाँ सभी तीन लोगों ने डुबकी लगाई और जब वे बाहर निकले तो वे भी बहुत सुन्दर लग रहे थे। सुकन्या सती थी और उसने अपने पति को पहचान कर चुन लिया। अश्विन ने सती सुकन्या को आशीर्वाद दिया ताकि वह पुनर्नवा च्यवन के साथ प्रेम कर सके और युगल आनन्द उठा सके।' (शतपथ ब्राह्मण, जैमिनीय ब्राह्मण, महाभारत, देवी भागवत)

एक और कहानी में सती उनको सज़ा देती है जो कि उसके शील का परीक्षण करना चाहते थे—

'ब्रह्मा, विष्णु और महेश (शिव) ने यह तय किया कि अनुसुइया के सतीत्व का परीक्षण किया जाये, जो कि ऋषि अत्रि की पत्नी थी। वे उसके घर युवा ब्राह्मण के भेष में गये और कहा, ''हम लोग एक महीने से उपवास कर रहे हैं और यह संकल्प लिया है कि तब तक हम अपने उपवास को नहीं तोड़ेंगे जब तक कि कोई स्त्री अपने स्तन से दूध न पिला दे।'' आतिथ्य के नियम के वश में आकर अनुसुइया ने उन सुन्दर ब्राह्मणों को अपना स्तन पीने का मौका दे दिया। लेकिन जैसे ही उसने अपनी चोली उतारी तो सत का ऐसा प्रभाव था कि वे तीनों देवता तीन बच्चों में बदल गये और अनुसुइया बिना पत्नी होने के अपने गुण को खोये उनका ध्यान भी रख सकी। उसकी पवित्रता से प्रभावित होकर देवताओं ने यह घोषणा की कि उसका एक बेटा पैदा होगा जिसका नाम दत्तात्रेय होगा और जिसके भीतर ब्रह्मा, विष्णु और शिव तीनों के गुण होंगे।' (महाराष्ट्र की लोककथा)

सत और तप दोनों के प्रभाव से ब्रह्मांड की शक्तियों को अपने पक्ष में करने की कोशिश की जाती थी।

किसी स्त्री की संयमित उर्वरता सांसारिक जीवन के लिए अच्छी होती थी, जैसे कि एक पुरुष की संयमित वीरता आध्यात्मिक जीवन के लिए अच्छी होती है। पवित्र हिन्दू शास्त्रों में इस तरह की कहानियाँ भरी हुई हैं जो कि सती स्त्रियों की जादुई शक्तियों से जुड़ी हुई हैं—

'गान्धारी इतनी सती थी कि जब उसे इस बात का पता चला कि जिस आदमी के साथ उसका विवाह होने वाला है वह अन्धा है तो उसने अपनी आँखों के ऊपर पट्टी बाँध ली ताकि वह अपने पति के दुर्भाग्य को साझा कर सके। जब उसने अपनी आँखों की ताकत को रोक लिया तो उसकी दृष्टि में असाधारण शक्ति आ गयी। उसने यह तय किया कि वह इसका उपयोग करके अपने दुष्ट बेटे दुर्योधन को बचायेगी। उन्होंने उससे कहा कि वह युद्ध के लिए निकलने से पहले उनके सामने नंगा आकर खड़ा हो जाये। ''अपनी दृष्टि की ताकत से मैं तुम्हारी त्वचा को इतनी ताकतवर बना दूँगी कि इसके भीतर कोई भी हथियार प्रवेश नहीं कर सकेगा।'' जब दुर्योधन अपनी माँ के कमरे में नंगा घुसने ही जा रहा था कि कृष्ण प्रकट हुए और उन्होंने उससे कहा कि तुम जवान हो, तुम्हें इतनी शर्म तो होनी ही चाहिए कि अपनी माँ के कमरे में जाने से पहले अपने गुप्तांगों और अपनी जंघा को ढँक लो। अपनी माँ के सामने खड़े होते समय दुर्योधन ने अपने गुप्तांगों को कुछ पत्तों से ढँक लिया था। अपने जीवन में गान्धारी ने पहली बार अपनी आँखों की पट्टी हटाई और अपने बेटे की तरफ़ देखा। जब उन्होंने देखा कि उसके नीचे का हिस्सा ढँका हुआ है तो वह रोने लगीं और उन्होंने अपनी आँखों को फिर से बन्द कर लिया। ''बेवकूफ लड़के, मेरे सतीत्व ने तुम्हारे लिए एक कवच बनाया था जिसमें तुमने खुद ही छेद रहने दिया,'' गान्धारी ने रोते हुए कहा। सही बात है, कुरुक्षेत्र के युद्ध में दुर्योधन के ऊपर किसी भी अस्त्र-शस्त्र का असर नहीं हो रहा था जब तक कि भीम की गदा ने उसकी जंघाओं और गुप्तांग को चूर-चूर नहीं कर दिया।' (महाराष्ट्र और हरियाणा की लोककथा)

सतीत्व की शक्ति से कोई स्त्री खुद को हर तरह के नुकसान से बचा सकती थी। अगली कहानी में एक सती अपने सत का प्रयोग करके उस आदमी का अन्त कर सकती थी जिसने उसके साथ बलात्कार करने की कोशिश की—

'दमयंती के पति नल जुए में अपने राज्य को हार गये। जिसके बाद उनको मजबूर होकर जंगल में शरण लेनी पड़ी। एक कर्तव्यनिष्ठ पत्नी होने के कारण दमयंती ने यह फैसला किया कि वह अपने पति के दुर्भाग्य में उनका साथ देगी और इसलिए उसने यह तय किया कि वह अपने पति के साथ जंगल में जायेगी। नल यह नहीं देख सकता था कि उसकी करनी की सज़ा उसकी पत्नी को मिले। वह भाग गया, इस उम्मीद में कि वह अपने पिता के घर चली जाये और वहाँ आराम से जीवन बिताये। अपने पति द्वारा छोड़ दिये जाने के बाद दमयंती जंगल में रास्ता भूल गयी। उसे एक अजगर साँप ने पकड़ लिया था और अगर एक शिकारी ने आकर उसको बचाया नहीं होता तो वह मर गयी होती। उसे अकेला देखकर, शिकारी ने यह तय किया कि वह उसके साथ अपने मन की करे। जब उसने उसे छूने की कोशिश की, तो वह आग की लपटों में जल उठा। ऐसी थी दमयंती के सत की ताकत।' (महाभारत)

इस तरह की कहानियाँ इस तरह की मान्यताओं की तरफ़ ले जाती हैं कि अगर किसी स्त्री का बलात्कार किया जाता है तो इसलिए क्योंकि उसके पास बचने लायक सत नहीं होता—वह वैसी सती नहीं होती। बलात्कार के शिकार को ही इस तरह से अपराध के लिए ज़िम्मेदार ठहराया जाता है।

सतीत्व की अग्निपरीक्षा

जब कोई पुरुष किसी स्त्री के चरित्र पर उँगली उठाता था तो अपने सतीत्व को साबित करने की ज़िम्मेदारी स्त्री के ऊपर आ जाती थी। इसके लिए, उसे अग्निपरीक्षा से गुज़रना पड़ता था।

अग्नि देवता की जलाने की क्षमता के बारे में यह माना जाता है कि वह उनकी कभी न शान्त होने वाली काम इच्छा का प्रकटीकरण है। उसकी भड़कती हुई भावना से कोई भी स्त्री सुरक्षित नहीं। उनका सत उनको उसकी लपटों में आने से बचाता है—

'अग्नि देवता स्वर्ग के सात ऋषियों की पत्नियों के साथ प्यार में पड़

गये। उन्होंने यह फैसला किया कि वे जब भी उनके आस-पास आयें तो वे गर्मी और प्रकाश के माध्यम से उनके साथ सम्भोग करेंगे। इस तरह उन्होंने सफलतापूर्वक छह ऋषियों की पत्नियों के साथ सम्भोग किया और उनको गर्भवती कर दिया। हालाँकि, चाहे उन्होंने कितनी ही कोशिश क्यों नहीं की हो वे वशिष्ठ की पत्नी अरुंधति के साथ सम्भोग नहीं कर पाये। ऐसा था उनका सतीत्व।' (महाभारत, स्कन्द पुराण)

अनेक बुजुर्गों ने यह नतीजा निकाला कि किसी स्त्री की विश्वसनीयता को परखने का सबसे अच्छा तरीका यह था कि उसकी अग्नि-परीक्षा ली जाये। अगर आग से उसको नुकसान नहीं हुआ तो इसका मतलब यह हुआ कि अपने पति के प्रति एकनिष्ठ रहने के कारण उसमें सत था। इसका सबसे अच्छा उदाहरण सीता की कहानी है, जिसमें पत्नी के सद्‌गुणों के उदाहरण मिलते हैं—

'राक्षसराज रावण के चंगुल से सीता को निकालने के बाद राम ने उनसे यह कहा कि वह अग्नि-परीक्षा से गुज़र कर संसार को यह दिखा दें कि वह किसी और आदमी के घर में रहते हुए भी उनके प्रति विश्वस्त बनी रहीं। सीता लकड़ी के एक ढेर पर बैठ गयीं और उन्होंने अपने देवर लक्ष्मण से यह कहा कि वे आग लगा दें। लपटें उनके बाल तक का नुकसान नहीं कर पायीं। अग्नि-देव खुद आये और उन्होंने खुद सीता की अग्नि-परीक्षा को प्रमाणित किया। इस बात से खुश होकर राम ने सीता को अपनी पत्नी के रूप में स्वीकार कर लिया।' (रामायण, स्कन्द पुराण)

हालाँकि, अग्नि-परीक्षा भी कोई अपने आप में पक्की व्यवस्था नहीं थी जैसा कि निम्नलिखित कहानी से पता चलता है—

'एक ब्राह्मण को यह पता चला कि उसकी पत्नी उसके प्रति वफ़ादार नहीं थी। जब उसने अपनी बेगुनाही की विनती की तो उसने उसको यह आदेश दिया कि वह अग्नि-परीक्षा दे। जब वह व्यभिचारिणी पत्नी आग के बीच से गुज़री तो लपटों से उसका कुछ नहीं बिगड़ा। इस बात से हैरान होकर ब्राह्मण ने अग्नि से इसका जवाब माँगा। अग्नि ने यह बता दिया कि जिस जगह पर उसकी पत्नी ने अन्य पुरुषों के साथ सम्बन्ध बनाये थे वह एक पवित्र स्थान था जहाँ सभी पाप धुल जाते थे। इस तरह, गैर पुरुषों के साथ सम्बन्ध बनाते

हुए भी वह सती बनी रही।' (स्कन्द पुराण)

शायद यही कारण था कि अयोध्या के लोगों को सीता के अयोध्या लौटकर आने के बाद पति के प्रति उसके विश्वासी होने को लेकर सन्देह हुआ था—

'राम जंगल में 14 साल बिताकर अयोध्या वापस आये और उनको लोगों ने तत्काल राजा बना दिया। उन सभी लोगों ने यह सुन रखा था कि किस तरह से उनकी पत्नी सीता का राक्षसराज रावण ने अपहरण कर लिया था और किस तरह राम ने उनको लंका से जा कर छुड़ाया था। सभी लोगों को इस बात के ऊपर आश्चर्य था कि क्या सीता राम के प्रति विश्वासी रह गयी थीं। एक दिन, रानी-माँ कैकेयी, जिनकी वजह से उनको वनवास पर जाना पड़ा था, ने सीता से पूछा कि वे रावण की तस्वीर बना कर दिखायें। ''मैंने उसको कभी देखा नहीं था। मैंने एक बार बस उसकी छाया देखी थी जब वह मुझे समुद्र के ऊपर से लेकर उड़ रहा था।'' कैकेयी के कहने पर सीता ने रावण की छाया की तस्वीर बना दी। जब वह कमरे से गयी तो कैकेयी ने उस छाया की तस्वीर को पूरा कर दिया और जाकर राम को दिखाया, ताकि उनके मन में सन्देह के बीज बोये जा सकें।' (रामायण पर आधारित लोककथा)

आखिरकार, अयोध्या के लोगों ने सीता को अपनी रानी के रूप में स्वीकार नहीं किया और मजबूर होकर राम को उनकी इच्छाओं का संज्ञान लेना पड़ा—

'राम के शासन सँभालने के कुछ दिनों बाद ही राम के जासूसों ने उनको सूचित किया कि लोग उनकी पत्नी को लेकर तरह-तरह की बातें कर रहे थे। उनको यह बात पसन्द नहीं आयी थी कि रावण के घर में समय बिताने के बावजूद उन्होंने सीता को स्वीकार कर लिया। जब राम को इस बात का पता चला तो उनका दिल टूट गया। वे सीता को प्यार करते थे लेकिन वे नहीं चाहते थे कि उनके परिवार का नाम खराब हो जाये। इसलिए उन्होंने सीता को आदेश दिया कि वह महल और उनके शहर को छोड़ दें और जंगल में चली जायें।' (उत्तर रामायण)

अयोध्या से सीता निष्कासन का मुद्दा हिन्दू कथाओं में एक विवादास्पद मुद्दा रहा है। राम को इस धरती पर आने वाले सबसे गुणसम्पन्न व्यक्ति के

रूप में देखा जाता है, विष्णु भगवान के अवतार के रूप में। कई लोग इस बात के ऊपर आश्चर्य व्यक्त करते हैं कि किस तरह वे एक ऐसी पत्नी को छोड़ सकते थे जिसने अपने सतीत्व को साबित कर दिया था। वे लोगों की धारणा के आगे क्यों झुक गये जबकि उनको इस बात का पता था कि सही क्या था? इस विषय के ऊपर काफ़ी बहस हो चुकी है। जो बात दिलचस्प है वह यह है कि राम ने उस स्त्री को छोड़ दिया क्योंकि लोग उनको रानी के रूप में अपनाना नहीं चाहते थे, लेकिन उन्होंने किसी और स्त्री से विवाह करने से मना कर दिया। पवित्र हिन्दू कहानियों में राम की सीता के प्रति निष्ठा अनोखी है। ज़्यादातर हिन्दू देवताओं और नायकों की एक से अधिक पत्नी हैं। केवल राम एक-पत्नीव्रत हैं।

राजा के रूप में राम को अनेक यज्ञ करने पड़ते थे। चूँकि कोई आदमी इस कर्मकांड को तब तक नहीं कर सकता था जब तक कि उसकी पत्नी बगल में न बैठी हुई हो, वे सीता की एक स्वर्ण प्रतिमा बनवाकर वहाँ रखते थे जो जगह उनकी पत्नी के लिए सुरक्षित रखी जाती थी। उन्होंने सीता की प्रतिमा बनवाने के लिए धरती की सबसे शुद्ध धातु का उपयोग किया, यह बात ध्यान रखने वाली है।

बाद में महाकाव्य में, यह बताया गया है कि किस तरह से सीता ने राम के पुत्रों को जन्म दिया, जुड़वाँ बच्चों को, जंगल में, और यह कि किस तरह से सालों बाद उन बच्चों ने राम के शाही घोड़े को पकड़ लिया और उसे छोड़ने से मना कर दिया। अयोध्या के सैनिकों और उन दोनों बच्चों में बड़ी लड़ाई छिड़ गयी। सत की शक्ति से वे लड़के सफलतापूर्वक राम की सेना को हराने में कामयाब रहे। आज भी अयोध्या के लोग सीता को रानी के रूप में स्वीकार करने से मना करते हैं। फिर एक घटना ऐसी हुई जिसके बाद उनको मजबूर होकर सीता की शुद्धता को स्वीकार करना पड़ा—

'एक हज़ार सिरों वाले राक्षस ने अयोध्या के ऊपर हमला कर दिया और यह कहा गया कि कोई सती स्त्री ही उनको मार सकती थी। शहर की हर स्त्री उस युद्ध में शामिल हुई लेकिन वे उस भयानक राक्षस का किसी तरह का नुकसान नहीं कर पाये। आखिर में, अयोध्या के लोगों ने राम से यह

विनती की कि वे सीता को भेज दें। सीता युद्ध में शामिल हुईं, उन्होंने धनुष उठाया और एक तीर सीधा राक्षस के दिल में मारा और वह वहीं मर गया।'
(देवी भागवत)

अपने सतीत्व के सबूत के मिलने के बावजूद अयोध्या के लोगों ने सीता को रानी के रूप में स्वीकार करने के पहले एक और अग्नि-परीक्षा की माँग की। बार-बार अपने सद्गुण को साबित करने की माँग से परेशान होकर सीता ने धरती से कहा कि अगर वह शुद्ध है तो वह फट जाये और उसको अपने भीतर समा ले। तत्काल एक खाई बन गयी और भीतर से एक सोने का सिंहासन सीता के लिए निकल कर आया। जब सीता उस सिंहासन पर बैठकर धरती में गुम हो गयीं, तो आकाश से सीता के लिए फूल बरसने लगे क्योंकि सीता कोई साधारण स्त्री नहीं थीं। उनको धरती से हल से निकाला था उनके पिता जनक ने जो मिथिला के राजा थे, वह स्वयं भूदेवी ही थीं।

सीता के गायब हो जाने के बाद राम ने सांसारिक जीवन का त्याग कर दिया, सरयू नदी में प्रवेश करके उन्होंने अपने शरीर का त्याग कर दिया और वैकुण्ठ में विष्णु के रूप में लौट गये, ताकि वहाँ रहकर वे भूदेवी की लगातार सेवा करते रह सकें।

सभी हिन्दू सीता की पूजा पत्नी के गुणों के साकार रूप के कारण करते हैं।

सतीत्व का कवच

हिन्दू धर्म के किस्सों में सबसे प्रमुख सतियों में एक सावित्री हैं जिन्होंने अपनी बुद्धि से अपने पति को मौत के मुँह से निकाल लिया था—

'सावित्री का विवाह एक लकड़हारे सत्यवान से हुआ जबकि विवाह के एक साल बाद उसके भाग्य में मर जाना बदा था। जिस दिन मौत आनी थी उस दिन सावित्री ने यम को देखा कि वह आया और उसने अपना जाल बिछाया और सत्यवान की जान को हर लिया। जब वह अपनी भैंस पर चढ़ कर जा रहा था, तब सावित्री ने फैसला किया कि वह भी पीछे-पीछे चल कर

मौत के देश तक जायेगी। यम ने बड़ी कोशिश की कि सावित्री को चकमा दे सके लेकिन उसके अथक प्रयास के बाद भी सावित्री मौत के देश तक यम का पीछा करने के लिए तैयार थी। ''अगर तुम यहाँ से चली जाओ तो मैं तुम्हारे पति के जीवन को छोड़कर तुमको सब कुछ दे सकता हूँ,'' यम ने कहा। सावित्री ने कहा कि सत्यवान से उसके सौ पुत्र हों। ''तथास्तु,'' यम ने कहा और अपने रास्ते चलते रहे। कुछ समय बाद, उन्होंने देखा कि सावित्री अब भी पीछे-पीछे आ रही थी। ''तुम अब भी मेरा पीछा क्यों कर रही हो ?'' उसने कहा, ''मेरे खयाल से हम दोनों के बीच किसी बात को लेकर समझौता हुआ था।'' ''हाँ, हुआ था,'' सावित्री ने जवाब दिया, ''लेकिन मैं सत्यवान से एक सौ बेटे कैसे पैदा कर सकती हूँ जबकि आप उसकी जान लिये जा रहे हैं।'' यम को ध्यान आया कि सावित्री ने उनको लाजवाब कर दिया और चालाकी से उनसे सत्यवान को छुड़ा लिया।' (महाभारत)

सावित्री की कहानी हर साल विवाहित हिन्दू स्त्रियों को सुनायी जाती है जो उसके बाद बरगद (वट) के पेड़ में धागा बाँधती हैं, इस बात की दुआ करती हुई कि उनके पति की उम्र उस पेड़ जैसी ही हो।

हिन्दू धर्म में ऐसा कोई अनुष्ठान, कर्मकांड नहीं है जिसमें पति अपनी पत्नी की लम्बी उम्र के लिए दुआ करता हो। एक हिन्दू स्त्री को अपने पति के जीवन के लिए ज़िम्मेदार माना जाता है क्योंकि सतीत्व की ताकत उसके पति को किसी नुकसान से बचाती है—

'उग्रश्रवा एक बदमाश था लेकिन उसकी पत्नी शीलवती कर्तव्यनिष्ठा से उसकी सेवा किया करती थी। जब उसको कुष्ठ रोग हो गया तो उसकी पत्नी ने सड़कों पर उसका पेट भरने के लिए भीख माँगी। जब वह लंगड़ा हो गया तो वह उसको कन्धे पर लेकर घूमती थी। जब उसकी इच्छा हुई कि वह एक वेश्या के पास जाये, तो वह उसको वहाँ लेकर गयी। ऋषि मंडव्य यह देखकर इतने दुःखी हुए कि एक कोढ़ी लंगड़ा उग्रश्रवा अपनी सती पत्नी के कन्धे पर सवार होकर जा रहा था तो उन्होंने दुःखी होकर यह शाप दिया कि उग्रश्रवा सुबह होने के साथ ही मर जायेगा। शीलवती ने अपने सतीत्व का इस्तेमाल करते हुए सूर्य को उगने से रोक दिया। अत्रि की पत्नी अनुसूइया ने

आखिरकार शीलवती को इस दिशा में प्रेरित किया कि वह सूरज को उग जाने दे और अपने पति की अवश्यम्भावी मृत्यु को स्वीकार कर ले।' (ब्रह्मांड पुराण)

एक स्त्री का सतीत्व उसके पति के इर्द-गिर्द अभेद्य कवच बनाता है। इस कवच को नष्ट करने के लिए देवता अपने सनातन दुश्मन असुरों की पत्नियों के सतीत्व को नष्ट करने के लिए छल-कपट का प्रयोग करते थे—

'देवता राक्षस शंखचूड़ को इसलिए नहीं मार पाये क्योंकि उसको उसकी पत्नी के सतीत्व की ताकत ने बचा रखा था। उसको मारने का एक ही ज़रिया था, जो उनको समझ में आया, कि उसकी पत्नी वृंदा अपने सद्गुणों को खो दे। इसलिए देवताओं के देव विष्णु ने शंखचूड़ का रूप लिया और वे उसकी पत्नी वृंदा के कमरे में पहुँचे जबकि शंखचूड़ को शिव ने युद्ध में उलझा रखा था। वृंदा विष्णु को पहचान नहीं पायी, इसलिए उसके साथ सम्भोग किया और अपनी पवित्रता को खो दिया। इसके साथ ही शंखचूड़ देवताओं के हथियारों से मारे जाने लायक हो गया और उसको शिव ने मार गिराया।' (पद्म पुराण)

वृंदा ने सतीत्व से समझौता दुनिया की भलाई के लिए किया। सारा संसार उसे अपने पति की मृत्यु के लिए ज़िम्मेदार ठहराता है। केवल विष्णु यह जानते हैं कि वह एक पतिव्रता स्त्री है। उन्होंने उसे वैकुण्ठ में शरण देने का प्रस्ताव दिया। हालाँकि विष्णु की पत्नी लक्ष्मी ने किसी और स्त्री के ऊपर अपने पति के प्यार को देखते हुए उसके साथ अपने घर को साझा करने से मना कर दिया। उन्होंने वृंदा को घर के अन्दरूनी हिस्से में घुसने नहीं दिया। असहाय और हताश वृंदा ने विष्णु के घर के आँगन से जाने से मना कर दिया। इस बीच, उसके पैर जड़ बन गये और उसके हाथ पत्ते बन गये। वह तुलसी के पेड़ में बदल गयी। विष्णु जो उसको बचाने के लिए नहीं आ सके शालिग्राम के पत्थर में बदल गये। वैष्णव तुलसी के पेड़ को 'विष्णुप्रिया', विष्णु की प्रिया कहते हैं, क्योंकि अपने एकतरफ़ा प्यार से उसने हमेशा के लिए विष्णु के हृदय में जगह बना ली। विष्णु की पूजा तब तक अधूरी समझी जाती है जब तक कि तुलसी के पेड़ को प्रसाद नहीं चढ़ाया जाता है। विष्णु उसके बचाव के लिए नहीं आ सके, लेकिन वह उनकी लायी हुई थी। लक्ष्मी के भिन्न यह पेड़ हमेशा आँगन में लगाया जाता है, इसे कभी भी घर के भीतर

नहीं लगाया जाता है।

तुलसी का पौधा हिन्दू घरों का आवश्यक हिस्सा होता है। सती हिन्दू स्त्रियों को इस बात की सलाह दी जाती है कि वे इस पवित्र तुलसी के पौधे की अपने घर में हर सुबह पूजा करें, नहाने के बाद, घर के कामकाज की शुरुआत से ऐन पहले, घर की विवाहित स्त्रियाँ इस पौधे की पूजा करती हैं। उसमें पानी डालती हैं, दीया जलाती हैं और एक विशेष तरह से चबूतरा बनाती हैं जिसके ऊपर इस पौधे को लगाया जाता है। यह पौधा इस बात की याद दिलाता है कि पति के जीवन को बनाये रखने और खुशी और समृद्धि को बनाये रखने में सत का कितना महत्त्व है।

जलती हुई विधवाएँ

सत पूरी तरह से घरेलू गर्भ का उत्पाद होता है। यह मज़बूत समाज की आधारशिला तैयार करता है। सत में विश्वास आज भी हिन्दू समाज में किसी स्त्री के सतीत्व को सुनिश्चित करने का सबसे शक्तिशाली साधन है। यह मानसिक रूप से किसी स्त्री के ऊपर दबाव बनाता है कि वह हर हाल में विश्वासी बनी रहे। जब तक वह सती है तब तक उसके पति का जीवन रहेगा, उसके बच्चे स्वस्थ रहेंगे और उसके घर में समृद्धि बनी रहेगी। समाज में उसका सम्मान सौभाग्यवती सुहागन के रूप में किया जाता है और उसको सभी विवाह और जन्म से जुड़े समारोहों में बुलाया जाता है। अगर वह अपने सतीत्व को छोड़ देती है तो उसका घर बिखर जाता है और उसके पति की मौत हो जाती है। वह सौभाग्यहीन विधवा बन जाती है, जिससे सभी दूर रहते हैं। जब कोई आदमी अपनी पत्नी से पहले मर जाता है तो इसका मतलब यह होता है कि स्त्री के पास उतना सत नहीं था कि वह अपने पति को मृत्यु से बचा सके। स्त्री के लिए एकमात्र विकल्प यह बन जाता है कि वह अपने पति की चिता पर जलकर सती हो जाये। वह चमकदार कपड़े पहनकर, गरीबों में अपनी सम्पत्ति को बाँटकर लकड़ी के ढेर में बैठकर अपने पति के सिर को अपनी गोद में रखकर यह आदेश देती है कि अग्नि को प्रज्वलित किया जाये। जब

   भारत में देवी

आग उसके कपड़ों को जलाते हुए उसे जला रही होती है तो उसका सत उसे दर्द महसूस नहीं होने देता है। वह तब सती महारानी में बदल जाती थी, ऐसी देवी, सभी स्त्रियाँ जिसका आदर करने लगती थीं—

'पांडवों ने कौरवों को हरा दिया और कुरुक्षेत्र के युद्ध में विजयी रहे। गान्धारी, जो कौरवों की माँ थी, यह जानकर बड़े गुस्से में आ गयी कि उनका एक भी बेटा नहीं बचा। कृष्ण ने सफलतापूर्वक पांडवों को जीत दिलवाई थी, इसलिए गान्धारी ने उनको अपने सभी बेटों की मौत के लिए ज़िम्मेदार ठहराया। उन्होंने कृष्ण को यह शाप दिया कि उसकी मौत किसी आम जानवर की तरह होगी। इसलिए जब युद्ध के बरसों बाद कृष्ण जंगल में एक पेड़ के नीचे आराम कर रहे थे कि एक शिकारी ने जहर बुझा एक तीर चलाया, उसने गलती से उनके पैर को हिरन का कान समझ लिया। जब कृष्ण का अन्तिम संस्कार किया गया तो उनकी चार पत्नियाँ जिनमें रुक्मिणी और जम्भावती भी थीं उनके साथ चिता में बैठ गयीं। शेष चार पत्नियाँ, जिनमें सत्यभामा और कालिंदी भी थीं, संन्यासी का जीवन बिताने के लिए जंगल में चली गयीं।' (महाभारत)

'सती' शब्द का जुड़ाव शिव की पहली पत्नी से है जिसने अपने आपको तब मार लिया था जब वह उस समारोह को बर्बाद करना चाहती थी जिसका आयोजन उनके पति के अपमान के लिए किया जा रहा था—

'सती दक्ष की पुत्री थी, जो समाज के आदि पुरुष हैं। उन्होंने शिव का चुनाव अपने पति के रूप में किया और बिना किसी शर्त के उनकी आवारा जीवन-शैली, उनमें छल-कपट के अभाव को, उनमें दिखावट की कमी, सामाजिक मान्यताओं को अपनाने से उनके मना किये जाने को अपना लिया। दक्ष को शिव का तौर-तरीका पसन्द नहीं आया और वे खास तौर पर उस बात से नाराज़ हो गये कि संन्यासी-देवता ने उनका अभिवादन नहीं किया। शिव को अपमानित करने के लिए उन्होंने एक बड़े यज्ञ का आयोजन किया और जिसमें सभी को बुलाया सिवाय शिव के। सती ने इसे उपेक्षा माना और यज्ञ में शामिल होने के लिए गयीं, हालाँकि शिव ने उनके साथ जाने से इनकार कर दिया। वहाँ जाकर सत्य का पता चला। उनके पिता ने उनके पति का

अपमान किया था और किसी ने उसको रोका नहीं था। ''अपने प्रिय के बारे में ऐसी किसी बात को सुनने से पहले मैं मर जाना चाहूँगी,'' सती ने कहा। उसने यह तय किया कि वह अग्नि-कुंड में कूदकर जान दे देगी। अग्नि देवता उसे जला नहीं सकते थे। उसके अन्दर बहुत अधिक सत था। इसलिए सती ने अपने सत के बल पर अपनी अग्नि स्वयं तैयार की और उसने खुद को भस्म कर लिया।' (शिव पुराण, विष्णु पुराण)

एक अच्छी पत्नी से यह उम्मीद की जाती है कि वह इस बात को पक्का करे कि उसके पति की मिट्टी कभी न पलीद हो, यहाँ तक कि मरने के बाद भी। इस बात को सुनने से अच्छा मर जाना माना जाता था कि पति अपनी पत्नी को बलात्कारियों से बचा पाने में असफल रहा। ये सभी विचार इस बात के औचित्य को सही साबित करने के लिए उपयोग में लाये जाते थे कि विश्व का जलाया जाना सही था—

'सभी यादवों की मौत के बाद गृहयुद्ध भड़क गया और द्वारका विधवाओं की नगरी बन गयी। पांडव अर्जुन ने असहाय स्त्रियों को अपने नगर में शरण दी। जब वह उनको लेकर जंगल से गुज़र रहा था तो उनके ऊपर जंगली आदिवासियों ने हमला कर दिया जिन्होंने स्त्रियों का अपहरण कर लिया और उनके साथ बलात्कार भी किया। कुछ महिलाएँ भाग पाने में सफल रहीं और उन्होंने खुद को सरस्वती नदी में बहा लिया। उनकी आत्मा सीधे स्वर्ग में गयी।' (महाभारत)

मध्यकालीन भारत में जो योद्धाओं की विधवाएँ होती थीं वे खुद को स्वेच्छा से जला लिया करती थीं ताकि बलात्कार के अपमान से बचा जा सके। यह जौहर कहलाता था, पति के सम्मान की रक्षा के लिए खुद को मिटा लेना। खेत का उससे पहले विनाश कि कोई और उसके ऊपर अपना दावा कर सके।

एक पवित्र स्त्री के बारे में कहा जाता था कि उसे अपने पति की चिता के ऊपर खुद को नहीं जलाना होता था। उसकी मौत उसी समय हो जाती थी जिस वक्त उसका पति आखिरी साँस लेता था—

'अपने पति जयदेव के लिए रानी पद्मावती के प्यार की परीक्षा लेने के

    भारत में देवी

लिए कलिंग की महारानी ने उससे कहा कि राजा के साथ शिकार में सहयोग करते हुए उसके पति की मौत हो गयी। यह सुनते ही पद्मावती ज़मीन पर ढेर हो गयी और हृदय गति बन्द हो गयी। घबराकर कलिंग की महारानी ने राजा और कवि को बुलवाया। कवि ने सहजता से अपनी सदगुणों वाली पत्नी को प्यार से छुआ और उसने अपनी आँखें ऐसे खोलीं मानो गहरी नींद से जाग रही हो।' (भक्ति-माला)

पवित्र स्त्री को इस बात के ऊपर पक्का भरोसा रहता है कि अगर उसके पति की मौत हो गयी तो वह जीवित नहीं रह पायेगी—

'रावण ने अपने जादू के ज़ोर से राम का सिर उड़ा दिया। उसने उसे सीता को तश्तरी में रखकर भेजा। ''अब तुम्हारा पति मर चुका है इसलिए वैवाहिक विश्वास का नियम अब तुम्हारे ऊपर लागू नहीं होता,'' राक्षसराज ने कहा। ''तुम्हारा टोना मुझे बेवकूफ़ नहीं बना सकता,'' सीता ने पूरे विश्वास के साथ कहा। ''क्योंकि अगर वे मर गये होते तो मैं भी मर गयी होती।'' गुणसम्पन्न पत्नी के आत्मविश्वास ने रावण के जादू-टोने को बिखेर कर रख दिया और उस कटे हुए सिर का रहस्य खुलकर सामने आ गया।' (रामायण)

यह कहा जाता है कि जो सच्ची पत्नी होती है वह अपने पति के साथ सात जन्मों तक साथ चलती है। वह उसके लिए जीती है। अगर वह उसके मरने से पहले मर जाती है तो सभी स्त्रियाँ इसके लिए पूजा करती हैं कि उनकी लाश को दुल्हन की तरह से सजाया जाये और फिर उनका अन्तिम संस्कार किया जाये। उनको सदा सुहागिन कहा जाता है।

बेदाग बहुएँ

यह मान्यता है कि किसी स्त्री को केवल एक पुरुष के लिए कई जन्मों तक विश्वासी बने रहना चाहिए, जिसका मतलब यह हुआ कि एक लड़की को शादी से पहले और शादी के बाद सती रहना चाहिए। उसका कौमार्य एक मूल्यवान चीज़ हो जाता है। पिता अपनी बेटी के सम्मान की रक्षा के लिए

बड़ी तरद्दुद करते हैं—

'एक साल तक अर्जुन को एक महल में किन्नर बनकर बृहनल्ला के रूप में रहना पड़ा और वे विराट के महल में स्त्रियों के क्षेत्र में रहते थे। उन्होंने राजा की बेटी उत्तरा को नाचना सिखाया। साल के अन्त में, जब अर्जुन ने अपनी पहचान का खुलासा किया तो राजा को इस बात का डर हुआ कि अब कोई पुरुष मेरी बेटी से विवाह नहीं करेगा, क्योंकि वह एक पुरुष के साथ रहती थी। राजा को राहत पहुँचाने के लिए अर्जुन ने यह घोषणा कर दी कि नृत्य गुरु के रूप में मैंने उत्तरा को अपनी बच्ची के तौर पर देखा था और इसलिए उसे मैं अपनी बहू के रूप में स्वीकार करता हूँ। उत्तरा का विवाह अर्जुन के बेटे अभिमन्यु के साथ हुआ।' (महाभारत)

अगली कहानी में एक राजकुमारी इसलिए विवाह नहीं कर सकती है क्योंकि एक आदमी ने विवाह से पहले उसके शरीर को छू दिया था। इसलिए वह अपना सारा जीवन अपनी सहेली के साथ गुज़ारती है। कुछ विद्वानों को ऐसा लगता है कि इस कहानी में स्त्री-समलैंगिकता की बात नज़र आती है—

'रत्नावली, जो कि अनार्ता के राजा की बेटी थी और ब्राह्मनी जो कि अनार्ता के ब्राह्मण की बेटी थी, आपस में बड़ी अच्छी सहेलियाँ थीं। वे इस बात को बर्दाश्त नहीं कर सकती थीं कि विवाह के बाद उनको अलग रहना पड़ेगा। इसके बदले वे मौत का चुनाव करतीं। उनकी भावनाओं की गहराई के बारे में जानकर, राजा ने यह तय किया कि दोनों लड़कियों का विवाह एक ही घर में कर दिया जाये—रत्नावली का विवाह राजा से होगा और ब्राह्मनी का विवाह राजपुरोहित से। ऐसा हुआ कि अनार्ता का एक ब्राह्मण युवक एक वेश्या के यहाँ गया और उसने शराब पी ली। इस पाप को दूर करने के लिए उसके पास विकल्प था कि वह खौलता हुआ मक्खन पी ले या किसी कुँवारी लड़की के स्तन को यह समझकर छूए जैसे कि वह उसकी माँ हो। उस युवक के माता-पिता ने अनार्ता के राजा से यह विनती की कि वे उसके बेटे को अपनी बेटी को छूने दें क्योंकि पाप को धोने के जो दूसरे तरीके थे वे खतरनाक थे। राजा मान गया और ब्राह्मण युवक ने रत्नावली के स्तन को यह समझकर छुआ मानो वह उसकी माँ हो। रत्नावली से यह कहा गया कि

वह उस युवक को माँ की तरह देखे। तत्काल, उसके स्तन से दूध आ गया। जब यह खबर फैली, तो कोई आदमी रत्नावली से विवाह नहीं करना चाहता था क्योंकि उसके ऊपर दाग लग चुका था। ब्राह्मणी का विवाह भी नहीं हो पाया क्योंकि उसने 16 साल तक रत्नावली के विवाह होने का इन्तज़ार किया और इस तरह विवाह के लिहाज से उसकी उम्र बहुत अधिक हो गयी थी। दोनों कुंवारी लड़कियों ने अपने-अपने माता-पिताओं के घर को छोड़ दिया, जंगल में जाकर रहने लगीं और तपस्या करने लगीं। शिव ब्राह्मणी के सामने प्रकट हुए और उन्होंने उसे आशीर्वाद दिया। ब्राह्मणी ने आशीर्वाद लेने से तब तक के लिए मना कर दिया जब तक कि शिव ने रत्नावली के सामने आकर उसे भी आशीर्वाद नहीं दिया। वह स्थान जहाँ शिव ने दोनों लड़कियों को आशीर्वाद दिया था एक तीर्थस्थान बन गया।' (स्कन्द पुराण)

घुटे सिर और सफ़ेद साड़ी

समाज किसी स्त्री की उर्वरता को एक आदमी से जोड़कर देखता है। हिन्दू समाज में जब पति की मौत हो जाती है तो पत्नी को दूसरे विवाह की अनुमति नहीं है। वह चिता पर बैठकर खुद को मार सकती है। अगर वह ऐसा नहीं करती है तो अबाधित काम-भावनाओं की समस्या उसके साथ आ सकती है—

'अपने पति की मौत के बाद मही ने अपने बेटे सनाज्जता को ऋषि गालव के आश्रम में छोड़ दिया और मुक्त जीवन जीने के लिए चली गयी। सालों बाद, सनाज्जता आश्रम से भाग खड़ा हुआ और जनस्थान नामक जगह में गया जहाँ उसने एक स्त्री के साथ शारीरिक सम्बन्ध बनाया, इस बात को बिना समझे कि वह और कोई नहीं बल्कि मही थी। अनजाने में अपनी माँ के साथ शारीरिक सम्बन्ध बनाने के कारण सनाज्जता को कुष्ठ रोग हो गया। जब गालव को इस बात का भान हुआ कि क्या हुआ था तो उन्होंने माँ और बेटे से यह कहा कि वे एक पवित्र झील में जाकर स्नान करें और अपने पापों को धो डालें।' (ब्रह्म पुराण)

जब खेत की देखभाल के लिए कोई किसान नहीं होता है तो खेत जंगल

में बदल जाता है। बिना पति के जो कि पतिव्रत या सतीत्व की माँग करता है कोई विधवा वेश्या बन जाती है और अपने पति की स्मृति को अपमानित करती है—

'एक जवान विधवा अपने पति की अस्थियों को लेकर मथुरा गयी जहाँ उसे वेश्याओं ने देखा और उन्होंने उसे वेश्याओं के तौर-तरीके सिखा दिये। सालों बाद, एक नौजवान आदमी उसके चकले में पहुँचा और उसके साथ शारीरिक सम्बन्ध बनाने के बाद उसको गुप्त रोग हो गया। ऋषि सुमंत को यह आभास हुआ कि जिस वेश्या के पास वह नौजवान आया था वह उसकी बड़ी बहन थी जो सालों पहले विधवा हो चुकी थी। जब उस वेश्या को इस बात का पता चला तो उसने शर्म के मारे खुद को मार डाला। भाई को इस बात की सलाह दी गयी कि वह तीर्थ यात्रा पर जाये और वहाँ पवित्र जल में स्नान करके वह अपने पापों को धो डाले।' (वराह पुराण)

एक अच्छी विधवा से यह उम्मीद की जाती है कि वह अपने पति की याद में सती बनी रहे—

'भत्तिका एक बाल विधवा थी। उसका पति उसके जवान होने से काफ़ी पहले ही मर चुका था। वह अनन्त कौमार्य के लिए अभिशप्त थी इसलिए भत्तिका ने अपना जीवन ईश्वर को समर्पित कर दिया और शिव की महिमा गाते हुए अपना जीवन बिताने लगी। सर्पराज वासुकी और उनके मित्र तक्षक ने उसको गाते हुए सुना और वे उसके प्यार में पड़ गये। उन्होंने उसका अपहरण कर लिया और उसे लेकर नागों की नगरी भोगावती चले गये। ''हम दोनों से विवाह कर लो। हमारे ऊपर मनुष्यों के नियम लागू नहीं होते'', तक्षक ने कहा। भत्तिका ने मना कर दिया और तक्षक को यह शाप दिया कि उसका सर्प का अमर रूप खत्म हो जायेगा और वह एक मर्त्य मानव बन जायेगा। तक्षक ने दया की माँग की। भत्तिका ने फिर कहा कि उसका शाप तब फलित नहीं होगा अगर वह उसे धरती पर वापस ले जाये। जब भत्तिका लौट कर आयी तो गाँव में किसी ने इस बात का यकीन नहीं किया कि वह तब भी सती थी। अपनी पवित्रता को दिखाने के लिए उसने अग्नि-परीक्षा दी। वह इतनी पवित्र थी कि आग पानी में बदल गयी।' (स्कन्द पुराण)

पद्म पुराण में एक विधवा को इस बात के लिए मजबूर किया गया कि वह अपने मृत पति के प्रति वफ़ादार रहे तो उसने योनि की निन्दा की, ''तुम खुजली क्यों करती हो, मेरी योनि? यह शर्म की बात है कि कोई और आदमी तुम्हारे भीतर प्रवेश करता है।'' जब खुजली नहीं रुकती है तो वह अपनी योनि को खुश करने के लिए अपनी उँगली को अन्दर करती है, अपनी योनि को सुख देती है और अन्त में अपने बिस्तर के पाये को पकड़ लेती है और अपने स्तनों को उससे दबाने लगती है।

एक हिन्दू विधवा किसी अच्छी हिन्दू पत्नी की तरह किसी और पुरुष को पसन्द नहीं करती है। अपने पति के बिना उसकी उर्वरता का कोई मतलब नहीं है। इसलिए वह व्यवस्थित तरीके से उसको दबाती है। वह यह नहीं चाहती कि कोई उसकी तरफ़ कामुक निगाहों से देखे या अनियन्त्रित भावना भड़क जाये, इसलिए वह अपने सुन्दर बालों को मूंड लेती है, सफ़ेद कपड़े पहनती है और बिना किसी तरह की तैयारी के रहती है। वह अपनी काम सम्बन्धी इच्छाओं को दबा लेती है। जब उसको पीड़ा सताती है तो वह इस बात के लिए प्रार्थना करती है कि अगले जन्म में अपने पति के साथ उसका जीवन अच्छा हो। यहाँ तक कि मरकर भी एक पति अपनी विधवा की आदिम इच्छा को दबाता है जो सभ्यता की नींव को हिला सकता है जो कि स्त्री के सतीत्व के आधार पर बनी हुई है।

हालाँकि, जो विधुर होता है वह शादी करने के लिए स्वतन्त्र होता है।

अध्याय 5

बिखरे बालों वाली देवियाँ
'वृत्त की पुनर्वापसी'

प्रकृति का अपूर्ण पक्ष

सभ्यता की दीवार संसार के अँधेरे पक्ष को बाहर नहीं कर सकती है। प्रकृति हरकत में आती है और बाढ़, सूखा और अग्नि का प्रकोप होता है। व्यभिचार की इच्छा जाति की सीमाओं से ऊपर उठकर पैदा होती है। स्त्रियों का गर्भपात हो जाता है। बच्चे मर जाते हैं। जब देवी अपने पंजे खोलती है, या अपने बाल खोलती है या नग्न होकर नृत्य करती है तो सामाजिक व्यवस्था खराब हो जाती है।

अचानक समाज को मजबूर होकर भावनाओं के साथ संघर्ष करना पड़ता है जिसे धर्म बड़ी मुश्किल से बचाये रखने की कोशिश करता है। संसार महज़ सुन्दर नहीं है। यह भयानक भी है। हरे-हरे मैदान के पार, फूलों वाले हर पेड़ के नीचे, एक अँधेरा राज छिपा होता है—कोई सड़ती हुई लाश, एक दहकता हुआ ज्वालामुखी, जीवन और मृत्यु, निर्माण और विध्वंस, काम और हिंसा प्रकृति में एक साथ रहते हैं। जब देवताओं और दानवों ने क्षीरसागर को मथा तब केवल अमृत ही नहीं निकला था बल्कि उसके साथ खतरनाक जहर कालकूट भी निकला था—

'जब प्रजापति के बेटे जीवन के समुद्र से दूधदार पानी को मथ रहे थे तब पानी की गहराई से लिसलिसा और दाहक द्रव्य निकला जो गुस्से के मारे

झाग बना रहा था, उसके खतरनाक धुएँ से हवा में प्रदूषण फैलता जा रहा था। घबराकर प्रजापति के बेटे अपने पिता के पास गये जिन्होंने शिव को बुलाया। संन्यासी देव ने उस ज़हर को जमा किया और उसे ऐसे पी गये जैसे वह मीठी शराब हो।' (शिव पुराण)

अगर अमृत संसार के चमकदार और उर्वर पक्ष का प्रतिनिधित्व करता है तो कालकूट अँधेरे पक्ष का प्रतिनिधित्व करता है। शिव इसलिए कालकूट को पी गये क्योंकि वे योग देव हैं। योग प्रकृति की प्रकट क्रूरता को मानसिक अनुशासन देता है। शिव अकेले ऐसे हिन्दू देवता हैं जिनकी दिव्यता चिता की अग्नि में भी दिखायी देती है। वे मौत की गन्ध को भी सहन कर सकते हैं। यह भी एक कारण है कि देवी ने उनको अपने सहचर के रूप में चुना—

'देवी ने ब्रह्मा, विष्णु और महेश को बनाया। उन्होंने फिर यह तय किया कि देवताओं को खुद को सौंपने के लिए खुद को तीन हिस्सों में बाँट लिया जाये। पहले, उन्होंने यह तय किया कि उनकी परीक्षा ली जाये। उन्होंने एक कीड़े वाली लाश का रूप ले लिया। उनको देखकर परेशान होकर ब्रह्मा मुड़ गये जबकि विष्णु पानी में कूद गये। केवल शिव ने बिना किसी तरह की घिन के उस लाश को गले लगा लिया। खुश होकर देवी ने उनके साथ सम्पूर्णता में विवाह कर लिया। सरस्वती के रूप में, जो कि उनका बौद्धिक पक्ष है, उन्होंने ब्रह्मा से शादी की। लक्ष्मी के रूप में, जो कि उनका दाता रूप है, उन्होंने विष्णु से विवाह किया।' (महाभागवत पुराण, बृहद्धर्म पुराण)

शिव कालकूट को पी तो गये लेकिन उन्होंने उसको नष्ट नहीं किया। जब वे उस जानलेवा पेय को निगलने ही वाले थे उनकी सहचरी पार्वती ने उनकी गर्दन पकड़ ली और तब तक उनकी गर्दन को दबाये रखा जब तक कि कालकूट उनकी गर्दन में बना रहा, वह नीला हो गया। देवी ने क्यों शिव को नीलकंठ बना दिया? शिव ने ज़हर को आसानी से पचा लिया होता। हालाँकि, उन्होंने ऐसा किया होता तो अमृत उभर कर नहीं आया होता। प्रकृति का काला पक्ष प्रकृति के चमकीले पक्ष को सन्तुलित रखता है। वे दोनों एक ही देवी के दो पहलू हैं—

'ब्रह्मा ने दानव दारुका को यह वरदान दिया था कि उसकी मौत किसी

आदमी, जानवर या देवता के हाथों नहीं होगी। इससे वह केवल स्त्रियों के हमले के लिए बच गया। दारुका से परेशान होकर देवताओं ने देवी पार्वती का आह्वान किया जिन्होंने खुद को शिव की गर्दन में बँधे ज़हर में डुबो लिया और काली के रूप में रूपान्तरित हो गयीं, जो कि अँधेरे पक्ष का प्रतिनिधित्व करती हैं। जब वह उस दानव को मार कर कैलाश पर्वत पर गयीं तो उनकी त्वचा काली हो गयी थी, आँखें लाल थीं, उनके दाँत नुकीले लग रहे थे, उनकी जीभ खून से सनी। वह शायद ही पत्नी के समान लग रही थीं। शिव हँसने लगे। दुःखी होकर देवी ने तप शुरू कर दिया, नदी में नहाकर वह गौरी बन गयीं, जो कि चमकदार रूप है। उनकी सुनहरी त्वचा, नुकीली आँखें, मोतियों जैसे दाँत और उनकी मुस्कान से शिव उत्तेजित हो गये। उन्होंने उनको अपना लिया और उनके साथ सम्भोग किया।' (शिव पुराण, लिंग पुराण)

दुर्भाग्य की स्वामिनी

ब्रह्मांडीय संन्यासी जो होते हैं वे प्रकृति के काले और चमकीले पहलू को समझते हैं और उनको पार भी कर जाते हैं। इस प्रकार, शिव की सहचरी पार्वती का व्यक्तित्व उभयवृत्ति वाला है; वह माँ भी हैं और हत्यारी भी हैं, गौरी और काली। गौरी की छवि में उनको दिखाया गया है कि वह चमकीले कपड़ों में रहती हैं, फूलों और गहनों से लदी-फदी रहती हैं, और अपने चार हाथों में गन्ना, तोता, कमल और एक शीशा लिये हुए रहती हैं। गन्ना जो है वह प्रेम के गुरु काम का बाण है; तोता उनकी सवारी। कमल प्रतिनिधित्व करता है स्त्री जननांगों का, शीशा सुन्दरता का प्रतीक है। देवी साफ़ तौर पर प्रकृति के जीवन लेने वाली और भय पैदा करने वाले रूप का प्रतिनिधित्व करती हैं। उनकी छवि में उनको नंगी, क्षत-विक्षत अंगों में लिपटी हुई, एक तलवार, इन्सानी सर, खून से भरा कटोरा लिये दिखाया जाता है।

विष्णु की सहचरी लक्ष्मी, दूसरी तरफ़, संसार की केवल सुन्दर चीज़ों का प्रतिनिधित्व करती हैं—सुन्दरता, प्रचुरता, और उपकारिता का प्रतीक हैं। व्यवस्था के रक्षक और सभ्यता को चलाये रखने के लिए उत्तरदायी होने के

कारण विष्णु प्रकृति के अपूर्ण रूप को नहीं अपना सकते हैं। जबकि समाज लक्ष्मी का स्वागत करता है, जो भाग्य की देवी हैं, और अलक्ष्मी यानी दुर्भाग्य की देवी के लिए दरवाज़े बन्द कर लेता है, जो कि कालकूट का साकार रूप है, जो क्षीरसागर से उभर कर आया था। अलक्ष्मी वह सभी कुछ है जो कि लक्ष्मी नहीं है—भयानक, कुरूप, तेज़ दाँतों वाली, गन्दी महकने वाली, जो कि बाँझ है और जिसके वक्ष सूखे हुए हैं। जहाँ कहीं भी गन्दगी है, अँधेरा है और कुरूपता है, वह वहीं रहती है। हर शाम हिन्दू गृहस्थ स्त्रियाँ घर साफ़ करती हैं, दीवारों पर सजावट करती हैं, दीये जलाती हैं, सामने के दरवाज़े को खुला रखती हैं और घर में लक्ष्मी का स्वागत करती हैं। घर का कूड़ा बाहर फेंका जाता है और पिछले दरवाज़े को बन्द रखा जाता है ताकि अलक्ष्मी घर में न आ जाये और घर की खुशियों को न चुरा ले—

'अलक्ष्मी और लक्ष्मी एक व्यापारी के पास गये और उनसे पूछा, ''आपकी दृष्टि में हम में से कौन अधिक सुन्दर है?'' व्यापारी सोच में पड़ गया; वह जानता था कि दोनों में से किसी भी एक देवी को नाराज़ करने की क्या सज़ा हो सकती थी। इसलिए उसने कहा, ''मुझे लगता है कि लक्ष्मी तब सुन्दर लगती हैं जब वह मेरे घर में प्रवेश करती हैं और अलक्ष्मी तब सुन्दर लगती हैं जब वह मेरे घर से चली जाती हैं।'' यह सुनकर लक्ष्मी दौड़ती हुई व्यापारी के घर में चली गयीं और अलक्ष्मी भाग गयीं। जिसका नतीज़ा यह हुआ कि व्यापारी के व्यापार में वृद्धि हुई, मुनाफ़ा बढ़ गया, घर में पैसे आये और उसके साथ ताकत, प्रतिष्ठा और बेहतर स्थिति आयी।' (उड़ीसा राज्य की लोककथा)

हिन्दू पवित्र धर्म-ग्रन्थों में अलक्ष्मी को लक्ष्मी की बड़ी बहन के रूप में दिखाया गया है। उसके दैवी रूप की हमेशा पहचान की गयी है, लेकिन उसकी उपस्थिति की कोई कामना नहीं करता है। वह प्रकृति का वह रूप है जो कोई नहीं चाहता कि उसके घर में रहे। वह खुशहाल घर के बाहर घूमती रहती है और इस अवसर की ताक में रहती है कि कब उसको अन्दर जाने का मौका मिले। जब झगड़े होते हैं, जब निष्क्रियता बढ़ती है, जब गन्दगी और अनुशासनहीनता बढ़ती है तब इसका अवसर आता है।

ऐसे अवसर जो कि दैवी शक्तियों के आह्वान के लिए आयोजित किये

जाते हैं उनमें देवी के दोनों रूपों को स्वीकार किया जाता है। कुछ कर्मकांड उनके परोपकारी रूप के लिए किये जाते हैं। अन्य उनकी बुरी दृष्टि को दूर रखने के लिए किये जाते हैं। हल्दी बाँझपन को दूर करने के लिए होती है, जबकि सिन्दूर उर्वरता को आकर्षित करता है। मिठाइयाँ लक्ष्मी को लुभाती हैं, खट्टा, कड़वा और अपच पैदा करने वाला खाना अलक्ष्मी को सन्तुष्ट करता है और दूर भी रखता है। खाता-बही का हिसाब रखने वाले पश्चिम महाराष्ट्र में खाता बही के पास लक्ष्मी की मूर्ति रखते हैं जिसके सामने वे दीया जलाते हैं और फूल, अगरबत्ती तथा मिठाई चढ़ाते हैं। वे अलक्ष्मी को ध्यान में रखते हुए अपनी दुकान के बाहर नीबू और मिर्ची लगाते हैं। जब दुर्भाग्य की स्वामिनी आती है तो वह जी भर कर अपना पसन्दीदा खाना खाती हैं और अन्दर आने के बजाय वापस मुड़ जाती हैं।

सबसे बड़ी आपदा

मृत्यु सबसे बड़ा दुर्भाग्य है। इसे कोई भी अनुष्ठान नहीं भगा सकता है। हिन्दू के लिए मृत्यु एक देवी है जो उसी स्रोत से आती है जिस स्रोत से जीवन सामने आता है—

‘जब ब्रह्मा ने पृथ्वी पर जीवों का निर्माण किया तो उन जीवों ने स्वयं को कई रूपों में ढाल लिया और पृथ्वी जीवित लोगों से भर गयी। इससे ब्रह्मा नाराज़ हो गये। उन्होंने अपनी त्योरियाँ चढ़ाई और उससे मृत्यु निकल कर आयी, लाल कपड़ों में। जब देवी को यह बताया गया कि उनको क्यों बनाया गया है तो वह रोने लगी। उनके आँसुओं से रोग बन गये। उनको अपना काम पसन्द नहीं आया, लेकिन ब्रह्मा ने उनको समझाया कि उनकी यह जो कार्रवाई है वह जीवन के चक्र को चलाने के लिए ज़रूरी है। ‘‘जब तुम हमला करोगी तो मरने वाले आदमी के दिल में एक इच्छ और एक तरह का गुस्सा रहेगा जिससे कि उसका पुनर्जन्म सुनिश्चित हो पायेगा,’’ ब्रह्मा ने कहा।’ (महाभारत)

हिन्दुओं में एक मृत्यु के देवता भी हैं जिनका नाम है यम—

'सूर्य देव ने सरान्य से विवाह किया जो कि त्वास्त्र की पुत्री थी, जो स्वर्ग के कारीगर हैं। उन्होंने जुड़वाँ बच्चों को जन्म दिया, यम और यमी। अपने पति के तेज को सह पाने में असमर्थ होने के कारण सरान्य भाग खड़ी हुई, अपने पीछे छाया को छोड़कर, ताकि वह उन जुड़वाँ बच्चों की देख-भाल कर सके। सूर्य सरान्य और छाया में अन्तर नहीं कर पाये इसलिए वे अपनी पत्नी के न होने के ऊपर ध्यान नहीं दे पाये। छाया से उनको तीन बच्चे हुए। जिनमें से एक मनु था जो मानव जाति का पिता बना। छाया ने अपने जुड़वाँ सौतेले बच्चों के साथ अच्छा व्यवहार नहीं किया। उसकी क्रूरता को न सह पाने के कारण यम ने उसको लात से मारा। इस कारण उसके पैर में कीड़े पड़ गये और वे अभिशप्त हो गये मृत्यु के देवता बनने के लिए। जब सूर्य को इस बात का पता चला कि छाया और यम के बीच में क्या हुआ था, तब वे इस नतीज़े पर पहुँचे कि छाया उनकी वास्तविक पत्नी नहीं थी। वे सरान्य की तलाश में अपने ससुर के घर गये और उनको उसके दुःख का कारण समझ में आया। त्वास्त्र ने सूर्य के तेज का एक हिस्सा लिया और उनकी रौशनी को सहने के लायक बना दिया। सूर्य अपनी पत्नी की खोज में निकल पड़े। उन्होंने देखा कि वह धरती पर एक घोड़ी के रूप में घास चर रही थी। उन्होंने घोड़े का रूप ले लिया और सरान्य के साथ सम्भोग किया और उसने उनको जुड़वाँ बच्चे दिये, अश्विन कुमार, जो कि शक्ति के देवता हैं।' (ऋग्वेद, महाभारत, मत्स्य पुराण)

सूर्य की दोनों पत्नियों सुमधुर सुरान्य और कटु छाया ने यम को जन्म दिया, जो कि मौत के देवता हैं, और जीवित के देवता मनु को। यह विचार कि जीवन और मृत्यु, भाग्य और दुर्भाग्य, निर्माण और विनाश एक ही भौतिक यथार्थ के दो पहलू हैं, यह विचार हिन्दू धर्म में; निरन्तर रहा है।

मृत्यु के देवी और देवता के व्यक्तित्व काफ़ी भिन्न हैं। यम का मृत्यु के प्रति रुख काफ़ी तार्किक है, मृत्यु का अधिक भावनात्मक है। यम आता है जीवन के अन्त में—मृत्यु कभी भी आ सकती है। यम सभी मनुष्यों के कर्मों का लेखा-जोखा रखता है और सभी जीवों को अपने कर्मों का फल भुगतना पड़ता है। वह किसी जीव के पिछले जन्मों के कर्मों का हिसाब रखकर इस बात को तय करता है कि किन हालात में किसी जीव को जन्म

लेना चाहिये। इस प्रकार वे इस ब्रह्मांड में व्यवस्था को बनाये रखते हैं और इस तरह उनको धर्म का साकार रूप कहा जाता है। यम के लिए कोई मन्दिर नहीं है। अनुष्ठानों से वे न तो खुश होते हैं न ही नाराज़ होते हैं। वे भावना हीन होते हैं। न उनको कुछ बुलाता है न ही बाहर रखता है। जब मारने का समय आता है तो वे मार डालते हैं।

जबकि दूसरी तरफ़ मृत्यु एक दैवी कर्कशा है जो तब किसी को मारती है जब वह गुस्से में होती है। किसी बच्चे को गर्भ से निकलते ही वह उसको मार डाल सकती है। वह किसी दूल्हे को उसकी शादी की रात में मार डाल सकती है। वह भाग्य के फल को बदल सकती है। उनको ज़रूर खुश किया जाना चाहिए और दूर रखा जाना चाहिए। उनका निवास, श्मशान भूमि, गाँव के बाहर होता है और वह अशुभ माना जाता है। जो पुरुष श्मशान भूमि में जाते हैं तो उनको अपने घर में दुबारा घुसने से पहले अपने आपको शुद्ध करने का अनुष्ठान करना पड़ता है। मृत्यु की देवी के लिए भोजन हमेशा गाँव के सीमान्त पर रखा जाता है, नहीं तो वह अपनी भूख को शान्त करने के लिए घर में आ सकती है।

अनियन्त्रित पक्ष को शान्त करते हुए

मनुष्य जीवन में स्थायित्व चाहता है। जब वह नहीं होता है तो वह एक खास किस्म की निश्चितता या सम्भाव्यता चाहता है। वह भौतिक यथार्थ के यादृच्छिक परिवर्तनों में एक तरह के सांचे की तलाश में रहता है। वह समाज बनाता है, नियम बनाता है और व्यवस्था बनाने की कोशिश करता है। लेकिन सभ्यता के चौराहे से बाहर अनियन्त्रित, गिनने में कठिन, अराजक ऊर्जा का अकल्पनीय क्षेत्र है जिसमें इतनी ऊर्जा होती है जो कि जीवन को बना और नष्ट कर सकती है। प्रार्थनाओं और अवतारों के माध्यम से रचनात्मक ऊर्जा को उपयोग में लाया जाता है और जो विनाशक ऊर्जा होती है उसको दूर रखा जाता है। बीच-बीच में, जो काला पक्ष होता है उसकी उपस्थिति अविश्वसनीय तेज़ी से महसूस होती है—

'किसी व्यापारी का जहाज़ एक समुद्र में खो गया और वह एक शानदार

द्वीप पर पहुँच गया जहाँ उन्होंने एक विशाल पेड़ के नीचे एक विशाल देवी को देखा, जिनके चारों तरफ़ बच्चे और स्त्रियाँ, साँप एवं सरीसृप, गाय और शेर थे। उनकी मौजूदगी में, बिल्ली और चूहे खेलते थे, भेड़िया और भेड़ भी आपस में दोस्त जैसे रहते थे, उसी तरह से सिंह और हिरन भी दोस्त बनकर रहते थे। देवी हाथियों के झुण्ड को खा और निगलने का काम कर रही थीं। देवी ने अपना परिचय शीतला के रूप में दिया और व्यापारी से कहा कि वह उसके जहाज़ को बन्दरगाह तक पहुँचा देंगी लेकिन उनको इस बात का वादा करना होगा कि वह अपने यहाँ उसकी पूजा शुरू करवाएगा। व्यापारी मान गया और शहर में पहुँचने के बाद वह तत्काल अपने राजा के पास गया और उनको शीतला के साथ अपनी भेंट की कहानी सुनायी। उस राजा ने व्यापारी की बात के ऊपर यकीन नहीं किया और उसने देवी की पूजा करने से इनकार कर दिया। गुस्से में आकर शीतला ने राजा के नगर को बीमारियों की अपनी सेना के साथ आकर घेर लिया। हर आदमी को कुष्ठ का रोग हो गया, हर स्त्री को हैजा, हर बच्चे को चेचक हो गया। राजा के ऊपर भी असर पड़ गया। उसने देवी की पूजा शुरू की और अचानक बीमारियाँ दूर होने लगीं और उसकी प्रजा स्वस्थ हो गयी।' (शीतला मंगल)

प्रकृति का काला पक्ष भी इन्सान के दिमाग में घूमता रहता है। धर्म उसको रोकता है। लेकिन वह कभी-कभार उभर आता है। भय फैल जाता है। बहुत अधिक गुस्से को केवल हिंसा से कम किया जा सकता है। हत्या, दंगे, बलात्कार और लूटपाट उसके बाद होते हैं। बीच युद्ध में कोरॉवाई हँसती है, इस बात का मज़ाक उड़ाती है कि किस तरह से इन्सान अपने अन्दर के पशु को शान्त करने के लिए इस तरह की हरकत करता है। कोरॉवाई युद्ध के मैदान की देवी है जिसकी दक्षिण भारत में पूजा की जाती है। जब योद्धा चले जाते हैं, तो वह कुत्तों, गिद्धों और कौवे के साथ भोज करते हैं। जो मृत योद्धाओं को दफ़नाना चाहते हैं, तो उनको लाश के ऊपर दावा करने से पहले उसको खुश करना पड़ता है—

'पोताराजू, जो युद्धक्षेत्र की देवी का नौकर था, ने यह शिकायत की क्यों उसके भूतों के बारे में यह सोचा जाता है कि वे मृत शरीरों को देखें।''अगर मैं किसी नगर या गाँव की देखभाल करता हूँ, तो मुझे उसके लिए भोजन मिलता

है।'' देवी ने उसको यह वादा किया कि वहाँ के जो स्थानीय निवासी हैं उन्हें ताड़ के पेड़ जितने ऊँचे भेड़ों और पहाड़ जितने ऊँचे चावल का ढेर खाने के लिए तब तक मिलता रहेगा जब तक कि उनके पास चावल और नमक है। तब वह देवी इतनी ऊँची हो गयीं कि उनका सिर आकाश में पहुँच गया। उन्होंने अपने सिर से 12 भाले निकाल लिये और उसके आगे एक-एक हाथी। हर हाथी के ऊपर उन्होंने 12 लाशों को रखा। हर लाश पर उन्होंने 12 दीये रखे। अपने 12 हथियारों में वह 12 खतरनाक हथियार लेकर चल रही थीं। मृत योद्धाओं की लाश लेने के लिए जो भी आता था उससे वही मिलती थीं। वह बिजली की तरह दहाड़ती थीं, आकाश में आग लगा देती थीं और धरती पर अग्नि के गोले बरसा सकती थीं। हर कोई काँपने लगता था और उनका अभिवादन करता था। वे उन्हें उपहार दिया करते थे, उपहारों से खुश होकर वह गायब हो जाती थीं, यह धमकी देते हुए चली जाती थीं कि अगर पोताराजू को ठीक से खाना नहीं दिया गया और उनका अच्छी तरह से सम्मान नहीं किया गया तो वह फिर से वापस आ जायेंगी।' (आन्ध्र प्रदेश की एक लोककथा)

मृत्यु, रोग और हिंसा का मृत्यु, शीतला और कोर्रावाई में प्रतिबिम्बन होता है जो कि सभ्यता की भव्यता से चकित मनुष्य के अहम् को झुका देती है। यह इस बात को याद दिलाने वाला है कि सभ्यता के चौराहे से दूर मनुष्यों के नियम से अलग, तर्क द्वारा व्याख्या के योग्य नहीं, एक आदिम शक्ति अभी भी है जो कि समाज पर कभी भी छा जा सकती है।

बच्चों को बचाने वाले का कोप

कोई नियम, कोई नैतिकता, कोई आदर्श, कोई बाधा ऐसी नहीं है जो समाज से बीमारी को दूर रख सके। तार्किकता और दमन सब धरा रह जाता है जब कोई छोटा बच्चा चेचक के बुखार से तप रहा होता है। कर्तव्य और उससे विमुखता पीछे रह जाते हैं जब बचने की आदिम इच्छा ऊपर आ जाती है। अपने बच्चे की हृदयविदारक चीख को न सह पाने के कारण हिन्दू माँ जरी-मरी के मन्दिर में जाती है, जो कि बुखार की देवी हैं, वह अपने साथ वधू के पहनावे के सामान

लेकर जाती है—सिन्दूर और हल्दी, चूड़ियाँ, फूल, लाल साड़ी और कुछ मिठाई। उनके गुस्से को शान्त करने के लिए वह गीत गाती है। वह देवी से यह प्रार्थना करती है कि वह शीतला बन जाये, स्वास्थ्य की आरोग्यकारी देवी।

हिन्दू धर्म की लोक-परम्परा में ऐसी असंख्य स्त्री देवियाँ हैं जो कि बच्चों को नुकसान पहुँचाती हैं। यहाँ तक कि विष्णु के अवतार कृष्ण को भी एक बार इसका सामना करना पड़ा था जब वे बच्चे थे—

'जब कंस को इस बात का पता चला कि उसको मारने वाला बच्चा गुप्त रूप से कहीं पल रहा था, तो उसने धाय के रूप में काम करने वाली पूतना से यह कहा कि वह हर नवजात बच्चे को जाकर ज़हर मिला दूध पिला कर आ जाये। पूतना को जो कहा गया था उसने वही किया और जल्दी ही आस-पास के गाँवों की माँएँ अपने मृत बच्चों के ऊपर विलाप करने लगीं। ग्वालों के गाँव में नन्द के घर पूतना आखिर में कृष्ण के पास आयी। वह घर में उस समय घुसी जिस समय घर में कोई नहीं था और दैवी बच्चे को दूध पिलाने का काम शुरू कर दिया। उसके ज़हर मिले दूध का कोई असर कृष्ण के ऊपर नहीं हुआ। बल्कि, दूध के रास्ते उन्होंने उसके प्राण ही हर लिये।' (भागवत पुराण)

बुखार की देवी उस घर में प्रवेश कर जाती है जिस घर में बच्चों के दैवी रक्षक—बंगाल में सस्थि और महाराष्ट्र में सतवै के नाम से—बच्चे के जन्म के छठे दिन पूजा नहीं की जाती है—

'आदि पुरुष मनु का पुत्र प्रियव्रत शादी नहीं करना चाहता था, लेकिन उसके पिता ने उसके ऊपर शादी करने के लिए ज़ोर डाला। उसकी पत्नी मालिनी कई सालों से गर्भवती थी। मातृ-देवी के कई तरह के अनुष्ठान करने के बाद वह गर्भवती हुई। 12 सालों तक लेकिन उसको बच्चा नहीं हुआ। मातृ-देवी की कई तरह की पूजा के बाद बच्चा पैदा तो हुआ लेकिन मृत था। प्रियव्रत ने एक बार और मातृ-देवी का आह्वान किया। वह सस्थि के रूप में प्रकट हुई। उन्होंने बच्चे में जान तो डाल दी लेकिन प्रियव्रत को देने से तब तक इनकार कर दिया जब तक कि उसने बच्चे के जन्म के छठे दिन उनकी पूजा शुरू करने का वादा नहीं किया।'

छठे दिन सस्थि घर में आती हैं और बच्चे के माथे पर अदृश्य स्याही से उसका भाग्य लिख देती हैं। जिस तरह से बिल्ली अपने असहाय बच्चे को दाँतों में फँसा कर रखती है और उसे जंगली जानवरों के कोप से बचाकर रखती है, उसी तरह से जब सस्थि का आह्वान किया जाता है तो वह बच्चे को पूरी मज़बूती से बुखार से बचाकर रखती हैं। इसलिए सस्थि को बिल्ली से बड़े करीब से जोड़कर देखा जाता है—

'एक व्यापारी की पत्नी ने देवी सस्थि के लिए कई तरह के पकवान इस उम्मीद में बनाये कि उसकी बहू से कई स्वस्थ पोते-पोतियाँ हों। अपनी बहू को भोजन की रखवाली में छोड़कर वह पूजा करने से पहले नदी में स्नान करने गयी। जब वह बाहर गयी हुई थी तो उसकी बहू उन पकवानों को खाने से खुद को रोक नहीं पायी। जब व्यापारी की पत्नी आयी तो उसने देखा कि सभी प्लेटें खाली पड़ी हुई थीं। ''भोजन कहाँ गया ?'' ''बिल्ली खा गयी,'' दोषी बहू ने कहा। इस झूठे आरोप से सस्थि को बड़ा गुस्सा आया क्योंकि उन्हें बिल्लियाँ पसन्द थीं। उन्होंने यह फैसला किया कि वह इस झूठी को सबक सिखायेंगी। जब भी बहू को बच्चा होता सस्थि अपनी बिल्ली को भेजतीं जो नवजात बच्चे को खा जाती थी। जब इस तरह से सात बच्चे मर गये तब व्यापारी की पत्नी को सन्देह हुआ कि कहीं किसी ने ज़रूर सस्थि को नाराज़ कर दिया है। इसलिए उन्होंने उपवास किया और देवी का आह्वान किया जिन्होंने हर बात का खुलासा कर दिया। अपनी बहू की तरफ़ से माफ़ी माँगते हुए व्यापारी की पत्नी ने इस बात का वादा किया कि वह सभी बिल्लियों को खाना खिलायेंगी और गाँव की सभी बिल्लियों का ध्यान रखेंगी। इस बात से सस्थि खुश हो गयीं और उन्होंने सातों बच्चों को जीवन दे दिया।' (पश्चिम बंगाल की लोककथा)

दैवी बच्चे मारने वाले को दैवी बच्चे बचाने वाले का अत्याचारी और आदिम रूप माना जाता है—

'मगध के राजा बृहद्रथ की दो रानियाँ थीं लेकिन कोई बेटा नहीं था, उनको संयोग से एक ऐसा जादुई आम मिला जिसको खाने से किसी स्त्री को गर्भ ठहर सकता था। राजा यह नहीं चाहता था कि किसी रानी के साथ पक्षपात करे इसलिए उन्होंने एक-एक हिस्सा दोनों रानियों को दे दिया। जैसी कि

उम्मीद थी, वे गर्भवती हो गयीं, लेकिन नौ महीने के बाद दोनों ने आधे-आधे बच्चे को जन्म दिया। माँस के उन लोथड़ों को महल के दरवाज़े के बाहर रख दिया गया जहाँ मांस खाने वाली एक राक्षसी जारा को वह मिल गये। जब उसने दोनों हिस्सों को एक में जोड़ा तो चमत्कारिक ढंग से वह बच्चे में बदल गया और रोने लगा। इस तरह से उस जन्मे बच्चे को दैत्य जारा के नाम पर जरासंध नाम दिया गया। राजा बृहद्रथ ने इस बात की घोषणा की कि जारा से उनके राज्य में बच्चे मारने वाली के रूप में कोई नहीं डरेगा बल्कि उनके राज्य में उसका सम्मान बच्चे को बचाने वाली के रूप में किया जायेगा। जो उसका सम्मान नहीं करेगा उसको कोप का सामना करना पड़ेगा।' (महाभारत, महाराष्ट्र राज्य की लोककथा)

वैसे तो जारा बच्चों को बचाने वाली के रूप में बदल चुकी थी, लेकिन जब उसकी पूजा नहीं की जाती थी तब वह अपने मारक रूप में आ जाती थी। जरी-मरी के रूप में उसके आगमन को शत्रुता से नहीं देखा जाता है। बल्कि, उनका स्वागत किया जाता है और उनसे माफ़ी माँगी जाती है। दरवाज़े पर नीम के पत्ते लगाये जाते हैं जिससे कि पड़ोसियों को इस बात का पता चल सके कि देवी घर में आ गयी हैं। नीम एक चिकित्सीय पौधा है जिसमें रोगनिरोधी पहलू होते हैं और उसको शरीर पर खुजली रोकने के लिए तथा दूसरी तरह की छुआछूत को रोकने के लिए मला जाता है। जब पत्ते लगाये जाते हैं तो आस-पड़ोस की औरतें जरी-मरी के मन्दिर में उपहार लेकर जाती हैं कि कहीं वह गुस्सैल देवी उनके घर में घुसकर उनके छोटे-छोटे बच्चों को नुकसान न पहुँचाएँ।

भारत के कई हिस्सों में जरी-मरी का कोई स्थायी मन्दिर नहीं है। वह छह आँखों वाले, छह हाथ वाले ज्वर के साथ, बुखार की पोटली लिये, गधे पर गाँव-गाँव घूमती है। कई बार जरी का छोटा-सा मन्दिर गाँव-गाँव नगाड़ा बजाती स्त्री ले जाती है और उसका पति चाबुक के साथ अपनी पिटाई करता है। जिन माँओं के बच्चे बीमार होते हैं वे उस आदमी को पुरस्कार देती हैं कि वह हो सकता है उनकी गलतियों के लिए खुद को सज़ा दे दे और इस तरह से नाराज़ देवी खुश हो जायें। अगर बच्चा बच जाता है तो यह माना जाता है कि उसको देवी का आशीर्वाद मिल गया और देवी इतनी कृपालु हैं कि

बच्चे को उनकी स्मृति में ताबीज़ पहनने पर ही माफ़ कर देती हैं। जरी-मरी-शीतला-सस्थि का एक सम्मिलित मन्दिर आम तौर पर एक पत्थर भर होता है जिसको लाल और पीले रंग से रंग दिया जाता है और जो गाँव की सीमा के बाहर एक पीपल के पेड़ के नीचे अवस्थित होता है। आम तौर पर इस मन्दिर की देखभाल के लिए कोई पुजारी नहीं होता है और अक्सर तब तक इसकी उपेक्षा की जाती है जब तक कि किसी तरह की महामारी नहीं आ जाती है।

माँएँ जो गर्भपात का कारण होती हैं

मातृका माँओं का मन्दिर भी निर्जन में अवस्थित होता है, आम तौर पर नदी के किनारे किसी झील के पास, और इसमें छह से सात पत्थर होते हैं जिनके ऊपर सिन्दूर लगा हुआ होता है। मातृका प्रतिनिधित्व करती है जलपरी के अँधेरे पहलू का। जबकि अप्सराएँ साधुओं को लुभाती हैं और उनसे बच्चों को जन्म देती हैं। मातृका बच्चों को गर्भ में या नवजात बच्चों को मार देती हैं जब तक कि उनको विवाहित स्त्री से जुड़े उपहार नहीं दिये जाते हैं। बच्चों को प्रभावित करने वाली देवियों के पीछे यह मान्यता है कि जिन स्त्रियों को शारीरिक सुख और मातृत्व की खुशी नहीं मिल पाती है, वे अपनी निराशा को बच्चों को नुकसान पहुँचाकर और माँओं को दुःख पहुँचाकर प्रकट करती हैं—

'शिव का बीज इतना शक्तिशाली है कि उससे जन्मा हुआ बच्चा जन्म के सातवें दिन ही असुर तारका को मार सकता है। देवताओं ने शिव से इस बात के लिए प्रार्थना की कि वे उनको अपना बीज दे दें, लेकिन उसका तेज इतना अधिक था कि अग्नि देव भी उसे अधिक देर तक रख नहीं पाये। इसलिए उन्होंने उसे गंगा के बर्फ़ीले पानी में डाल दिया। हुआ यह कि सात ब्रह्मांडीय सन्तों की सात पत्नियाँ उस पानी में स्नान कर रही थीं। नदी का वह जल शिव के बीज से ताकतवर बना हुआ था, उसने छह स्त्रियों को गर्भवती बना दिया। सातवीं स्त्री अरुंधति अपने पति वशिष्ठ के प्रति इतनी निष्ठावान थी कि उनके सतीत्व की ताकत की बदौलत वह पानी की शक्ति के वश में आने से बच गयी। जब उनके गर्भवती होने के बारे में पता चला तो उन सात

   भारत में देवी

ब्रह्मांडीय सन्तों ने छह स्त्रियों के ऊपर बदचलनी का आरोप लगाया और उनको भगा दिया। निराशा में, स्त्रियों ने अपने गर्भ से उस अनचाहे बच्चे को निकाल लिया। छह भ्रूण दलदल में गिर गये और उनकी वजह से वहाँ खर-पतवारों में आग लग गयी। आग की गर्मी से छह भ्रूण एक तेजस्वी बालक में बदल गये जिसके छह सिर थे और बारह हाथ। जब उन स्त्रियों ने बच्चे के रोने की आवाज़ सुनी तो उन्होंने उसे मार देने का फैसला किया। हालाँकि, जब उन्होंने बच्चे को देखा तो उनके स्तनों से दूध निकल आया और वे मातृत्व से भावविभोर हो गयीं। उन्होंने उस बच्चे को पाला। अपने छह सिरों में से हरेक से वह बच्चा छह माताओं के स्तन से दूध पीता था। चूँकि उन स्त्रियों को कृतिका के नाम से जाना जाता था इसलिए बच्चे का नाम कार्तिकेय रखा गया। कार्तिकेय ने आगे चलकर तारकासुर को मार गिराया। जब कृतिकाएँ इस बात का विलाप कर रही थीं कि उनका विवाहिता का दर्जा चला गया और उन्होंने इस बात की इच्छा प्रकट की कि वे अपनी गर्भावस्था को बाधित करके बच्चे को मारना चाहती थीं क्योंकि उनका गर्भवती होना ही उनके दुर्भाग्य का कारण बना, तब कार्तिकेय ने कहा, ''आप सभी मेरी प्यारी माँएँ हैं, मातृकाएँ। आप उनके बच्चों को नुकसान पहुँचाने के लिए स्वतन्त्र हैं जो कि आपका सुहागिन के रूप में सम्मान नहीं करते''।' (महाभारत, स्कन्द पुराण)

हिन्दू धर्म में स्त्री के जो गुण माने जाते हैं सुहागिन उनका साकार रूप है। घरेलू माहौल में वह प्रकृति का सबसे अच्छा प्रतिनिधित्व करती है। एक सती, उर्वर और प्यार करने वाली माँ के रूप में जिसका पति ज़िन्दा हो, जिसके बच्चे स्वस्थ हों, जिसके घर में समृद्धि हो, ऐसी स्त्री सौभाग्यवती मानी जाती है, जो कि आदर और सम्मान के काबिल होती है। अरुंधति जो कि अकेली सन्त-स्त्री थी जो उपरोक्त कहानी में गर्भवती नहीं हुई, स्वर्ग की सुहागिन है। एक बार अरुंधति कृतिकाओं के साथ आकाशीय क्षेत्र में अपने पतियों, सप्तर्षि की बगल में बैठी हुई थी। जब उनको अस्वीकारा गया तो उन्होंने अपना अलग तारा मंडल (Pleidas constellation) बनाया। सबसे चमकता सितारा, अलकोर, अरुंधति का ही था। हिन्दुओं में अरुंधति का तारा आदर्श पत्नी का प्रतिनिधित्व करता है। इसकी हल्की सी रौशनी भी वधू की सुप्त इच्छाओं को जगा देती है। विवाह की रात में, नव-विवाहितों में करीबी को बढ़ाने के लिए वर को यह सलाह दी जाती

है कि वह अपनी पत्नी के साथ अरुंधति तारे को ढूँढने का खेल खेले। ''उस तारे को देखो,'' वह एक चमकीले तारे को दिखाते हुए कहता है, जो अरुंधति से अधिक दूर नहीं होता है। जब उसकी पत्नी उसे देखने के लिए मुड़ती है तो वह उसकी बाँह, कन्धे और गर्दन को सहलाता है, फिर वह कहता है कि ''नहीं, वह अरुंधति नहीं है।'' वह फिर एक और तारे की तरफ़ इशारा करता है और फिर एक और तारे की ओर, फिर एक और, एक और, और हर बार अरुंधति के पास जाते हुए वह उसके वक्ष, कमर, नाभि को सहलाते हुए हर बार उसके गुप्तांग के पास जाता है।

तारे की तरफ़ बढ़ने का यह खेल आगे चलता रहता है, जब तारा मिल जाता है तब तक वर को विवाह के रहस्यों के बारे में पता चल जाता है।

कृतिकाएँ या मातृकाएँ अरुंधति के इस बड़े दर्जे से चिढ़ती हैं। हालाँकि वे माँएँ हैं, पत्नियाँ नहीं, लेकिन उनको सामाजिक दर्जा नहीं मिला हुआ है। अपने पति से बदचलनी के आरोप में ठुकराये जाने के कारण समाज में उनका कोई स्थान नहीं है। इस वजह से वे शाश्वत रूप से पत्नियों और माँओं से चिढ़ी रहती हैं। वे जंगली और भयानक जीवों में बदल जाती हैं और इस बात के इन्तज़ार में रहती हैं कि उनको घर के क्षेत्र में घुसने का मौका मिल जाये। कथाओं में यह आता है कि मातृकाएँ ऐसी मातृजीव होती हैं जिनके नाखून बड़े-बड़े होते हैं, दाँत बड़े-बड़े, फैली छाती और उनके होंठ बाहर की तरफ़ निकले होते हैं जो इन्सानी आबादी के बाहर, चौराहों पर गुफ़ाओं में, पहाड़ों पर, जलते हुए मैदानों में, नदी के किनारे, झरनों के पास, जंगल में मंडराती रहती हैं। भयानक बुखार उनके गुस्से और बदले की भावना का रूप होते हैं। उनकी हताशा तब जाकर शान्त होती है जब उनको विवाहिताओं को दिये जाने वाले उपहार दिये जाते हैं और उनके साथ सुहागिन जैसा व्यवहार किया जाता है।

असन्तुष्ट वधू

यह विचार कि हर स्त्री का सबसे बड़ा लक्ष्य होता है सुहागिन बनना और जिनको यह नहीं दिया जाता है, वे गुस्सैल देवी में बदल जाती हैं, जिनके बारे

में लोककथाओं में देवी, माताओं, अम्मा की कहानियाँ फैली हुई हैं, जो कि देश के गाँवों में सुनायी जाती हैं।

दक्षिण भारत में कन्नगी का मन्दिर दिखायी देता है, जो कि सती स्त्री है, और माँ बनने से पहले ही विधवा हो गयी थी। उसके इस भाग्य के लिए जो ज़िम्मेदार थे उनको इसकी भयानक कीमत चुकानी पड़ी—

'कन्नगी चुपचाप इस दुःख को सहती रही जब उसका पति कोवलन एक गणिका के साथ समय बिताता रहा। जब उसके सारे पैसे खत्म हो गये, तब गणिका ने कोवलन को घर से बाहर फेंक दिया। धनहीन कोवलन मदद के लिए अपने परिवार और मित्रों की शरण में गया। सभी ने उस ऐयाश को ठुकरा दिया। केवल कन्नगी उसके साथ खड़ी रही। वे दोनों मदुरै शहर में नये सिरे से जीवन की शुरुआत करने के लिए चले गये। नये सिरे से व्यवसाय की शुरुआत करने के लिए कन्नगी ने कोवलन को अपनी पाजेब दी। जब कोवलन उस पाजेब को बेचने के लिए बाज़ार में गया तो सुनार ने उसके ऊपर यह आरोप लगाया कि उसने रानी की पाजेब चुरा ली थी। वे उसको लेकर राजा के पास गये जिसने उसको तत्काल फाँसी पर चढ़ा दिये जाने का हुक्म सुनाया। जब कन्नगी को इस बात का पता चला कि उसके पति को किस तरह से मौत के हवाले कर दिया गया है तो वह दौड़ती हुई राजमहल में गयी और उसने अपनी दूसरी पाजेब दिखाते हुए अपने पति की निर्दोषता को साबित कर दिया और न्याय की माँग की। ''मुझे मेरे पति को वापस किया जाये,'' उसने चिल्लाते हुए कहा। जब कोई जवाब नहीं मिला तो उसने अपना एक स्तन निकाल कर शहर के चौराहे पर उसको फेंक दिया। तत्काल सारा मदुरै शहर जल उठा। उसके सारे निवासी जो उस समय चुपचाप खड़े थे जब कन्नगी के निर्दोष पति को फाँसी पर लटकाया जा रहा था, उस आग में जल गये। कन्नगी ने किस तरह से मदुरै शहर का नाश कर दिया इसकी कहानियाँ गाँवों में फैल गयीं। आस-पास के गाँवों के वासियों ने कन्नगी का मन्दिर बनाया और देवी के रूप में उसकी पूजा शुरू कर दी।' (शिलप्पदिकारम)

कन्नगी में पूरे शहर को तबाह करने की ऊर्जा उसकी जमा ऊर्जा से आयी। अपने पति के साथ उसने इस ऊर्जा का उपयोग किया होता तो उसके

बच्चे हुए होते और घर बसा होता। उसके बिना उसकी कटुता भरी रचनात्मक ऊर्जा विनाशकारी ऊर्जा में बदल गयी। इस तरह, माँ हत्यारी बन जाती है। एक और स्त्री को जब उसके पति ने ठुकरा दिया तो वह देवी काली बन गयी—

'ऋषि जरत्कारू ने मानसी से विवाह किया, जो कि नागराज वासुकी की बहन थी। उसने उनकी अच्छी तरह सेवा की। एक दिन वे उसकी गोद में सिर रखकर सोये हुए थे। कई घंटे गुज़र गये, उनके जागने का कोई संकेत नहीं मिल रहा था और मानसी वहीं बैठी रही, वह इसलिए नहीं हिल-डुल रही थी कि उनकी नींद न खुल जाये। जब शाम ढलने वाली थी तो मानसी को इस बात का ध्यान आया कि उसके पति के लिए शाम की पूजा करने का वक्त हो गया है। अगर उन्होंने समय पर पूजा नहीं की तो इस बात का खतरा था कि रात के देवता उनसे रुष्ट हो जाते। इसलिए बड़ी हिचकिचाहट के साथ उन्होंने अपने पति को उनकी गहरी नींद से जगा दिया। जरत्कारू गुस्से में आ गये। ''तुम ने मुझे कैसे जगाया? मैं अपने आप उठ जाता और पूजा-पाठ कर लेता।'' चूँकि मानसी ने पूरी तरह से विश्वासी होने के संकल्प को तोड़ दिया था इसलिए जरत्कारू ने उसको छोड़ दिया।' (महाभारत)

परित्यक्ता स्त्रियाँ, जो विधवा नहीं होती थीं, सुहागिन नहीं कहलाती थीं। हालाँकि वह बच्चे पैदा करती हैं, मानसी का अपने पति द्वारा तिरस्कार होने के कारण उसको मातृ-शक्ति के रूप में उच्च दर्जा नहीं मिला। अपने सम्मान की खोज में मानसी ने यह माँग की कि उसकी पूजा ऐसे साँप भेजकर की जाये जो कि ऐसे लोगों को मार दें जो उसके होने का सम्मान नहीं करते हैं। साँप काटने की देवी की कहानी बंगाल राज्य में प्रचलित है—

'मनसा देवी एक व्यापारी के सामने प्रकट हुईं और उन्होंने माँग की कि वह उनकी पूजा करे। वह व्यापारी केवल शिव भगवान की पूजा करता था इसलिए उसने मनसा की माँग की अनदेखी कर दी। गुस्से में आकर, देवी ने उसके जहाज़ों को नष्ट कर दिया और उसे गरीबी की हालत में पहुँचा दिया। फिर एक सुन्दरी के रूप में प्रकट होकर उन्होंने उसका दिल जीत लिया। लेकिन उन्होंने उसके साथ तब तक सम्भोग करने से इनकार कर दिया जब तक कि वह मनसा देवी की पूजा न कर ले। उस व्यापारी ने मनसा देवी की पूजा

करने के बजाय साँपों की रानी के साथ सम्बन्ध विच्छेद करना अच्छा समझा। आखिरकार, मनसा ने साँपों को भेज दिया जिन्होंने उस व्यापारी के इकलौते बेटे को उस रात काट लिया जिस रात उसका विवाह हुआ था। उन्होंने कहा कि वह उसकी जान तभी वापस करेंगी जब व्यापारी उनके मन्दिर में जाकर फूल चढ़ाएगा। व्यापारी ने हार मान ली। देवी खुश हो गयीं और व्यापारी का बेटा वापस ज़िन्दा हो गया।' (बंगाल राज्य की लोककथा)

एक लोक देवी हैं जो तभी खुशियाँ देती हैं जब उनको विवाहिताओं वाले उपहार दिये जाते हैं क्योंकि उनको दुल्हन बनने का मौका नहीं मिल पाया था—

'एक राजा ने एक बार खेत में एक सुन्दर स्त्री को देखा। उसकी इच्छ भड़क उठी, इसलिए उसने उससे कहा कि वह रात में तैयार होकर उसके शाही बाग में आ जाये। अपने सम्मान को बचाने के लिए उसके जुड़वाँ भाई उसके बताये स्थान पर स्त्री के वेश में गये। बहन ने देखा कि राजा उसके भाई के साथ सम्भोग कर रहा था। यह कृत्य बिलकुल भी असम्मानजनक नहीं लग रहा था। उसने राजा की आँखों में कामना देखी और भाई की आँखों में खुशी देखी। खुद को वंचित और ठुकराई हुई समझते हुए वह एक गुस्सैल देवी में बदल गयी और उसने तलवार उठायी और राजा तथा अपने भाई को मार दिया और जंगल में शरण लेने चली गयी।' (राजस्थान की लोककथा)

समलैंगिक पुरुषों की पत्नियाँ

भारत के पूर्व में, गुजरात में एक मन्दिर बहुचेरा माता का है जो कि हिजड़ों, समलैंगिकों की संरक्षक देवी हैं। उनका वर्णन इस रूप में किया गया है कि वह चमकदार रंग के भारतीय मुर्गे के ऊपर सवारी करती हैं। उनसे जुड़ी कई कहानियाँ प्रचलित हैं। सभी में, 'बहुचेरा जब मेले जाने के रास्ते में थीं कि उनके ऊपर बपिया नाम के एक चोर ने हमला कर दिया। अपहरण और बलात्कार से खुद को बचाने के लिए उन्होंने अपने स्तन काट लिये थे। जब खून बहने से वह मरने के करीब थीं तो उन्होंने अपने ऊपर हमला करने वाले से कहा कि ''तुम नपुंसक हो जाओ।'' जब बपिया ने रहम की भीख माँगी तब उसने

कहा, ''तुमको मुक्ति तभी मिलेगी जब तुम मेरे सम्मान में एक मन्दिर का निर्माण करोगे और उसमें स्त्री की तरह रहोगे।'' उस दिन से नपुंसक, हिजड़े, समलैंगिक बहुचेरा देवी की पूजा करते हैं।' (गुजरात की लोककथा)

एक और कहानी में देवी अपने भाग्य के ऊपर उस वक्त रोने लगती हैं कि उनका पति उनके साथ सम्भोग करने में असमर्थ है—

'एक बार एक राजकुमार शादी नहीं करना चाहता था। लेकिन उसके अभिभावकों ने उसे शादी करने के लिए मजबूर कर दिया। हर रात वह राजकुमारी अपने बिस्तर पर अपने पति का इन्तज़ार करती थी, लेकिन वह उसके बिस्तर पर आता नहीं था। जबकि वह घोड़े पर बैठकर जंगल में चला जाता था। राजकुमारी ने यह तय किया कि वह इस बारे में पता करेगी और उसने राजकुमार का पीछा किया। चूँकि उसके पास घोड़ा नहीं था इसलिए वह मुर्गे के ऊपर सवार हो गयी, जंगल में जाने के बाद उसे यह पता चला कि उसका पति किसी और पुरुष के साथ सम्भोग कर रहा था। ''तुमने मुझसे विवाह करके मेरी ज़िन्दगी क्यों खराब की जबकि तुमको किसी स्त्री की कोई ज़रूरत थी ही नहीं?'' उसने गुस्से में पूछा। उसने उसके बाद अपने गुप्तांग को काट दिया और देवी बहुचेरा बन गयी। राजकुमार ने स्त्रियों के कपड़े पहन लिये और उसने उसकी पूजा की, मुक्ति के लिए प्रार्थना की।' (गुजरात राज्य की लोककथा)

काम-क्रीड़ा न हो पाने के कारण देवी जल रही थीं। वह अक्सर पुरुषों के सपने में आती थीं, आमतौर पर समलैंगिकों के सपने में, और उनसे वह यह माँग करती थीं कि वे अपने जननांग काट लें, औरत की तरह कपड़ों में उनके मन्दिर में आकर सेवा करें। इस तरह, देवी स्त्रियों को इस तरह के सम्बन्धों में पड़ने से बचाती हैं।

समलैंगिकता से प्रकृति के एक और अकल्पनीय रहस्य का उद्घाटन हुआ जो समाज को बनाता है। यह नियमित रूप से इस सभ्यता में घटित हो रहा है। स्त्री समलैंगिकता समाज के आधार को बाधित नहीं करती है क्योंकि संयोग के लिए स्त्री के उत्तेजित होने के ऊपर खास ध्यान नहीं दिया जाता है और स्त्री समलैंगिकता को छिपाया जा सकता है या बुरी तरह से दबाया जा सकता है। लेकिन पुरुष समलैंगिकता से समस्या है। हालाँकि, यह अस्तित्व

के चक्र का हिस्सा है उसकी जैविक आवश्यकता से जीवन का चक्र नहीं चल पाता है। वह अपनी सामाजिक ज़िम्मेदारियों को पूरा कर पाने में तो समर्थ होता है मगर अपनी जैविक ज़िम्मेदारियों को पूरा कर पाने में नहीं। एक मोहक स्त्री कम से कम किसी विपरीतलिंगी कामी साधू को सम्मोहित कर सकती है। लेकिन वह किसी समलैंगिक गृहस्थ के सामने असफल साबित होती है। इस तरह के पुरुष के पास दो तरह के विकल्प होते हैं।

वह या तो समाज के अन्दर ही रह सकता है या वह घर छोड़कर, खुद को बधिया करके स्त्रियों जैसे कपड़े पहनकर अपने कर्मों का फल भुगतता है और इस उम्मीद में देवी की पूजा में लगा रहता है कि हो सकता है अगले जन्म में वह विपरीतलिंगकामी के रूप में पैदा हो। भारतीय शब्दावली में समलैंगिक शब्द नहीं है। क्लीव या नपुंसक जैसे शब्द जिसका मतलब होता है 'जो पुरुष नहीं है,' का उपयोग निन्दा के अर्थ में ऐसे पुरुष के लिए किया जाता है जो किसी शारीरिक या मानसिक कमी के कारण अपनी जैविक ज़िम्मेदारियों को पूरा कर पाने में असमर्थ रहता है। जिन सामाजिकी के लोगों ने धर्मशास्त्र की रचना की उनके लिए समाज का मतलब विपरीतलिंगकामी लोगों का ही समाज होता था और उसके अन्तर्गत समलैंगिकता के लिए कोई स्थान नहीं था और उसका वे उपहास उड़ाते थे। उनको धार्मिक समारोहों में जाने या सम्पत्ति के उत्तराधिकार का अधिकार नहीं था।

देश भर में स्त्रैण स्त्रियों के अलग-अलग समुदाय हैं जिनको हिजड़ा कहा जाता है। समलैंगिकों, उभयलिंगियों, हिजड़ों और स्त्रियों के कपड़े पहनने वाले समलैंगिकों का मिश्रित रूप हैं। उनको भय, निराशा और सहानुभूति के साथ देखा जाता है। समाज उनके होने को सभ्यता का सीमान्त मानता है जहाँ प्रकृति और समाज आपस में मिल जाते हैं। कुछ वेश्यालयों में, कुछ स्त्रियों के घरों में रसोइये, साफ़-सफ़ाई करने वाले के रूप में काम करते हैं। अन्य मन्दिरों में संयम का जीवन बिताते हैं। वे देवियों की पुजारिनें बन जाती हैं, अपनी हताशा को साझा करती हैं क्योंकि वे घर की खुशियों को साझा कर पाने में असमर्थ होती हैं। उनको घर से बुरी शक्तियों को नाच-गाकर भगाने के लिए बुलाया जाता है। उनको विवाह समारोहों में बुलाया जाता है और बाँझ स्त्रियों के घर में

इसलिए नाचने-गाने के लिए बुलाया जाता है ताकि वे देवियों का आह्वान कर सकें और घर में उर्वरता को जगह दे सकें। वे घर में बच्चे के जन्म के तुरन्त बाद आती हैं और उनके जननांग को देखती हैं। अगर सभी कुछ सामान्य रहता है तो वे पिता को मुबारकबाद देती हैं और उनसे तोहफ़े की माँग करती हैं जो कि उनकी जीविका का आधार होता है। अगर जननांगों में कुछ गड़बड़ी होती है तो वे बच्चे को ले जाते हैं और उसको हिजड़े की तरह पालते हैं। इस तरह से वह बच्चा कलंकित होने और निश्चित मृत्यु से बच जाता है।

हालाँकि पवित्र हिन्दू कथाओं में ऐसी कहानियाँ कम ही हैं जिनमें समलैंगिकता विषय हो लेकिन अपने दुश्मनों को छकाने के लिए नायकों द्वारा लड़कियों के कपड़े पहनने की कथाएँ आम हैं—

'पाँच पांडव भाइयों की पत्नी द्रौपदी का दुर्योधन द्वारा सार्वजनिक रूप से अपमान किया गया था, इसलिए उन्होंने यह प्रण लिया था कि वह तब तक अपने बाल नहीं बाँधेंगी जब तक कि दुर्योधन के जंघा की हड्डी से बनी कंघी उनको लाकर न दी जाये। उनको यह बताया गया कि दुर्योधन को तभी हराया जा सकता है अगर उसके पति जाकर गुरुलिंगम नामक युद्ध देवता के यहाँ से पवित्र चाबुक, तलवार, नगाड़ा, डिबिया और दीया जाकर ले आयें। इन पवित्र वस्तुओं को लाने के लिए द्रौपदी के सबसे प्रिय पति अर्जुन जाकर गुरुलिंगम के पुत्र पोरामन्नन से एक लड़की विजयमपाल के भेष में जाकर मिला और उसे वह अपनी सुन्दरता से लुभाने लगा। पोरामन्नन इसके लिए तैयार हो गया कि वह अपने पिता गुरुलिंगम को मार कर विजयमपाल को पूजा करे तो वह पवित्र चीज़ें दे देगा। बशर्ते कि वह उसकी पत्नी बन जाये। लेकिन जब यह काम हो गया और उपहार दे दिये गये तब पोरामन्नन को इस बात से गहरा आघात लगा कि उसकी प्रेमिका विजयमपाल एक पुरुष था! बिना प्रभावित हुए उसने पांडवों से यह माँग की, पांडवों को उसे एक पत्नी देनी चाहिए क्योंकि अर्जुन ने उसकी भूख को भड़का दिया है लेकिन उसने उसे असन्तुष्ट छोड़ दिया। उन्होंने उसे अपनी छोटी बहन कंकावती का हाथ दे दिया। पोरामन्नन अपनी भाभी द्रौपदी का अभिभावक बन गया और उसने दुर्योधन को हराने में अपनी शक्तियों के साथ उनकी मदद की।' (तमिलनाडु की लोककथा)

मांगलिक वेश्याएँ

मांगलिक वेश्याएँ अपनी तरफ़ से पूरी कोशिश करती हैं कि काम सम्बन्धी इच्छा को दबायें और उसे संयमित रूप से बच्चे पैदा करने की प्रक्रिया की तरफ़ ले जाया जाये। तो भी, कभी-कभी काम की प्रबल इच्छा महसूस होती है। किसी सुहागिन के लिए दुराचार से समाज में उन सभी बातों का खतरा रहता है जिनको समाज अपना मानता है। दुराचार में ठुकरायी गयीं स्त्रियाँ वेश्याओं की दैवी संरक्षिकाएँ बन जाती हैं जो कि पुरुष की उद्दाम काम-इच्छा को अपने में समाहित कर लेती हैं जो कि वैसे सामाजिक व्यवस्था को बाधित कर सकती हैं—

'अपने पिता के आदेश पर परशुराम ने अपनी माँ रेणुका का सिर काट दिया जिन्होंने एक गन्धर्व की तरफ़ देखकर दुराचार किया था। इस अकाट निष्ठा के प्रदर्शन के कारण खुश होकर ऋषि जमदग्नि ने परशुराम को एक वरदान माँगने के लिए कहा। उन्होंने वरदान माँगा कि उनकी माँ को फिर से जीवित कर दिया जाये। ''मुझे उनका सिर लाकर दो मैं उनका शरीर फिर से जोड़ दूँगा'', जमदग्नि ने कहा। हालाँकि, परशुराम उनके सिर को खोज नहीं पाये। ''ऐसे में मुझे किसी ऐसी स्त्री का सिर लाकर दे दो जो इसे आराम से दे दे'', जमदग्नि ने कहा। परशुराम दुनिया भर में घूम रहे थे और उनको येलम्मा मिली, जो कि नीची जाति की एक महिला थी। वे इसलिए अपनी गर्दन कटाने के लिए तैयार हो गयी ताकि रेणुका रह पाये। येलम्मा के इस बलिदान से विष्णु के अवतार परशुराम ने यह घोषणा की कि उनकी पूजा देवी के रूप में की जायेगी।' (आन्ध्र प्रदेश, कर्नाटक और महाराष्ट्र की लोककथाएँ)

कहानी के एक और प्रारूप में सिर के बदल जाने की कहानी है—

'जब परशुराम ने रेणुका को मारने के लिए अपना फरसा उठाया तो वह नीची जाति की एक स्त्री येलम्मा के घर में जाकर छिप गयीं। येलम्मा ने परशुराम को रोकने की कोशिश की कि वह रेणुका को न मारें और वह माँ-बेटे के बीच में आ गयी। परशुराम ने अपना फरसा घुमाया और दोनों ही स्त्रियों का सिर धड़ से अलग कर दिया। बाद में, ऋषि जमदग्नि ने परशुराम को एक घड़ा दिया जिसमें जादुई पानी था जो कि दोनों ही स्त्रियों को फिर से जीवित कर सकता था।

अपनी माँ की ज़िन्दगी को वापस लाने की जल्दी में उन्होंने येलम्मा के शरीर में रेणुका का सिर जोड़ दिया और येलम्मा का सिर रेणुका के धड़ से जोड़ दिया। जब इस बात का पता चला तो जमदग्नि ने उस स्त्री को अपनी पत्नी के रूप में स्वीकार कर लिया जिनका सिर पवित्र था, शरीर उच्च जाति की स्त्री का था। जिसका सिर अपवित्र था और शरीर निचली जाति का था वह देवी बन गयी।' (आन्ध्र प्रदेश, कर्नाटक और महाराष्ट्र की लोक कथा)

रेणुका का मतलब होता है खाली मिट्टी। येलम्मा का मतलब होता है सभी की माँ। वह कृपालु धरती माँ हैं जो मातृत्व के दायरे से बाहर हैं, जो बिना किसी भेदभाव के सभी तरह के बीजों को स्वीकार करती हैं। जिन स्त्रियों को देवदासी के रूप में जाना जाता है, वे अपने सिर का एक धातु प्रतिरूप लेकर चलती हैं जो कि एक घड़े के आधार से जुड़ा होता है। देवियों का लघु संस्करण होने के कारण इन स्त्रियों के पति नहीं होते हैं; जो भी रति-क्रिया के लिए उनकी माँग करता है वे उसके लिए उपलब्ध रहती हैं। इससे समाज को यह उम्मीद रहती है कि सम्भावित बलात्कारी की भूख शान्त हो जाये और वे समाज के आधार को सुरक्षित रखने का काम करती हैं, जिसका आधार स्त्रियों की शुचिता होती है।

देवदासी दान-दक्षिणा पर जीती हैं। उनके बच्चों के पिता नहीं होते हैं और उनकी किसी तरह की वंश परम्परा नहीं होती। लड़कियों को भी माँ की तरह देवताओं को सौंप दिया जाता है। लड़के भी देवदासी बन जाते हैं, उनको लड़कियों की तरह कपड़े पहनाये जाते हैं और उनको लौंडों की तरह से काम करना पड़ता है। जैसे देवियाँ अपने पतियों द्वारा ठुकराई गयी होती हैं उसी तरह वे समाज से बहिष्कृत होती हैं। बचपन से ही उनको यह बात समझाई जाती है कि विवाह और परिवार का जीवन उनके लिए नहीं होता है और यह भी कि सभ्यता के अन्तर्गत वेश्या की भूमिका बहुत बड़ी होती है। देवदासियाँ ज्यादातर समाज के निचले तबके से आती हैं और उनका उत्पीड़न आज बहुत बड़ा सामाजिक-आर्थिक मुद्दा बना हुआ है।

गणिकाएँ हमेशा से हिन्दू सभ्यता का हिस्सा रहीं हैं। हज़ारों औरतों ने कभी पवित्र दासियों के रूप में दक्षिण भारत के विशाल मन्दिरों में पवित्र समझी

जाने वाली वेश्याओं के रूप में सेवा की है। वे वहाँ के देवता को विवाह में दे दी जाती हैं और वे मन्दिर के गर्भगृह में मूर्ति के सामने नृत्य करके उनका मनोरंजन करती हैं। चूँकि वे कभी विधवा नहीं होतीं, इसलिए सदा सुहागिन के रूप में उनकी पूजा की जाती है।

प्राचीन भारत में जो नगरवधुएँ होती हैं, वे बहुत सभ्य और सुसंस्कृत होती थीं। उनको चौंसठ काम-कलाओं में प्रशिक्षित किया जाता था, इन देवियों को स्वर्ग की अप्सराओं का पार्थिव रूप माना जाता था। अमीर और शक्तिशाली लोग उनके साथ गुप्त सम्बन्ध बनाते थे। वे धीरे-धीरे शक्ति और भाग्य का प्रतीक बन गयी हैं। चूँकि सुन्दरता, सम्पत्ति और आराम हमेशा उनको घेरे रहते हैं इसलिए यह माना जाता है कि उनको भाग्य की देवी लक्ष्मी का आशीर्वाद प्राप्त रहता है। वेश्यालय की मिट्टी को नये घर की नींव में डाला जाता है क्योंकि यह माना जाता है कि उससे बरकत होती है। मिट्टी से धरती माँ की मूर्ति भी बनायी जाती है। इन स्त्रियों को सौभाग्यशाली माना जाता है क्योंकि वे कभी विधवा नहीं होतीं इसलिए उनको अखंड सौभाग्यवती माना जाता है। व्यापारी अपना कारवां शुरू करने से पहले उनके चेहरे की तरफ़ देखना चाहते थे। शादी-ब्याह में पत्नी के गले में उनके हाथों से मंगलसूत्र बँधवाया जाता है ताकि खुशी आये क्योंकि उन्होंने कभी विधवा का भाग्य नहीं देखा होता है।

बाल खुले छोड़ना

भारत में विधवा होना बड़ा दुर्भाग्य माना जाता है। जब पति मर जाता है, तो एक स्त्री दुर्भाग्यशाली विधवा हो जाती है। उसके माथे का सिन्दूर पोंछ डाला जाता है। उसकी चूड़ियाँ फोड़ दी जाती हैं। उसके चमकीले कपड़े उतार दिये जाते हैं। फूलों और गहनों से उसको दूर कर दिया जाता है और उनको एकान्त में रहने को मजबूर किया जाता है, ताकि वे पुरुष की आँखों से दूर रहें। पारम्परिक रूप से, यहाँ तक कि उसके बाल भी मूंड दिये जाते हैं।

अनेक लोगों का यह मानना है कि विधवाओं को अनाकर्षक उनके अपने हित के लिए बनाया जाता है ताकि उनको बलात्कारियों की नज़रों से बचाया जा

सके। उनके पति की मृत्यु के बाद उनके सम्मान को बचाने वाला कोई नहीं रह जाता है। लेकिन पति हमेशा ही अपनी पत्नी की रक्षा में समर्थ नहीं होते हैं—

'पाँचों पांडवों में सबसे बड़े युधिष्ठिर अपना राज जुए में हार गये, खुद को हार गये और आखिर में पांडवों की साझी पत्नी द्रौपदी को भी अपने सबसे बड़े दुश्मन कौरवों को हार गये। कौरव द्रौपदी को बालों से पकड़ कर खींचकर जहाँ जुआ खेला जा रहा था वहाँ ले आये और इस बात का फैसला किया कि घमंडी पांडवों का मान उतारने के लिए सार्वजनिक रूप से द्रौपदी के वस्त्र खोले जायें। उस समय द्रौपदी का मासिक धर्म चल रहा था। खेल के नियम और सभ्यता के नियमों में बँधे होने के कारण कौरवों की राजसभा में बैठा कोई भी कुलीन पुरुष आगे बढ़कर द्रौपदी की मदद के लिए नहीं आया। वह वहाँ खड़ी थी और उसका रक्तस्राव हो रहा था, नग्न और उसके बाल खुले हुए थे, और वह गुस्से में जल रही थी। उसने आँसुओं भरी लाल आँखों से उन पाँचों पांडवों की तरफ़ देखा जिनके सिर शर्म से झुके हुए थे। धर्म के नियम द्रौपदी को बचाने में असफल साबित हुए। पुरुष ने उसका घोर अपमान किया था और उनको इसकी भयानक कीमत देनी होगी। अपने गुस्से में द्रौपदी ने यह शपथ ली कि वह तब तक अपने बालों को नहीं बाँधेगी जब तक कि वह उसे कौरवों के खून से नहीं धो लेती।' (महाभारत)

पारम्परिक रूप से 'महाभारत' की जो कथा सुनायी जाती है उसमें द्रौपदी का चीर-हरण नहीं होता है। जब दुःशासन द्रौपदी की साड़ी को खींचता है और वह सैकड़ों गज खींच लेता है लेकिन साड़ी नहीं खुलती है। यह चमत्कार कृष्ण का माना जाता है जो विष्णु के अवतार हैं और धर्म के रक्षक भी। जब दुर्योधन ने द्रौपदी को यह आदेश दिया कि वह उसकी बायीं जंघा पर बैठ जाये—जो कि पत्नियों और उप-पत्नियों के लिए सुरक्षित स्थान माना जाता है—तब भीम को गुस्सा आ गया और उसने कसम ली कि वह दुर्योधन की जंघा को तोड़ डालेगा। यह सब द्रौपदी को यह सौगन्ध लेने से नहीं रोक पाया कि वह अपने सिर के बाल खून से धोयेगी। 'महाभारत' के एक तमिल संस्करण में द्रौपदी की सौगन्ध अधिक कटु और अधिक भयानक है। ''मैं अपने बाल दुःशासन के खून से धोऊँगी और दुर्योधन के बाल से कंघी करूँगी। कौरवों

की अन्तड़ियों से मैं इन्हें बाँधूँगी और उनके दिलों से इन्हें सजाऊँगी।'' जब यह सौगन्ध फैली, द्रौपदी के खुले बाल राजपरिवार की महिला की तरह नहीं लग रहे थे, जो कि इन्द्रप्रस्थ की महारानी थी, पाँच पांडवों की पत्नी और उनके पाँच बेटों की माँ। वह किसी हत्यारी देवी की तरह अधिक लगती हैं। कौरव राक्षस में बदल गये, पांडव देवता में और कृष्ण उनके लिए वही कर रहे थे जो कि विष्णु देवताओं के लिए करते हैं।

द्रौपदी यहाँ कोई साधारण स्त्री नहीं है। उनका किसी इन्सान की तरह से जन्म नहीं हुआ है—

'राजा द्रुपद ने ऋषि उपयज को यज्ञ करने और ऐसे जल को तैयार करने के लिए बुलाया जो कि इतना समर्थ हो कि उससे कोई शक्तिशाली बच्चा पैदा हो। जब उस तरह का जल तैयार हुआ तो द्रुपद की पत्नी उसमें नहाने के लिए गयी लेकिन वह उसे लेने के लिए तैयार नहीं हुआ। अधीर उपयज ने पानी को अग्नि-कुंड के हवाले कर दिया। उससे एक सुन्दर कन्या द्रौपदी निकली।' (महाभारत)

महाकाव्य में, कृष्ण एक सौदा करते हैं और कौरव इसके लिए तैयार हो जाते हैं कि वे पांडवों का राज्य उनको वापस कर देंगे अगर वे किसी जंगल में 13 साल बिताकर आयें। जब वे निर्वासन बिताकर आये तो कौरव अपने कहे से मुकर गये। इसके कारण कुरुक्षेत्र का भयानक युद्ध हुआ। जिसमें स्वर्ग तक इस देव-दानव संग्राम की गूँज सुनायी दी। भीम ने एक-एक कर के सभी कौरवों को मार गिराया। और खून से द्रौपदी के बाल धोने में उनकी मदद की। यहाँ तक कि वह खून भी पीता है और वह भैरव की भूमिका में आ गया, जो आदिम देव का नौकर है।

शास्त्रीय कथा-संस्करण में, तेरह साल के अज्ञातवास के दौरान द्रौपदी के खुले बाल उसके पतियों को लगातार इस बात की याद दिलाते रहे कि वे पति के रूप में किस प्रकार असफल साबित हुए। इससे पांडवों को इस बात का संकेत मिलने लगा कि वे अपनी सामान्य पत्नी के ऊपर अपने वैवाहिक अधिकार को खो चुके थे। आम तौर पर बाल को स्त्रैणता के प्रतीक के रूप में देखा जाता रहा है खास तौर पर उर्वरता के भी। बिना फूलों के काढ़े हुए बाल कुमारी स्त्री की सुप्त उर्वरता का प्रतीक होते हैं। फूलों के साथ काढ़े

हुए बाल इस बात का प्रतीक होते हैं कि किसी अविवाहित स्त्री की जागी हुई उर्वरता है। जब कोई स्त्री बाल काढ़कर उसमें कुमकुम लगाती है तो यह माना जाता है कि उस स्त्री ने उर्वरता पा ली है और उसका विवाह हो चुका है। किसी स्त्री के सिर के बाल मुंडे हुए हों तो यह माना जाता है कि उसकी उर्वरता को दबाकर रखा गया है। खुले बाल यह संकेत करते हैं कि उस स्त्री की उर्वरता उन्मुक्त है और उसके ऊपर किसी पुरुष की तरफ़ से रोक नहीं लगाई गयी है। यह कुमारी, दैवी युद्ध-कुमारी के बाल होते हैं।

अपनी पसन्द से विधवा

बावजूद इसके कि हिन्दू समाज में विधवाओं का दर्जा नीचा माना जाता है, एक स्त्री अपने पति को मारकर देवी बन जाती है—

'एक सफ़ाई करने वाला दयामावा के प्यार में पड़ गया, जो कि एक पुजारी की बेटी थी। एक पुजारी के रूप में व्यवहार करके उसने उससे विवाह कर लिया और उसे अपने घर लेकर आया। इस बात से अनजान होने के कारण कि वह आदमी एक सफ़ाई करने वाला है उच्च जाति की दयामावा ने पूरी लगन से उसकी सेवा की और उससे उसको कई बच्चे हुए। एक दिन, रात के खाने के दौरान, उसकी सास ने यह टिप्पणी की कि भोजन का स्वाद गाय की जीभ जैसा लग रहा है। दयामावा घबरा गयी क्योंकि केवल सफ़ाई करने वाले गाय की लाश को खाते थे। पुजारियों से यह अपेक्षा रखी जाती थी कि वे शाकाहारी हों। तब उसे यह बात समझ में आयी कि उसे उसके पति ने धोखा दे दिया, दयामावा ने हंसिया उठायी और उससे अपनी सास और अपने बच्चों को मार दिया और घर में आग लगा दी। डर के मारे, उसका पति पुरुष भैंस की शक्ल में बाहर भाग गया। दयामावा ने उसका पीछा किया, उसका सींग पकड़ लिया, अपने पैरों के नीचे उसको दबाकर उसका गला काट दिया।' (कर्नाटक राज्य की लोककथा)

दयामावा गाँवों की एक देवी हैं जिनको दक्षिण भारत में कई नामों से जाना जाता है। वार्षिक उत्सवों में, उनके भैंस पति को नीम के पत्तों, हल्दी और सिन्दूर से सजाया जाता है—उसके बाद उनके मन्दिर के बाहर उसकी

बलि चढ़ाई जाती है और उनके विधवा होने के अनुष्ठान को फिर से किया जाता है। उनके माथे की लाल बिन्दी पोंछ दी जाती है, उनकी चूड़ियाँ तोड़ दी जाती हैं और उनका मंगलसूत्र उतार लिया जाता है। हालाँकि उनके बाल नहीं उतारे जाते हैं। उनको बस खोल दिया जाता है और वह युद्ध की देवी में बदल जाती हैं। सबसे लोकप्रिय युद्ध-देवी दुर्गा हैं—

'महिषासुर को केवल स्त्री द्वारा ही मारा जा सकता था। जब युद्ध में उसे हरा पाने में देवता असमर्थ हुए तो इन्द्र और बाकी देवता गण विष्णु के नेतृत्व में सृष्टि रचयिता ब्रह्मा के पास गये, और उनसे यह विनती की कि वे एक ऐसी स्त्री का निर्माण कर दें जो कि महिषासुर को मार दे। ब्रह्मा सभी देवताओं को लेकर शिव के पास कैलाश पर्वत पर गये। भैंस द्वारा मचाये गये कोलाहल से शिव का ध्यान टूट गया और वे गुस्से से भर गये। उनका गुस्सा उनके मुँह से आग की तरह से निकलने लगा। उनके आस-पास जो दूसरे देवता खड़े थे, उन्होंने भी अपने-अपने मुँह खोल लिये और अपनी अबाधित ऊर्जा को अग्नि के रूप में निकल जाने दिया। अग्नि साथ-साथ आगे बढ़े, उस सम्मिलित अग्नि के गोले से एक ऐसी देवी उभरकर आयीं जिनके कई हाथ थे, जो देवी दुर्गा थीं। हाथ में देवताओं के दिये हुए हथियार लेकर वह देवी युद्ध में सिंह पर सवार होकर आयीं और महिषासुर को उन्होंने लड़ने के लिए चुनौती दी। जब असुर युद्ध के मैदान में आया तो उनकी सुन्दरता से प्रभावित होकर उसने शादी के लिए प्रस्ताव रखा। देवी ने हँसते हुए उसे विवाह करने का वादा किया, बशर्ते कि वह उनको मल्ल युद्ध में हरा दे। उसके बाद जो युद्ध हुआ उसमें महिषासुर ने दुर्गा के ऊपर एक हाथी के रूप में हमला किया, उसके बाद सिंह के रूप में और फिर एक भैंस के रूप में। हर रूप में उसको हराने के बाद आखिर में देवी ने भैंस-राक्षस के सींग को थाम लिया, उसको अपने कोमल पैरों से नीचे झुकाया, अपने त्रिशूल को उसे चुभाया और अपनी कृपाण से उसका सिर काट डाला।' (देवी भागवत)

दयामावा और दुर्गा की कहानी काफ़ी हद तक एक जैसी है। दोनों में स्त्री एक-एक भैंस को मार डालती है। दयामावा की कहानी में जहाँ नायिका एक आम स्त्री है और भैंस उसका पति, जबकि दुर्गा की कहानी में जो नायिका

हैं वह देवी हैं और भैंस एक असुर जो देवताओं को परेशान करता है। दोनों कहानियों में, स्त्रियाँ पात्र पुरुष के नियन्त्रण से मुक्त होने के बाद गुस्से में आ जाती हैं और खतरनाक हो जाती हैं। दयामावा अपने पति के वैवाहिक अधिकार को परे करती है जो कि उसने चालाकी से हासिल किया था। दुर्गा का अस्तित्व तब बना जब देवताओं ने अपनी उन शक्तियों को मुक्त किया जो कि वैसे उनकी शारीरिक सीमाओं में रहती आयी हैं।

दयामावा अपनी इच्छा से उस बात का फैसला करती है कि उसके पति को मर जाना चाहिए। जबकि दूसरी तरफ़ दुर्गा को देवताओं ने बनाया और उनको यह निर्देश दिया कि वह उस भैंस-दानव को मार दें जो कि उनको परेशान किये हुए था।

दोनों ही कहानियों में, प्रेम को हिंसक तरीके से दबा दिया गया। दयामावा अपने पति को यह जानने के बाद मार डालती है क्योंकि उसे यह पता चल जाता है कि उसने एक झूठ से उसे अपनी तरफ़ आकर्षित किया था। दुर्गा ने महिषासुर को इसलिए मारा क्योंकि वह उसके द्वारा शादी का प्रस्ताव दिये जाने से नाराज़ हो गयी थीं।

अनेक विद्वानों का यह मानना है कि दुर्गा जो हैं वह आदिम मातृ देवी का परिसंस्करित और पौरुष प्रधान रूप हैं। उत्तर भारत के एक राज्य हिमाचल प्रदेश में एक भैंस-देवता हैं जिनको महासू के नाम से जाना जाता है जिनकी गाँववाले पूजा करते हैं और जो शिव का रूप होता है। पश्चिम के राज्य महाराष्ट्र में भी म्हासोबा एक भैंस-पिता हैं जो कि एक लोक देवता हैं जिनकी पहचान शिव से की जाती है।

कुछ शास्त्री हिन्दू धर्म ग्रन्थों में इस बात के संकेत मिलते हैं कि भैंस-दानव का किसी-न-किसी रूप में शिव से सम्बन्ध होता है—

'जब दुर्गा ने महिषासुर की गर्दन काटी तो उनको वहाँ एक लिंग मिला। अपने पिछले जीवन में महिषासुर शिव का एक भक्त था लेकिन एक शाप के कारण वह भैंस बन गया। घास चरते समय गलती से वह एक लिंग को चर गया जो उसकी गर्दन में अटक गया।' (स्कन्द पुराण)

एक और शास्त्रीय हिन्दू पाठ में महिषा के अदैवी उत्पन्न होने के ऊपर ज़ोर दिया गया है—

'असुर रम्भा ने स्त्री भैंस महिषी के साथ सम्भोग किया और उसे अपनी पत्नी के रूप में पाताल लोक में ले गया। असुर दानव और जानवर के उस मेल से दु:खी हुए और उन्होंने दोनों को भगा दिया। आखिरकार महिषी ने एक भैंस असुर महिषा को जन्म दिया।

उसके बाद, महिषी के ऊपर पुरुष-भैंस की नज़र पड़ी जिन्होंने सींग से रम्भा को मार दिया था। दु:खी होकर, महिषी ने खुद को अपने पति की चिता पर रखकर जला लिया। अनाथ होकर महिषा तपस्या करने लगा और उसने ब्रह्मा का आह्वान किया जिन्होंने उसे वरदान दिया कि वह सिर्फ़ एक स्त्री के हाथों ही मरेगा। इस बात में यकीन करते हुए कि स्त्रियाँ लड़ने के लिहाज़ से कमज़ोर होती हैं महिषा ने यह मान लिया कि उसको कोई नहीं मार सकता है। उसने असुरों की एक सेना बनायी और देवताओं को अमरावती से निकाल बाहर किया।' (वामन पुराण)

वय: संधि के पूर्व की दिव्यता

यह माना जाता है कि शिव दुर्गा के सहचर हैं। लेकिन दुर्गा को उनकी बगल में पत्नी की तरह से बैठे हुए नहीं दिखाया जाता है। उनके नाम दुर्गा का मतलब होता है जिसको जीता न जा सके—जो कि उसकी स्वायत्तता का स्वीकार है। उनको अक्सर कुमारी भी कहा जाता है। लेकिन पार्वती का रूप होने के कारण, शिव के साथ जिनके संयोग से यह विश्व चलता है, दुर्गा को शायद ही कुमारी माना जा सकता है। शायद कुमारी का मतलब है कि ऐसी स्त्री जो कि किसी पुरुष से जुड़ी हुई न हो। एक सहचरी के रूप में देवी माँ के समान अधिक होती है। जब वह स्वायत्त हो जाती है तो वह हत्यारी बन जाती है। अक्सर जो युद्ध की देवी होती है वह महज़ कुमारी नहीं होती है। वह कन्या भी होती है, यानी वय:संधि के पूर्व की अवस्था की लड़की। नेपाल देश की जो संरक्षक देवी हैं उनका नाम तलेजू है जो कि कुमारी और कन्या हैं—

'नेपाल के राजा ने देवी तलेजू, जो उसके राज्य की अभिभाविका थीं, को जुआ खेलने के लिए बुलाया। जब वे खेल रहे थे तो राजा ने उनकी तरफ़ चाहत भरी नज़रों दे देखा। गुस्से में आकर देवी नेपाल की सीमा से बाहर चली गयीं और राज्य आक्रमणकारियों के लिए खुल गया। राजा ने उससे रहम की भीख माँगी। अन्त में, देवी ने यह वादा किया कि वह नेपाल को तब तक बचाये रखेंगी जब तक राजा उनकी पूजा एक कुमारी के रूप में करेगा जिसमें काम-सम्बन्धी किसी तरह की इच्छा नहीं होती है।' (नेपाल की लोककथा)

हर कुछ साल में, नेपाल के हिन्दू राजा के आदेश पर सुनार के परिवार की कुमारी लड़की को भैंसों की बलि दिखायी जाती है। जो लड़की उसे बिना किसी भय के देख लेती है उसको देवी का रूप मान लिया जाता है। उनमें से किसी को मन्दिर में बिठा दिया जाता है और जिसकी पूजा राजा खुद करता है। उस बालिका का मासिक धर्म जैसे ही शुरू होता है उसका देवीपन खत्म हो जाता है।

देवी को कभी मासिक धर्म नहीं होता है। मासिक धर्म के रक्त में उनकी शक्ति होती है। जब वह किसी पुरुष देवता के बगल में बैठती हैं तो उनकी शक्ति वश में आ जाती है। शिव के बगल में बैठकर पार्वती संकोची और मातृ-रूप हैं। बिना देवता के, हालाँकि, वह शक्ति विनाशकारी हो जाती है, देवता जिसे अपने दुश्मनों की तरफ़ मोड़ देते हैं—

'देवताओं के शरीर से उनकी शक्ति स्त्री रूप में निकलती है। विष्णु से वैष्णवी निकली, हाथ में चारा लिये, एक गरुड़ पर सवार। शिवानी शिव से निकली, हाथ में त्रिशूल लिये, साँड पर सवार। ब्राह्मणी ब्रह्मा से निकली, हाथ में माला थामे, हंस पर सवार। कुमारी कुमार से निकली, बरछी थामे, मयूर पर सवार। इन्द्राणी इन्द्र से निकली, धनुष थामे, हाथी पर सवार होकर। सिंह-स्त्री नरसिम्ही सिंह-पुरुष नरसिम्हा से निकली। जंगली मादा सूअर वाराही जंगली सूअर वराह से निकली। इन सात युद्ध-देवियों ने दानवों की सेना को बर्बाद कर दिया था। सभी असुरों को मारकर उनका खून पी गयी थीं।' (वामन पुराण, देवी भागवत)

देवताओं की शक्ति उनके पुरुष रूप में समाई रहती है। जब वे बाहर निकलती हैं तो वे गुस्सैल देवियों के झुण्ड में बदल जाती हैं। इन युद्ध-देवियों

को स्वायत्त रूप में दिखाया जाता है जो कि महान देवियों के इर्द-गिर्द रहती हैं और उनकी सेवा करती हैं।

जब दानवों के खिलाफ़ युद्ध में देवताओं को मदद की दरकार रहती है तो वे उसे विवाह करने से रोकते हैं इस डर से कि कहीं उनकी शक्ति को कम न कर दे और योद्धा के रूप में उनको बेकार न कर दे—

'पुन्याक्षी शिव से विवाह करना चाहती थी लेकिन देवताओं ने इसकी अनुमति नहीं दी, क्योंकि केवल पुन्याक्षी जैसी कुमारी में ही वह शक्ति थी कि वह दानवों को मार सके। विवाह की उसकी योजना को विफल करने के लिए उन्होंने यह घोषणा की कि जो आदमी पुन्याक्षी के पिता को पान का एक ऐसा पत्ता देगा जिसमें रेशे न हों और ऐसा गन्ना जिसमें छल्ले न हों और नारियल जिसमें आँखें न हों वही उसे पत्नी के रूप में पा सकता था। पुन्याक्षी की प्रार्थना का जवाब देते हुए शिव ने उनको ये सारे उपहार दे दिये और वह वर बन गये।

पुन्याक्षी के पिता ने शादी की तैयारियाँ शुरू कर दीं और ज्योतिषियों को बुला भेजा कि वह विवाह के शुभ-मुहूर्त का फैसला करें। ''वह या तो आज की रात ही शादी कर सकती है या समय के अन्त में,'' ज्योतिषी ने कहा जो कि असल में भेष बदलकर इन्द्र ही थे। शिव तत्काल अपने घर से निकल पड़े। पुन्याक्षी का गाँव महादेश के दक्षिणी हिस्से में था। यात्रा बहुत लम्बी थी इसलिए देवताओं को इस बात का यकीन था कि शिव पहुँच नहीं पायेंगे। लेकिन शिव ने अपनी शक्तियों का इस्तेमाल किया और तेज़ी से उस दूरी को पार कर लिया। जब इन्द्र को इस बात का डर लगा कि शिव पहुँच न जायें तो इन्द्र ने मुर्गे का रूप ले लिया और आधी रात में ही बाँग देने लगे। शिव इसे सुनकर इस चाल में आ गये और उनको लगा कि दिन हो गया और विवाह का शुभ-मुहूर्त निकल गया और शिव लौट पड़े। सुबह होने को हो आयी और दूल्हे के आने का कोई संकेत नहीं दिखायी दिया तो विवाह में आये मेहमान जाने लगे। हताशा में, पुन्याक्षी ने भोज के लिए बनाये गये भोजन को लात से मार कर गिरा दिया। वे बालू के कण में बदल गये। उसने अपना चेहरा समुद्र में धोया और पानी का रंग बदल गया। दानवों ने उसके भाग्य का मज़ाक उड़ाया और उससे विवाह का प्रस्ताव

रखा। अपने गुस्से में, पुन्याक्षी ने अपनी हंसिया उठायी और सब को मार गिराया। पुन्याक्षी फिर दक्षिण सिरे पर खड़ी हो गयी और उसने यह फैसला किया कि वह समय के अन्त तक शिव का इन्तज़ार करेगी। वह कन्याकुमारी के रूप में प्रसिद्ध हो गयी।' (कन्याकुमारी स्थल पुराण)

एक और देवी ने अपनी कुमारी शक्तियों का उपयोग करते हुए उस आदमी का कत्ल कर दिया जिसने उसके साथ बलात्कार करने की कोशिश की थी—

'त्रिकुटा राम से विवाह करना चाहती थी, जो अयोध्या के राजा थे। लेकिन राम का विवाह सीता से हो गया और उन्होंने दूसरा विवाह करने से मना कर दिया। इसलिए त्रिकुटा साध्वी हो गयी और संन्यासी जीवन बिताने लगी। एक दिन तांत्रिक भैरों उसके घर आये और उससे उन्होंने भोजन की माँग की। आतिथ्य के कायदों का ध्यान रखते हुए उसने उनके लिए भोजन परोस दिया। उन्होंने भोजन और शराब की माँग की। जब त्रिकुटा ने मना कर दिया तो भैरों ने उसके साथ छेड़छाड़ करने की कोशिश की। त्रिकुटा आश्रम से बाहर आ गयी। भैरों ने उसका पीछा किया। त्रिकुटा का संगी एक बन्दर था जिसने उसको रोकने की कोशिश की लेकिन वह असफल हो गया। अन्त में भागते-भागते थककर उन्होंने अपनी तलवार निकाली और उसका सिर धड़ से अलग कर दिया। सिर कट जाने के बाद भैरों ने रहम की माँग की और उसको आदिम माँ के रूप में स्वीकार कर लिया। त्रिकुटा ने उसे अपने बच्चे के रूप में स्वीकार कर लिया।'

उत्तर भारत के जम्मू क्षेत्र में त्रिकुटा की वैष्णवी के रूप में पूजा की जाती है। अन्य युद्ध देवियों के विपरीत जिनको कि शिव की सहचरी का रूप कहा जाता है, वैष्णवी को विष्णु से जोड़ कर देखा जाता है, इसलिए वह शाकाहारी हैं। यह उनको अधिकतर युद्ध देवियों से बहुत अलग और खास बनाता है जिनकी बलि में पुरुष जानवरों का खून चढ़ाया जाता है।

कुमारी माता

कुमारी-माता तलेजू, पुन्याक्षी, दुर्गा, दयामावा सभी को पार्वती का रूप कहा जाता है और उनको कुमारी माता कहा जाता है। लेकिन पार्वती न तो कुमारी

हैं न ही माता हैं। शिव के साथ उनके सम्भोग करने से यह ब्रह्मांड टिका हुआ है। देवता यह चाहते थे वह विवाह कर लें ताकि शिव पिता बन सकें। लेकिन, दिलचस्प यह है कि उन्होंने पार्वती को गर्भ में बीज लेने से मना किया—

'देवता यह चाहते थे कि शिव एक ऐसे बच्चे के पिता बनें जो दानवों को हराने में उनकी मदद करे। देवी पार्वती शिव को पति के रूप में पाने में सफल रहीं। जब वे सम्भोगरत थे तो देवताओं को इस बात का पता था कि पार्वती के कारण शिव का वीर्य निकलेगा लेकिन वे यह नहीं चाहते थे कि वह गर्भवती हो जायें। ''शिव के बीज से निकले और पार्वती की कोख में पलने के बाद बच्चा इन्द्र से भी अधिक शक्तिशाली हो जायेगा,'' देवताओं ने कहा। इसलिए उन्होंने अग्नि देवता को भेज दिया कि वह जाकर उन दोनों दैवी युगल के प्रेमालाप में बाधा पहुँचायें। अग्नि देव ने चिड़िया का रूप लिया और गुफ़ा में आये। इस तरह से अचानक आ जाने के कारण देवी शर्मा गयीं और शिव से दूसरी तरफ़ मुड़ गयीं और शिव ने बीज अग्नि के मुँह में डाल दिया। उस बीज से कार्तिकेय का जन्म हुआ, जो स्वर्ग का सेनापति है।'
(कलिका पुराण, ब्रह्मानन्द पुराण, वामन पुराण)

देवताओं को इस बात का डर था कि शिव का जो बच्चा पार्वती से होगा वह उनसे भी अधिक शक्तिशाली हो जायेगा। इसलिए उन्होंने शिव के वीर्य को किसी और गर्भ में डाल दिया, लेकिन उसका तेज बहुत था इसलिए किसी के लिए उसे रख पाना आसान नहीं था। न तो अग्नि, न ही नदी-देवी गंगा ही उसे बहुत देर तक सँभाल कर रख सकती थीं। इसलिए उसको छह भागों में बाँट दिया और उसे छह कृतिका कुमारियों के गर्भ में पाला गया और बाद में वे छह सिरवाले दैवी योद्धा कार्तिकेय के रूप में सामने आये, यह नाम कृतिकाओं के नाम पर था।

देवता यह क्यों नहीं चाहते हैं कि पार्वती बच्चा पालें इसका शायद एक और कारण यह था कि माँ बनने से उनकी शक्ति का क्षय हो जायेगा और इसकी वजह से वह युद्ध देवी बनने से रुक जायेंगी। जब पार्वती अपनी मातृत्व क्षमता को साकार करने में असफल साबित होती हैं तब वह देवताओं को श्राप देने लगती हैं—

'देवी ने शिव के साथ इस उम्मीद में सम्भोग किया कि इससे उनको बच्चा होगा। लेकिन उनका प्रेमालाप बाधित किया गया और देवता गण शिव के बीज को लेकर चले गये। गुस्से में, पार्वती ने देवताओं को कोसना शुरू कर दिया कि उनको कभी बच्चा नहीं होगा।' (ब्रह्मवैवर्त पुराण)

पार्वती माँ बनना चाहती हैं लेकिन शिव उनको यह कहते हैं, ''मैं एक संन्यासी हूँ और मैं बच्चे और परिवार का बोझ नहीं चाहता। मैं अमर हूँ, मेरा कोई पूर्वज नहीं है और मुझे बेटा नहीं चाहिये जो मृत पूर्वजों का तर्पण करे या जो मेरी वंश परम्पराओं को आगे बढ़ाये।'' तब भी देवी बच्चा चाहती हैं तो वह एक बच्चा बिना पति के ही गर्भ में ले लेती हैं। जो बच्चा पैदा हुआ उसका नाम विनायक है, लेकिन वह किसी पुरुष के संसर्ग के बिना गर्भ में आये—

'शिव ने पार्वती को बच्चा देने से मना कर दिया इसलिए उन्होंने अपने लिए एक बच्चा खुद बना लिया। उन्होंने अपने शरीर में तेल और हल्दी लगायी और फिर उसे पोछ लिया जिससे विनायक का जन्म हुआ। उन्होंने उसे आदेश दिया कि वह गुफ़ा के बाहर खड़ा होकर रखवाली करे और किसी को भी अन्दर न आने दे। अब चूँकि विनायक ने अपनी माँ के सहचर को कभी नहीं देखा था इसलिए उसने शिव को पार्वती के घर में जाने से रोक दिया। गुस्से में आकर शिव ने अपना त्रिशूल निकाला और अपने बेटे का सिर धड़ से अलग कर दिया। जब पार्वती ने अपने बेटे का बिना सिर का शरीर देखा, तो वह इतने गुस्से में आ गयीं कि एक निर्दयी योगिनी में बदल गयीं और पूरे ब्रह्मांड को मिटाने की धमकी देने लगीं। अपनी संगिनी को खुश करने के लिए शिव ने विनायक को ज़िन्दा कर दिया और उसके कटे हुए सिर के स्थान पर हाथी का सिर जोड़ दिया। उन्होंने उस बालक की पहचान अपने पहले अनुयायी के रूप में की, गणपति।' (शिव पुराण, वामन पुराण)

स्वतन्त्र स्त्रियों के बारे में ऐसी कहानियाँ भी आदिवासी लोककथाओं में हैं, जिनमें वे बिना किसी पुरुष की मदद के बच्चे पैदा करती हैं—

'एक आदमी की पाँच बेटियाँ थीं। उनमें से चार चाहती थीं कि उनका पति हो और बच्चे हों, जो सबसे छोटी बेटी थी वह केवल बच्चे चाहती थी, पति नहीं। चार बड़ी लड़कियाँ आम, इमली, अंजीर और रसभरी के पेड़ बन

गयीं, जो सबसे छोटी थी, कदली, वह एक केले के पेड़ में बदल गयीं—एक ऐसा पेड़ जिसके बारे में यह कहा जाता है कि उसमें फल बिना किसी बाहरी ताकत के यानी बिना मधुमक्खी या चिड़ियों के शामिल हुए आते हैं।' (मध्य भारत की आदिवासी लोककथा)

केला एक पवित्र पौधा है जो किसी भी पवित्र कुंड के चार कोने बनाने के काम आता है। इसको देवी की स्वतन्त्र रचनात्मक ऊर्जा के प्रतीक के रूप में देखा जाता है।

पवित्र रखवाले

यह विचार कि बेटा माँ को उसके पति से अधिक प्यार करता है और उसकी अधिक रक्षा करता है, भारत में बहुत प्रचलित रहा है—

'विनता, चिड़ियों की माँ, और कद्रू, साँपों की माँ, ऋषि कश्यप की दो पत्नियाँ थीं। विनता का यह मानना था कि दैवी घोड़ा उच्चैश्रवा बेदाग सफ़ेद है। कद्रू का यह मानना था कि उसकी पूँछ काली होती थी। विनता को दृढ़ आत्मविश्वास था कि वह सही थी इसलिए उसने कद्रू से कहा, ''अगर तुम इस बात को सिद्ध कर दो कि उच्चैश्रवा की पूँछ काली है, सफ़ेद नहीं, तब मैं तुम्हारी गुलाम बन जाऊँगी।'' कद्रू ने बच्चों को, साँपों को यह आदेश दिया कि जब अगले दिन भोर के समय वह दैवी घोड़ा क्षितिज के पास से गुज़रे उसकी पूँछ से चिपक जाना जिससे कि उसकी पूँछ दूर से काली दिखायी दे। इस तरह के धोखे से कद्रू ने बाज़ी जीत ली और विनता को उसने अपना गुलाम बना लिया। वह उसकी रिहाई के बदले अमृत की माँग करने लगी। गरुड़, जो कि विनता के बेटों में सबसे शक्तिशाली था, वह देवताओं से लड़ने लगा, उसने अमृत का पात्र चुरा लिया और अपनी माँ की रिहाई को सुनिश्चित किया। इससे पहले कि कद्रू या कोई और साँप उस अमृत का घूँट भर पाता गरुड़ ने इन्द्र की मदद की और अमृत को चुरा कर वापस पहुँचा दिया। चूँकि उसकी माँ को साँपों की माँ ने अपना गुलाम बनाया था, गरुड़ हमेशा के लिए साँपों का दुश्मन बन गया और उसको उसने अपना स्वाभाविक खाद्य बना लिया।' (महाभारत)

पार्वती ने गणपति को इसलिए नहीं बनाया कि उनको महज़ अपने मातृत्व को सन्तुष्ट करना था बल्कि इसलिए भी कि उनको लगता था कि सिर्फ़ वही उनकी हर आज्ञा का पालन बिना कोई सवाल पूछे करेगा। उन्होंने गणपति को यह आदेश दिया कि वह उनके पास किसी को भी न आने दे। गणपति ने इस बात का इस हद तक पालन किया कि उन्होंने उनके पति या सहचर को भी गुफ़ा में आने से मना कर दिया और अपनी निश्चित मृत्यु का खतरा उठाया। गणपति को द्वार का देवता माना जाता है। किसी भी कार्य का शुभारम्भ करते हुए और नयी यात्रा के आरम्भ पर उनका आह्वान किया जाता है। एक समय था कि उनसे लोग इस कारण भय खाते थे कि वह उन लोगों के पथ में बाधाएँ खड़ी कर देंगे जो उनको खुश नहीं करते हैं। आजकल, उनको एक ऐसे देवता के रूप में पूजा जाता है जो अपने भक्तों की उनके लक्ष्य तक जाने में मदद करते हैं। गणपति ज्ञान और सम्पत्ति के द्वार पर बैठे रहते हैं। जो भी उनकी माँ के रहस्यों का पता करना चाहता है उसको उनकी अनुमति की ज़रूरत होती है। दक्षिण भारत में, जहाँ गणपति को ब्रह्मचारी के रूप में देखा जाता है, वहाँ यह कहा जाता है कि गणपति ने विवाह करने से इसलिए मना कर दिया क्योंकि उनको कोई भी उतनी सुन्दर स्त्री नहीं मिली।

अपने पुत्र के अतिरिक्त, युद्ध की देवी के और भी द्वारपाल हैं जो उनको कामुक दृष्टि से नहीं देखते। इन द्वारपालों में ब्रह्मचारी हनुमान, जिसे उत्तर भारत में बालक-जैसा भैरव भी शामिल हैं। दिलचस्प बात यह है कि दोनों को शिव के रूप में जाना जाता है जो कि देवियों की उनसे रक्षा करते हैं, जो कि उनका उल्लंघन करना चाहते हैं। हनुमान ने रावण के चंगुल से सीता को आज़ाद करवाने में मदद की। भैरव ने ब्रह्मा का सिर इसलिए काट दिया क्योंकि उन्होंने देवी को लालसा भरी निगाहों से देखा था—

'जब ब्रह्मा ने आदिम माँ को बनाया तो वे उसे लगातार अपनी भूख को शान्त करने के लिए तैयार करते रहे। शिव तब भैरव के रूप में आये, उन्होंने ब्रह्मा के पाँचवें सिर को नोच लिया और इस प्रयास को वहीं रोक दिया। लेकिन वह सिर भैरव के शरीर में चिपक गया और वह पागल हो गया। वह देवी की शरण में गया और उनके मातृत्व के कारण वह निरोग हो गया। वह

सनातन रक्षक बन गया।' (भविष्य पुराण)

भैरव को हमेशा एक ऐसे बच्चे के रूप में दिखाया जाता है जिसके एक हाथ में कृपाण और दूसरे हाथ में इन्सानी सिर है जिसे ब्रह्मा का सिर बताया जाता है। देवी के जंगली सहयोगी के रूप में वह उनके साथ युद्ध में आता है, जब वह कोर्रावाई के रूप में आकर युद्ध करती हैं, जब वह जरी-मरी बनकर बुखार लाती हैं। उसको मातृका माताओं के साथ भी देखा जाता है।

स्वतन्त्र युद्ध देवियों के साथ स्त्रियों का समूह भी रहता है, उनकी ही तरह उनके साथ भी पुरुष नहीं होते। इन स्त्रियों को योगिनी के नाम से जाना जाता है, जो कुमारी मातृकाएँ होती हैं जो मातृशक्ति होती हैं और डाकिनियाँ जो कि चुड़ैल होती हैं। ये स्त्रियाँ अनियन्त्रित होती हैं, हिंसक और कामुक। उनसे सब डरते हैं, उनकी पूजा नहीं करते हैं।

जंगली हत्यारे

पार्वती को पारम्परिक रूप से माँ बनने से रोकने के लिए देवताओं ने इस बात को सुनिश्चित किया कि उनके भीतर ऊर्जा बनी रहे जिसका वे संसार की भलाई के लिए इस्तेमाल कर सकें—

'देवता रक्तबीज को नहीं मार सके। उसके खून की हर बूँद से एक और रक्तबीज पैदा हो जाता था और पूरा युद्ध का मैदान रक्तबीजों से भर गया। इसलिए उन्होंने शिव की सहचरी का आह्वान किया जो युद्ध के मैदान में काली के रूप में आ गयीं। उन्होंने अपनी जीभ निकाली और युद्ध के मैदान में छा गयीं, रक्तबीज के रक्त की हर बूँद को वह धरती पर गिरने से पहले ही पी जाने लगीं। इस तरह कोई और रक्तबीज नहीं बन पाया और देवता उस भयानक दानव को मार पाये।' (देवी भागवत, वामन पुराण)

केवल जंगली देवी असम्भव को पा सकती हैं और अजेय दिखने वाले दानवों को हरा सकती हैं—

'देवता दानवों को हरा नहीं सकते थे, क्योंकि उनके गुरु शुक्र युद्ध में

मारे गये योद्धाओं को अपने मन्त्र से जीवित कर देते थे। उन्होंने शिव की मदद माँगी लेकिन शिव ने एक आदमी को मारने से मना कर दिया जो कि पंडितों की जाति का था, बजाय उनकी तीसरी आँख से आने के एक निर्दयी देवी आयीं जिनके बाल खुले थे, पेट बहुत बड़ा था, झूलते हुए वक्ष, जिनकी जंघाएँ केले की तरह थीं और जिनका मुँह किसी खोह की तरह। उनके गर्भ में दाँत और आँखें थीं। देवी शुक्र के पीछे भागीं, उन्होंने उसे पकड़ा, उसके कपड़े उतार दिये, उसे गले से लगाया और फिर उसे अपने गर्भ में रख लिया। जब शुक्र पकड़ में आ गया तो देवता गण दानवों को सहजता से मार पाये और स्वर्ग की लड़ाई को जीत पाये।' (कालिका पुराण)

अपनी मुक्त स्वायत्त अवस्था में देवियों की काम और हिंसा की इच्छ भी अनियन्त्रित होती है—

'दानव रुरु ने अपनी सेना के साथ देवताओं के ऊपर हमला कर दिया, जिन्होंने देवी के पास जाकर शरण ली। देवी हँसने लगीं और उनके मुँह से देवियों की फौज निकली और जिसने दानवों की सेना का सफ़ाया कर दिया। जब युद्ध समाप्त हुआ तो देवियों को भूख लग आयी और उन्होंने भोजन की माँग की। ''आओ शिव को खाते हैं क्योंकि उनसे बकरे जैसी गन्ध आती है,'' देवियों ने कहा। शिव ने कहा कि वे सभी गर्भवती स्त्रियों को खा जायें जो कि उनके छूने से मैली हो चुकी हैं, गर्भ के बच्चे, नवजात बच्चे और स्त्रियाँ जो कि हर वक़्त रोते रहते हैं। देवियों ने ऐसा भोजन करने से मना कर दिया। इसलिए अन्त में शिव ने उनको अपना अंडकोष खाने के लिए दिया। देवियों को उससे सन्तुष्टि मिली और उन्होंने शिव को प्रणाम किया।' (पद्म पुराण, लिंग पुराण, मत्स्य पुराण)

कुमारी को परिमित करना

दानवों को नष्ट करने के लिए काली की विनाशकारी शक्ति की ज़रूरत होती है, एक बार जब यह काम हो जाता है तो उनकी शक्तियों को रोकने की ज़रूरत होती है और उसे रचनात्मक शक्ति में बदलने की ज़रूरत होती है। उनकी दैवी

शक्तियों को पालतू बनाया जाना मायने रखता है क्योंकि उनमें यह क्षमता होती है कि वे पूरी सभ्यता को रौंद दें। यह विवाह के माध्यम से पाया जाता है—

'खून के नशे में आकर काली सभी अच्छे भाव को खो देती हैं, पागलों की तरह दौड़ने लगती हैं और जो कुछ भी रास्ते में आता है उसको नष्ट करती चलती हैं। उनको रोकने के लिए शिव उनके रास्ते में लिंग को जाग्रत किये लेटे रहते हैं। जब काली शिव के शरीर पर पाँव रखती हैं, उनका सुन्दर चेहरा उनके शरीर में भावनाओं को जगा देता है। उनको यह याद आ जाता है कि वह पार्वती थीं और जिस शरीर को उन्होंने लात मारी है वह उनके पति का था। शर्म के मारे उन्होंने अपनी जीभ को काट लिया। उन्होंने शिव की लाश के साथ सम्भोग किया और अपने पति को फिर से जीवित किया। उसके बाद वह उनकी बगल में पत्नी के रूप में बैठ गयीं।'

मातृत्व से भी देवी घरेलू बन जाती हैं—

'शिव ने एक बच्चे का रूप लिया और रोने लगे। उस बच्चे के रुदन ने काली के दिल में मातृत्व की भावना को जगा दिया। उन्होंने बच्चे को उठाया और उसकी देखभाल करने लगीं। धीरे-धीरे उनका गुस्सा शान्त होने लगा। उन्होंने अपने दिमाग के ऊपर फिर से नियन्त्रण हासिल किया और पार्वती के रूप में कैलाश पर्वत पर रहने चली गयीं।'

पवित्र हिन्दू कहानियों में विवाह की वशीभूत करने वाली शक्ति के बारे में बार-बार आता रहा है—

'मदुरै की राजकुमारी तीन स्तनों और बेहद मर्दाना स्वभाव के साथ पैदा हुई थी। अपने पिता की मौत के बाद जैसे ही वह गद्दी पर बैठी वह अपनी सेना के साथ दुनिया को जीतने के लिए निकल गयी। जिन राजाओं ने उसकी महत्त्वाकांक्षा का विरोध किया वे या तो युद्ध के मैदान में हरा दिये गये या मार डाले गये। आखिर में, वह कैलाश पर्वत पर पहुँची। वहाँ के संन्यासी ने उसकी अधीनता को मानने से मना कर दिया। गुस्से में आकर, उसने उनको आमने-सामने लड़ाई की चुनौती दी। लेकिन जैसे ही उसकी आँखें उनके ऊपर पड़ीं उसको उनसे प्यार हो गया। तत्काल उसका जो एक अतिरिक्त स्तन था

वह गायब हो गया और वह एक सुन्दर स्त्री बन गयी जिसने संन्यासी को अपने सहचर के रूप में स्वीकार कर लिया। उसके भाई विष्णु, जो कि सभ्यता के देवता हैं, ने उसका विवाह कर दिया।' (मदुरै स्थल पुराण)

मीनाक्षी का तीसरा स्तन उसके स्वतन्त्र व्यक्तित्व का परिचायक था और जो प्यार में पड़ते ही चला गया। कई बार, देवियों के लिए यह ज़रूरी होता है कि वे शर्म में अधीनता स्वीकार कर लें—

'काली को अपने वश में करने के लिए शिव ने उनको नृत्य की प्रतियोगिता के लिए चुनौती दे दी। देवी नाचने लगीं और देवता भी उनके साथ कदम से कदम मिलाकर नाचने लगे। लेकिन फिर शिव ने अपने पैर उठाये और उर्ध्व नटराज की मुद्रा में आ गये। शर्म के मारे काली ने अपने पाँव उठाकर अपने गुप्तांग दिखाने से मना कर दिया। इस तरह से उनका अहंकार कम हुआ और उनकी मानवता बढ़ गयी। शर्माते हुए उन्होंने अपना सिर झुकाया और शिव की बायीं जांघ पर जाकर बैठ गयीं।' (तमिलनाडु की मन्दिर कथा)

काली की नग्नता को देखते हुए पुरुष सिर भय के मारे चकरा गया। चुनरी, चोली, परदे और ब्लाउज देवी को इसलिए चढ़ाये जाते हैं ताकि वे उनसे अपनी नग्नता को ढँक सकें और वह घरेलू बन जायें। बदले में देवी बलिदान में पुरुष सिर की माँग करती हैं।

खून से भरा कटोरा

काली जो कि जंगल की उन्मुक्त और मुखर देवी हैं, कभी वह चोरों और हत्यारों की देवी थीं, ऐसी जनजातियों की, जो सभ्यता के दायरे से बाहर रहते हैं और अपनी आजीविका कानून का उल्लंघन करके और लूटपाट से चलाते थे। अपने द्वारा की गयीं हत्याओं को इस आधार पर औचित्यपूर्ण ठहराते थे कि उनको देवताओं की खून की प्यास को शान्त करने के लिए अनुष्ठान करने के लिए ये सब करना पड़ता था—

'जंगल से एक कारवां गुज़र रहा था, उसके ऊपर जंगली जनजाति के

लोगों ने छिपकर हमला किया। उन्होंने सामान चुरा लिया, स्त्रियों का बलात्कार किया, युवकों को देवी काली के कुंड तक ले गये और वहाँ उनका सिर धड़ से अलग कर दिया। जब वे गये तो एक स्त्री ने खुद को औंधी पड़ी हुई गाड़ी के नीचे छिपा लिया था, उसको अपने पति की बिना सिर की लाश मिली। वह अपने भाग्य के ऊपर विलाप करने लगी। उसका सिर अपने हाथ में लिये हुए वह देवी की मूर्ति के सामने बैठ गयी और उसने वहाँ से हिलने और कुछ भी खाने से तब तक के लिए मना कर दिया जब तक कि वह उसके पति को ज़िन्दा न कर दें। सात रातों के बाद, उस विधवा की भक्ति और निष्ठा से देवी प्रकट हुईं। उन्होंने उसके पति को वापस ज़िन्दा कर दिया और उन दोनों को आशीर्वाद दिया।' (पंजाब राज्य की लोककथा)

हिन्दू पूजा-पद्धति में शिव को खुश करने के लिए अधपके फल और अखरोट दिये जाते हैं। विष्णु को चढ़ाने के लिए घी में मीठा पकाया जाता है। केवल देवियों को बलि चढ़ाई जाती है। भैंसे, बकरे या मुर्गे की बलि से उनको खुशी मिलती है। अगर किसी स्त्री पशु की बलि चढ़ाई जाये तो उनका गुस्सा भड़क जाता है। एक समय में इन्सानों की भी बलि दी जाती थी। मन्दिरों की कथाएँ ऐसे भक्तों की कहानियों से भरी हुई हैं जिन्होंने देवी को खुश करने के लिए अपना सिर काट लिया। आजकल, जीवों के स्थान पर नारियल या कुम्हड़ा काट कर चढ़ाया जाता है। कुछ लोगों का यह मानना है कि पुरुषों को काटना बधियाकरण का प्रतीक होता है। दूसरे लोगों का यह मानना है कि यह एक तरह से पुरुष अहंकार को खत्म करने के लिए किया जाता है जो कि पितृसत्तात्मक समाज की स्थापना के लिए ज़िम्मेदार होता है। देवी माँ के हाथ में कटा हुआ सिर इस बात की याद दिलाता है कि जो जीवनदायिनी होती है, वही मरणशीलता को देने वाली भी होती है।

जो लोग गाँवों में रहते हैं वे देवी के घरेलू रूप की पूजा करना पसन्द करते हैं—ग्राम देवी की। भारत के हर गाँव में अपनी ग्राम देवी होती हैं। आम तौर पर गाँव का नाम उनके ही नाम पर रखा जाता है। मुम्बई की देवी का नाम है मुम्बा देवी; कोलकाता की देवी का नाम काली है; चंडीगढ़ की देवी का नाम चंडी है। देवी को उनके सिर और दो उठे हुए हाथों के साथ दिखाया

जाता है जो गाँव की तरफ़ आशीर्वाद की मुद्रा में उठे होते हैं। गाँववाले वास के लायक बनायी गयी धरती पर रहते हैं जो कि देवी का शरीर है। उनके घर, खेत और चारागाह इस तरह से भूदेवी का रूप होते हैं।

जो स्त्री बच्चे को जन्म देते हुए मर जाती हैं, जिनको उनके पति या समाज द्वारा ठुकरा दिया गया होता है, जिनकी मृत्यु बिना संसर्ग के या माँ बने ही हो जाती है, उनकी पहचान ग्राम देवी के रूप में की जाती है।

'कन्नगी, रेणुका, बहुचेरा, मानसी, मरी, दयामावा सभी ग्राम देवी के रूप हैं, आदिम देवी जिनको पुरुष देवताओं ने ज़बरदस्ती घरेलू बनाया—

'अम्मवारू ने अपने शरीर से शिव, विष्णु और ब्रह्मा को बनाया और उनके साथ सम्भोग करने की इच्छा जताई। विष्णु और ब्रह्मा ने मना कर दिया। शिव इस शर्त पर तैयार हुए कि उनको तीसरी आँख दी जाये। अपने जोश में, अम्मवारू ने उनको तीसरी आँख दे दी, जो कि उनकी आदिशक्ति का स्रोत थी। वह कमज़ोर हो गयी और शिव ने उनके ऊपर जीत हासिल कर ली। सभी ग्रामदेवियाँ उसी देवी के शरीर से पैदा हुईं।' (दक्षिण भारत की एक लोककथा)

हर साल गाँव के सालाना उत्सव के दौरान जो कि आम तौर पर फसल की कटाई के बाद मनाया जाता है, देवियाँ कुछ अवधि के लिए 'वैधव्य' के अनुष्ठान से गुज़रती हैं। इस अवधि के दौरान शोक नहीं मनाया जाता है, बल्कि इस दौरान काम और हिंसा से सम्बन्धित आयोजन किये जाते हैं। नीची जाति के पुरुष देवी के गुप्तांगों का वर्णन करने के लिए असभ्य भाषा का इस्तेमाल करते हैं और काम की उनकी शान्त न होने वाली भूख का वर्णन करने के लिए भी। बकरे, मुर्गे, भैंसों की बलि चढ़ाई जाती है और उनके खून में चावल को मिलाकर खेतों में छिड़का जाता है। गाँव के लोग आग के ऊपर चलते हैं और पुरुष अंग-भंग करने के खेल करते हैं जैसे खुद को अंकुश में फँसाकर झूलने का। स्त्रियों के ऊपर दौरा-सा पड़ जाता है, वे अपने शरीर को हिलाने लगती हैं। आस-पास के लोग इस बात की घोषणा कर देते हैं कि उस स्त्री के ऊपर देवी आ गयी हैं। देवी को खुश करने के लिए वादे किये जाते हैं और कई तरह की समस्याओं को लेकर उनसे सलाह ली जाती है। 'वैधव्य' देवी को पुरुष के नियन्त्रण से मुक्त कर देता है। वह अपनी घरेलू अवस्था का

त्याग कर देती हैं और अपनी आदिम, जंगली अवस्था में लौट जाती हैं जब कि काम-भावना उन्मुक्त रहती है। गाँव की स्त्रियों के ऊपर जो दौरे पड़ते हैं उनको मानसिक दमन की शारीरिक अभिव्यक्ति के रूप में देखा जाता है। देवी की लैंगिकता के ऊपर कड़ी टिप्पणी से वह जाग्रत होती हैं। खून की बलि देने से उनकी जगी हुई काम-भावना शान्त होती है। ये अनुष्ठान देवी की उर्वरता को पुनस्थापित कर देते हैं जिसका गाँववालों द्वारा अगले साल इस्तेमाल किया जाता है, जब देवी को पुनर्विवाह के अनुष्ठान द्वारा पुनः घरेलू बना लिया जाता है।

अगली कहानी दक्षिण भारत की देवी वीरपाँचाली की है, जो कि पांडव-कन्या द्रौपदी का दैवी रूप हैं, जिसमें यह बात आती है कि खून पीने से देवी की काम-भावना शान्त होती है और विवाह से वे घरेलू बन जाती हैं—

'पांडव जब जंगल में अज्ञातवास में थे तब पांडव भीम ने कृष्ण से इस बात की शिकायत की कि वे अपनी पत्नी को सन्तुष्ट नहीं कर पाते हैं और जिसकी वजह से वे खुद को अपूर्ण पाती हैं। कृष्ण ने भीम से इस बात का खुलासा किया कि उनकी पत्नी आदि मातृ-देवी आद्य-माया-शक्ति का स्वरूप हैं। एक रात, पांडवों ने पाया कि द्रौपदी अपने बिस्तर पर नहीं थी। उन लोगों ने उनकी खोज जंगल में शुरू की तो उन्होंने देखा कि वह जंगल में नंगी और बेहद जोश में भटक रही थीं और भैंस, बकरे आदि जंगली जानवरों को खा रही थीं। जब उन्होंने यह देखा कि उनके सभी पति उनकी जासूसी कर रहे थे तो वह उनकी तरफ़ दौड़ीं, ऐसे दौड़ रही थीं कि पकड़ कर उनको खा जायेंगी। पांडव जान बचाने के लिए भागे और अपनी झोपड़ी में जाकर छिप गये। उन्होंने दरवाज़ा बन्द कर लिया और द्रौपदी को तब तक अन्दर नहीं आने दिया जब तक कि उसने यह वादा नहीं किया कि वह उनका नुकसान नहीं करेंगी। तब भीम ने दरवाज़ा खोला। द्रौपदी ने उसके हाथ को इतने ज़ोर से पकड़ लिया कि द्रौपदी की उँगलियाँ उसकी त्वचा में चुभ गयीं और ज़मीन पर खून गिर गया। वे बच्चों में बदल गये और बच्चों के रोने की आवाज़ सुनते ही द्रौपदी का गुस्सा शान्त हो गया, उनका मातृत्व उमड़ आया और वह फिर से प्यार करने वाली बन गयीं।' (महाभारत का तेलुगु और तमिल संस्करण)

गाँव में जब भी अकाल पड़ता है या कोई बीमारी फैलती है तो देवी को खुश करने के लिए बलि के आयोजन किये जाते हैं। दोनों को ही इस रूप में देखा जाता है, जैसे वे दैवी कोप या हताशा का प्रतिफलन हों।

अनुष्ठान के द्वारा गाँव के पुरुषों को यातना देने का रिवाज़ एक तरह से इस बात के लिए माफ़ी माँगने का रूप है कि सामाजिक व्यवस्था के नाम पर जिस तरह की क्रूरता अपनाई जाती है। आख़िरकार, सामाजिक व्यवस्था के नाम पर ही स्त्रियों को दुःखद विवाह में धकेल दिया जाता है या बदचलनी करने या आज्ञा का पालन न करने के आरोप में उनको ठुकरा दिया जाता है।

दो-मुँही माता

देवी के सबसे हैरान करने वाले रूपों में एक रूप छिन्नमस्तिका का है। देवी से जुड़ी ऐसी कोई पवित्र कथा नहीं है जिनको सम्भोगरत युगल की मूर्ति में सिरविहीन दर्शाया गया है। वह एक हाथ में तलवार थामे रहती हैं और दूसरे हाथ में अपना सिर।

उनकी गर्दन से खून के तीन धारे निकलते दिखायी देते हैं, दो साथ चलती योगिनियों के मुँह में और एक अपने ही मुँह में। इस छवि में काम और हिंसा, जीवन और मृत्यु को प्रकृति की अन्तर्सम्बन्धित व्यवस्था के हिस्से के रूप में दिखाया गया है। इस छवि को देखने वालों को इस बात की भी समझ होती है कि मातृ-देवी हत्यारी देवी भी हैं। दोनों मिलकर ही पूर्ण होते हैं।

देवी की एक और छवि है जो कि उनको सम्पूर्णता में चित्रित करती है वह भगवती की छवि है, इन देवी की पूजा मूल रूप से दक्षिण भारत के राज्य केरल में की जाती है। इन देवी को उभरे स्तन वाली, चौड़े कूल्हों वाली देवी के रूप में दिखाया गया है, जिनकी सुन्दर आँखें हैं और जो अपने कई हाथों में कई अस्त्र लिये हुए हैं और जिनके दाँत विषैले हैं। देवी की छवि आकर्षित करती है और विकर्षित भी करती है। अचानक यह बात समझ में आती है कि प्रकृति सिर्फ़ आकर्षक शरीर ही नहीं है; यह सड़ने वाला शरीर भी है। प्रकृति तोता भी है और कीड़ा भी। कोई वसन्त का आनन्द उठाता है लेकिन

    भारत में देवी

इस बात को मानने से इनकार कर देता है कि गन्ध, रंग और इसके पराग और कुछ नहीं बल्कि काम-उपकरण हैं जो कि चिड़ियों एवं मधुमक्खियों द्वारा परागण को सम्भव करते हैं। कोई चाहे तो प्रकृति को अप्सराओं के रूप में देख सकता है जो मुग्ध करती है और माँ के रूप में जो कि प्यार करती है। कोई उनके भारी कूल्हों की तारीफ़ कर सकता है और उनके स्तनों को पी सकता है लेकिन उनके जबड़ों, बड़े-बड़े दाँतों और उनकी लपलपाती, खून से सनी हुई जीभ देखकर कोई भी सहम सकता है।

कोई भी उनके हाथों में हथियार देख सकता है, लेकिन यह मानना ही चाहता है कि वह केवल दानवों और बुरे लोगों को ही मारती हैं। लेकिन हिन्दू धर्म के विश्व में कोई 'बुरे' लोग नहीं हैं। हिन्दू धर्म से जुड़े किस्सों में किसी शैतान का वर्णन नहीं आता, दानव भी देवताओं की तरह से प्रजापति के पुत्र हैं। देवताओं को उनकी माँ के नाम अदिति के कारण आदित्य कुमार के रूप में जाना जाता है, जबकि दानवों को उनकी माँ दिति के नाम पर दैत्य कहकर बुलाया जाता है।

अदिति का अर्थ होता है बन्धन मुक्त, यानी जो आदित्य होते हैं वे देश और काल के नियमों से मुक्त होते हैं। दैत्य बन्धनयुक्त होते हैं जो कि देश और काल की सीमा में आबद्ध होते हैं, इस कारण उनकी अपने सौतेले भाइयों से लगातार लड़ाई चलती रहती है। आदित्य को देव कहा जाता है जिनको ईश्वर के रूप में जाना जाता है। इसका वास्तविक अर्थ होता है 'रौशनी का रखवाला'। असुर शब्द का अर्थ होता है—'जिनको अमरता के अमृत से वंचित रखा गया। असुर देवताओं के विरोधी होते हैं, देवता जो भी करते हैं वे उसका विरोध करते हैं। ईश्वर रस के प्रवाह को सुनिश्चित करते हैं। दैत्य उसमें बाधा डालते हैं। दैत्य अँधेरे, अव्यवस्था, इच्छा, बन्धन और बंजर होने का प्रतीक हैं। वे उस तरह से व्यवहार करते हैं जिस तरह से ईसाई धर्म, यहूदी धर्म और इस्लाम में 'अशुभ' को चित्रित किया गया है। लेकिन हिन्दू धर्म में यहूदी-ईसाई-इस्लाम के अर्थ में 'अशुभ' को नहीं माना गया है। हिन्दू धर्म से जुड़े किस्सों में सही और गलत के बीच कोई स्पष्ट विभाजन नहीं किया गया है, उसी तरह से जिस तरह से आदि और अन्त का कोई सुपरिभाषित

विवरण नहीं मिलता है। हिन्दू विश्व एक रहस्य ही है और इसे किसी भी तरह से द्वैधता के दायरे में नहीं डाला जा सकता है।

पवित्र किस्सों में जिन दैत्यों को मातृ देवियों द्वारा मार डाला जाता है वे अक्सर देवताओं से नफ़रत करने वाले महत्त्वाकांक्षी स्वर्ग के वासी होते हैं जो प्रकृति की प्रक्रिया के विपरीत देवताओं की ही तरह अमर होना चाहते हैं। इसके लिए उन्हें अपने पिता ब्रह्मा से वरदान प्राप्त था—

'दैत्य दारुका को न तो पुरुष द्वारा न ही देवताओं द्वारा मारा जा सकता था, न ही चिड़ियों द्वारा, न ही जानवरों द्वारा, न पत्थरों के द्वारा, न ही पौधों द्वारा। वह स्त्री से अपना बचाव नहीं चाहता था क्योंकि उसे स्त्रियों से कोई खतरा नहीं महसूस होता था। इस बात को समझते हुए देवताओं ने मातृ-देवी को बुलाया। वह युद्ध के मैदान में सिंह पर सवार होकर आयीं, उनके कई हाथों में त्रिशूल, बरछी, एक तलवार, एक धनुष और कई तीर थे, देवी ने दारुका को लड़ने की चुनौती दी। उन्होंने उसको अपनी लाल आँखों और गहरी त्वचा से डराया। उसने देखा कि वह एक पागल हाथी के ऊपर सवार थीं जिसके ऊपर उन्होंने अपने शिकारों की क्षत-विक्षत लाशें रखी हुई थीं। डर के मारे दारुका भागा। देवी ने उसको रोका। भगवती का रूप लेते हुए उन्होंने अपना त्रिशूल उसके दिल में दे मारा। उन्होंने उसका सिर काटा, उसका खून पी लिया, उसकी अन्तड़ियों से अपने आप को सजाया और उसकी लाश के ऊपर नाचने लगीं। देवता उनकी जीत पर खुशी मनाने लगे।' (केरल राज्य की लोककथा)

आखिरकार प्रकृति की जीत होती है। यह जीत निर्वैयक्तिक होती है, निर्णायक नहीं होती है। प्रकृति सभी को ही मार डालती है, सिर्फ़ बुरे को ही नहीं। देवी को माँ के रूप में बुलाना उनके एक रूप को ही स्वीकार करना है। वह हत्यारिनी भी हैं। वह खुशी और दुःख, उम्मीद और निराशा, जीवन और मृत्यु का स्रोत होती हैं।

वह संसार का प्रतीक हैं, जीवन का चक्र, शिव जिसके परे निकल जाते हैं और विष्णु जिसमें व्यवस्था लाते हैं। वह प्रकृति का प्रतीक हैं जो कि सबसे बड़ा सत्य होता है।

❑❑❑

9 789350 643389